IPO
全球指南

［法］菲利普·裴达希
黄春元　刘欣　译

中国财政经济出版社

IPO: A Global Guide
Philippe Espinasse
Hardback ISBN: 978 - 988 - 8083 - 18 - 3

图书在版编目（CIP）数据

IPO 全球指南 /（法）裴达希著；黄春元译. —北京：中国财政经济出版社，2012.7
书名原文：IPO：A Global Guide
ISBN 978 - 7 - 5095 - 3756 - 5
Ⅰ.①I… Ⅱ.①裴… ②黄… Ⅲ.①股票市场 - 世界 - 指南 Ⅳ.①F831.51 - 62
中国版本图书馆 CIP 数据核字（2012）第 139704 号
著作权合同登记号：图字 01 - 2011 - 7692

责任编辑：蔡丽兰 孙 腾　　责任校对：胡永立

中国财政经济出版社出版
URL：http：//www.cfeph.cn
E - mail：ckfz @ cfeph.cn

社址：北京市海淀区阜成路甲 28 号 邮政编码：100142
营销中心电话：88190406 北京财经书店电话：64033436 84041336
北京富生印刷厂印刷 各地新华书店经销
787 × 1092 毫米 16 开 19.75 印张 312 000 字
2012 年 8 月第 1 版 2012 年 8 月北京第 1 次印刷
定价：50.00 元
ISBN 978 - 7 - 5095 - 3756 - 5/F · 3076
（图书出现印装问题，本社负责调换）
本社质量投诉电话：010 - 88190744

献给克里斯泰尔、加布里埃尔、卡米尔和马埃尔

目　录

作者简介 ……………………………………………………………… (1)
致谢 ……………………………………………………………… (3)
中文版序言 ……………………………………………………………… (5)
序言 ……………………………………………………………… (7)

第一部分　定义参量 ……………………………………………………… (1)
1.1　上市 ……………………………………………………… (1)
1.2　上市条件、股票情况和流动性 …………………………… (4)
1.3　选择最佳的上市地点 …………………………………… (11)
1.4　公司 IPO 管理团队 ……………………………………… (18)
1.5　投资银行中有哪些部门？它们都做些什么？ …………… (19)
1.6　投资银行业务头衔 ……………………………………… (21)
1.7　IPO 往来团队 …………………………………………… (25)
1.8　银行的角色和地位等级 ………………………………… (29)
1.9　为获得牵头角色进行自我推荐 ………………………… (36)
1.10　正式委任投资银行 ……………………………………… (41)
1.11　投资银行的报酬 ………………………………………… (42)

第二部分　为 IPO 做准备 ……………………………………………… (49)
2.1　航行在迷宫之中——首次公开发行的运作方 …………… (49)
2.2　增强董事会的力量 ……………………………………… (58)
2.3　IPO 时间表 ……………………………………………… (61)
2.4　IPO 的执行过程 ………………………………………… (67)
2.5　尽职调查 ………………………………………………… (72)

2.6 财务信息 …… (76)
2.7 招股说明书 …… (79)
2.8 安慰函 …… (86)
2.9 法律意见书和披露函 …… (88)
2.10 承销 …… (90)
2.11 估值 …… (92)
2.12 机构投资者 …… (96)
2.13 散户投资者 …… (106)
2.14 确定发行结构 …… (108)
2.15 存托凭证和存托股 …… (114)
2.16 房地产投资信托基金和基建基金 …… (120)

第三部分 交易营销 …… (125)
3.1 卖方研究的重要性 …… (125)
3.2 向研究分析师介绍情况 …… (128)
3.3 财团简述 …… (129)
3.4 投资者教育及设定价格区间 …… (131)
3.5 管理层路演 …… (136)
3.6 建立投资者购股意愿档案 …… (141)
3.7 公开发行 …… (146)
3.8 员工持股计划（ESOP） …… (150)
3.9 定价 …… (152)
3.10 承销协议和其他协议 …… (154)
3.11 分配股份 …… (157)
3.12 首次公开发行的结束及上市 …… (161)

第四部分 IPO 之后 …… (165)
4.1 价格稳定措施 …… (165)
4.2 投资者关系 …… (169)
4.3 进一步融资和后市交易 …… (172)
4.4 总结：什么促成了成功的 IPO？ …… (179)

附录 …… (183)
附录 1：案例研究 …… (185)

案例一　纳斯达克首次公开发行：盛大游戏 …………………… (186)
案例二　纽约证券交易所首次公开发行：巴西桑坦德银行 …… (189)
案例三　伦敦证券交易所首次公开发行：爱莎能源 …………… (192)
案例四　纽约泛欧交易所首次公开发行：CFAO …………… (195)
案例五　香港首次公开发行：欧舒丹 ………………………… (197)
案例六　新加坡首次公开发行：凯德商业产业 ……………… (200)
附录2：商业及财务尽职调查清单 ……………………………… (203)
附录3：首次公开发行佣金及费用估算表 ……………………… (208)
附录4：国际首次公开发行招股说明书目录样本 ……………… (210)
附录5：国际首次公开发行风险因素样本 ……………………… (212)
附录6：投资者教育反馈信息表样本 …………………………… (216)
附录7：投资者购股意愿手工登记表样本 ……………………… (218)
附录8：主要证券交易所首次上市要求 ………………………… (220)
（一）纳斯达克证券交易所上市条件 ……………………… (221)
（二）纽约证券交易所上市条件 …………………………… (223)
（三）伦敦证券交易所上市条件 …………………………… (225)
（四）巴黎、阿姆斯特丹、布鲁塞尔、里斯本或伦敦的纽约泛欧交易所的上市条件 ……………………………… (227)
（五）法兰克福证券交易所上市条件 ……………………… (229)
（六）苏黎世瑞士证券交易所上市条件 …………………… (231)
（七）纳斯达克迪拜交易所上市条件 ……………………… (233)
（八）香港证券交易所上市条件 …………………………… (235)
（九）新加坡证券交易所上市条件 ………………………… (238)
（十）东京证券交易所上市条件 …………………………… (240)
（十一）悉尼澳大利亚证券交易所上市条件 ……………… (242)

词汇表 ……………………………………………………………… (245)
补充书目 …………………………………………………………… (294)

图表目录

表 1　不同证券交易所上市的考虑因素的例子 ………………………………（12）
表 2　投资银行人员职务晋升和头衔 ………………………………………（25）
表 3　IPO 承销团银团：1 个保荐人，2 个全球协调人，3 个联合账簿管理人和 4 个主承销商的情形 ………………………………………（34）
表 4　发行费用构成表（不包括额外报酬） …………………………………（44）
表 5　在使用留存机制（POT）和跳球制度时发行费用构成表 …………（45）
表 6　欧洲、中东和亚洲的主权财富基金 ……………………………………（98）
表 7　香港两只最大的 H 股 IPO 中基石投资者的配额 ……………………（103）
表 8　国际首次公开发行过程中管理层进行路演的主要及备选城市名单 ……………………………………………………………………（138）

图 1　投资银行中参与 IPO 的主要部门 ……………………………………（22）
图 2　首次公开发行的时间表 ………………………………………………（68）
图 3　如何最有效地组织工作组来执行 IPO …………………………………（71）
图 4　接触美国投资者 …………………………………………………………（112）
图 5　发行结构的组成部分 ……………………………………………………（115）
图 6　房地产投资信托基金基本结构图 ……………………………………（124）
图 7　账簿管理人手中机构需求登记簿的一部分 …………………………（143）
图 8　典型的需求登记状况 ……………………………………………………（145）
图 9　针对散户投资者的同时发行及序贯发行示意图 ……………………（147）
图 10　超额配售选择权和无担保空头 ………………………………………（168）

作者简介

菲利普·裴达希（Philippe Epinasse）是有着19年投资银行经验的资深银行家。曾服务于华宝银行（S. G. Warburg，现称瑞银投资银行UBS Investment Bank）、麦格理投资银行（Macquarie）、野村证券（Nomura）等著名机构，并担任董事总经理、股权市场企业融资总监、股权资本市场总监等职位。

在他的职业生涯中，成功完成了140余个企业融资交易项目，包括高达数十亿美元的私有化和私营行业的IPO、股权和股权连结融资、房地产投资信托基金、基础设施基金、本金和上市前投资、并购和企业融资交易顾问、欧元和境内债券发行及私募配售等。

他曾在30余个国家和地区与发行商合作或直接执行资本市场股票发行。这些国家和地区包括澳大利亚、奥地利、巴林、文莱、法国、德国、中国香港、印度、印度尼西亚、意大利、韩国、卢森堡、中国澳门、马来西亚、荷兰、巴拿马、中国大陆、菲律宾、葡萄牙、俄罗斯、新加坡、西班牙、瑞典、瑞士、中国台湾、泰国、阿拉伯联合酋长国、英国、美国和越南等。

目前，裴达希居住在香港，是一名作家兼独立顾问。他是《2012年IPO指南》（*2012 IPO Guide*）一书的合著者，该书以英文和简体中文出版（2012年1月，律商联讯出版社LexisNexis）。他是道琼斯投资银行家全球新闻平台以及《南华早报》的专栏作家。他的文章经常在WSJ. com网站、《华尔街日报》和《中国经济评论》等新闻媒体和杂志上发表。

他被很多金融类杂志和其他期刊争相采访和介绍，包括《欧元周刊》（*EuroWeek*）、《亚洲金融》（*FinanceAsia*）、《金融新闻》（*Financial News*）、英国《金融时报》（*The Financial Times*）、《信报》（*Hong Kong Economic Journal*）、《国际金融评论》（*International Financing Review*）和法国著名报纸《世界报》

(*Le Monde*)。

裴达希一直是香港的一些活动和会议上的主要发言人，也多次现身于彭博电视台、路透电视台、BBC 世界新闻电视和香港电台。

想要了解更多关于裴达希的信息，请登录 www. ipo – book. com。

致　谢

在众人的帮助下，本书才得以出版。尽管对这些人的感谢难以言表，但我还是想借此机会特别感谢以下人员（按英文字母表顺序）：

Kasia d' Aquino, Yves Bodson, Laurence Borde, Christiaan Brakman, Donald Bryden, Jorge Calvet, François de Carbonnel, Yin Yee Chan, David Charters, Shu - Ching Jean Chen, Datuk Paul Chong, Amadea Choplin, Helena Chung, Fabio Coelho Neto, Jacques - Henri David, Sébastien Desarbres, Charles Egersperger, Christelle Espinasse, Jacques Espinasse, Mark Fischer, Caroline Fone, Cecilia Fong, Lord Freud, Laurie Gavitt - Smith, Aidan Goddard, Thierry Gougy, Therese Grunder, Piers Higson Smith, Ho Mei Peng, Maxime Holder, George Kwok, Lung Hongchoy, Anthony Hopson, Elaine Humphries, Takashi Kasagami, Su Mi Kim, Teresa Ko, Joan Lew Kwan, Paul W. Lai, Didier Lamarche, Paul S. Lau, Marcus Le Grice, Lorraine Li, Mark Lidiard, Joanne Lim, Herald van der Linde, Wendu Lui, Jasper Moiseiwitsch, Juan Muro - Lara, Delano Musafer, Doris Ng, Marshall Nicholson, Anthony Power, Julian Proctor, Alistair Reid, Swastayan Roy, Ganen Sarvananthan, Tina Sen, Jeremy Stoupas, Kelvin Teo, Charles Vacher, Julian Waldron, Josh Wymard, Ralph Ybema, Tony Yue and Maggie Yun Zhou。

在这里，我还要感谢香港大学出版社的有关工作人员，特别感谢 Michael Duckworth, Christopher Munn, Winnie Chau 和 Dawn Lau。

中文版序言

1999年年末，我开始在亚洲的投资银行工作，那时对中国公司来说，股权资本市场的业务在很大程度上仍然是处于起步阶段。当时的中国也不像现在这样举足轻重，对于很多全球银行家甚至是区域银行家来说，在中国大陆进行市场营销是件新鲜事。尽管那时中国已经有了一些海外上市和国内上市，但规模都不大。然而，短短几年之后在中国就出现了数十亿美元的交易。其中，同时在内地和香港上市的“A股”和“H股”的金融机构表现得特别的抢眼，利润也特别丰厚。

现在，中国市场仍有一些限制。截至今日，只有一百多个合格的境外机构投资者（QFII）可以投资于中国大陆的资本市场。但在本书写作之时，这些合格的境外机构投资者的配售额已得到显著的增加，从300亿美元左右增加到800亿美元，实际上增加了一倍以上。同时，中国只有数量有限的合格境内机构投资者（QDII）被允许进行国际证券投资，许多机构仍然要受一些限制。但是毫无疑问，合格的境内机构投资者的数量也将会随着时间的推移而不断增长。

同时，上海证券交易所也将成立国际板，允许符合规定的国际发行人在国际板进行报价上市。这些是出现在媒体上的预期，还没有成为现实。比较有趣的是，在给予机构投资者而不是普通公众更高权重的观念下，中国股票公开发行的法规得到不断发展，并逐步确保发行价格是在市场的作用下产生的——与国际通行的建立投资者购股意愿档案的做法保持一致。

我希望这本指南会对中国大陆股权资本市场上的从业者有所帮助，希望他们通过洞察如何进行国际首次公开发行会有所收获；也希望他们能从得到委任书开始到稳定期结束的整个交易过程中获得新的启发。

我们生活在一个不断全球化的世界中，金融市场显然也不例外。从东京到上海、香港，直到中东、伦敦、纽约和美国西海岸，全球化常常会导致一种不间断的循环。然而不同司法管辖区之间，市场惯例也是明显不同的。绝大多数超过一定规模的交易都是遍布全球的，交易的分布从以前存在的交易边界开始，到被地方交易所和“绅士资本主义”主宰，然后区域股权集团成为典型。

在2001年，作为一个整体的亚太地区的IPO发行只占全球IPO发行的23%。然而到2010年，这一比例已上升至64%，这是一个惊人的转变。同时，自次贷危机以来，美国主要股权市场已经从次贷危机的余波中开始反弹，而欧洲的股权市场仍然处在垂死挣扎的边缘，只表露出有限的复苏迹象。未来几十年应该会出现戏剧性的变化，资本越来越多地持续不断地流向世界各地，出于股东、企业和投资者的利益而进行的收购或联盟将使市场融合得更加紧密。

IPO不会消失，同时也将继续吸引那些试图探索动态的、神秘的市场并试图解释市场的二元结果的发行人及市场评论员的目光。我希望我的读者会成为这令人兴奋的全球性革新中最好的一分子。

菲利普·裴达希

2012年4月于香港

序　言

我 1994 年第一次参与首次公开发行的经历仍然历历在目，当时我还是一个年轻且充满激情的投资银行从业者。1991 年，我应聘成功，以管理培训生的身份进入了当时伦敦最大的投资银行。我职业生涯的最初几年在债务资本市场部门工作，负责写简报和为英格兰北部的房地产开发商、合作社、啤酒商等执行远期抵押债券和英镑债券。我渴望执行更具国际化的交易，而此时我恰好调任到股权资本市场（ECM）团队，这个团队的人好像永远都在充满异国情调的地方（像阿根廷或印度）出差，过着整天喝香槟酒的生活，坐飞机的头等舱去向银行、石油大亨和传媒公司推销金融产品。

仅仅几周之后，我的大多数新同事因为竞争对手公司保证给予他们一个高得离谱的薪酬待遇而辞职投靠了竞争对手公司，此时我被指派负责执行来自瑞典的一个相对较小的发行人的 IPO，但我身边留下的只有少数几个同样不知所措的银行从业者。公司的总部位于距离哥德堡大约一小时路程的地方，在那里的几个月我习惯了司机来家接我上班、每星期得有一次凌晨 4：30 去希思罗机场赶早班航班的生活。那家发行人是一个纺织品零售商，专营为中年妇女设计的内衣和此类服装。公司属于几个关注北欧市场的私募股权投资者，CEO 和 CFO 是年龄相仿的肥胖男人，对资本市场没有任何经验。而且，我自己也从未参与过 IPO。然而幸运的是，在这个交易中我们有一个有才能的研究分析师，在推销阶段承担了一部分任务（当时的情形在现今真是不可想象）。许多事给我留下了美好的回忆。比如：为银行财团组织实地考察；陪同一打身着细条纹西装的成功人士去瑞典外省社区的大型购物中心视察，吓得家庭妇女离开了商店；尽力理解产品展览、供应安排和销售点系统技术这些难懂的知识。我回忆起为路演培训高级管理人员时，让他们掌握“女性内衣”这个单词的发音十分困难。我也记得修改交易前的研究报告以使它更“有力”；花费额外的时间来选择吸引人和衣着暴露的（恕我直言）模特照片印在宣传册的封面上；惊讶于那时候在管理过程中看似无限的费用账户；乘坐私人飞机到斯德哥尔摩参加闭幕晚宴，因为主管交易的总经理那晚想睡在伦敦自己的床上。而今的现实变化多大啊！

在经历互联网泡沫危机、安然和安达信倒闭，再到后来的信贷紧缩和欧元区的濒临倒闭之后，上市决不能再像从前那个样子。在大多数股票市场，研究分析师现在将会因为收受公司财务部门的好处而被开除，他们不再能塑造和讲述那些有助于赢得 IPO 授权的故事。同样，ECM 的银行家也不许再对研究分析师的报告提供重要帮助以引诱机构挤进热门股票。风险因素分析现在有时能占上市计划书的四分之一，会计师事务所送出各种安慰函以减少他们在诉讼管辖范围内的责任。公司不再需要从纽约证券交易所寻求上市以提高十位数的收益，来自中国大陆的发行人现在经常居于世界最大 IPO 列表的前列（仅仅十年以前谁能猜到呢?）。公司治理和合规成为金融业监管机构关注的焦点。除了熟悉的市盈率和市净率方法之外，又引进了更新更复杂的估价方法。大量前所未闻的机构投资者一鸣惊人，比如主权财富基金和对冲基金，它们现在都是新发行证券的价格领导者、主要操作者和参与者。

同样，上市的过程仍然是令人畏惧的，尤其是对那些从来没有实施过国际 IPO 的公司来说更是如此（这里的 IPO 是指在一个具有一定广度的投资者群体中进行市场发行，这些投资者群体包括散户和机构投资者，也同时包括国内和国际的投资者）。需要指派大量的人员参与其中并使其合作得天衣无缝，需要同时管理许多不同的和不熟悉的任务。执行一个国际 IPO 需要好几个月时间，还要花费大量金钱。各种专业术语和管理首次上市股票的各个方面的无数规章条例很容易使人不知所措。当然，也很容易犯错误，而这些错误可能会妨碍发行人在未来几年里募集更多的资金。

这本书的视野超越了理论，它是一本引导企业家、公司管理团队、私募股权和风险投资家、市场从业人员和金融系学生进行国际 IPO 的指南。证券交易所出版的指引主要倾向于关注上市准则，而法律顾问、咨询机构和审计事务所出版的指引通常仅提出发行过程中与其特定专业领域相关的内容。资本市场的书一般来说经常包括过多的数学公式或冗长的关于过去发行股票的表现或与其相关的异常反应方面的学术研究。相比之下，我的方法完全是实用性的，根据我作为一个 ECM 银行家在 30 多个不同国家发起和执行各种交易的工作经验编著本书。

既然本书放眼全球，所以除美国、英国和欧洲大陆之外，我还收集了许多来自金砖四国（巴西、俄罗斯、印度和中国）发行人执行的 IPO 案例——金砖一词（BRIC）此时应在后面加上“S”，因为南非现在也加进来了。尤其是亚太地区，现在拥有最大的发行量、最高的交易额和最多的新上市公司数量，所以很自然地代表了世界迅速增长地区的发展状况。2010年，中国大陆的一家银行执行了世界范围内规模第二（221亿美元）的IPO（第三大IPO出现在2006年，第四是由2010年在中国香港上市的一个保险公司执行的，第六则是由1998年的一家日本电信公司执行的）。亚洲也处于创新和产品引进（有时将美国产品进行成功的改造）的前列，像房地产投资信托基金（REITs）和基础设施基金，欧洲最近才引入这些产品。

本书详细介绍了投资银行怎样组织起来，与其他银行、公司、机构、客户、第三方顾问之间如何相互合作。本书也给出了建议，列举了真实的例子和案例研究，尽力囊括所有具体情况和将业务带入市场相关的基础材料。这些资料包括证明文件；法律、会计和公司管理问题；估价考虑因素和有关营销方面的详细分析。简明扼要地解释了双轨制IPO的步骤、前IPO投资和任命基石投资者，也解释了机构投资类型、公开发行和雇员发行、交易前研究、投资者教育、路演、建立投资者购股意愿档案、订购请求、定价、分配、上市和价格稳定。最后，在附录中包含了以下资料：详细的尽职审查、发行费用和招股说明书；投资者教育和订单的样本表格；世界范围内主要证券交易所初次上市条件的详细资料；由550多个行业术语定义的扩展词汇表。

然而比起其他行业，也许金融行业的规则变换得更频繁，个别情况也更重要，所以无论什么情况下，我劝告读者当你们考虑筹集资本、出售股票和上市时，一定要咨询投资银行、法律顾问、会计顾问、其他顾问和相关证券交易所上市集团的意见。

我十分高兴由中国财政经济出版社出版此书的简体中文版本，中国财政经济出版社有相当大的市场覆盖范围，在金融、经济、银行、会计、管理、统计和国际贸易领域享有盛誉。我为道琼斯经济通讯社及香港的《南华早报》写的一些文章已经进入了中国金融博客，同时，路透通讯社、《金融时报》或其他媒体及出版社对我进行的一些访谈也已经被中国主流媒体和社会化媒体报道和评论。

管理一个国际IPO是为管理团队和公司股东努力工作的顶点，它能带来许多回报，有经济上的，也有成功募集资金和实施雄心勃勃的商业计划上的。同时，IPO既能使公司对市场力量负有更大的责任，也使其更易受市场力量的伤害。掌握IPO的过程和理解构成IPO基础要素是充分利用发行证券所提供的益处的关键。我希望这本内部指南能帮助读者在这个令人兴奋的探索过程中找到自己的方向。

菲利普·裴达希

2012年3月于香港

第一部分 定义参量

1.1 上　市

上市（第一次将股票出售给公众投资者）是公司在其整个生命历程中所做的最重要的决定之一。对于家族企业股东来说，上市可以提高股东所持股份的流动性。但是这也使他们的业务处于外界监督之下。通过上市，创业投资企业可以筹集到无与伦比的大量资本来支持其发展。投资者购买首次公开发行（IPO）的股票是因为这使他们有机会在该股票上建立一个大额头寸，而大多数情况下，在二级市场上实现这一目标成本更高，或需要更长的时间。首次进入市场的大多数公司也会给出某种形式的 IPO 折扣，这使它们相对于同行更具吸引力。

公司在证券交易所选择以 IPO 形式上市的原因很多，一般可以归纳为两个：出售股权和筹集更多的股权资本。

1.1.1 首次发行和二次发行

从技术方面来说，在股权资本市场（ECM）中筹集资金的交易被称为“首次发行”，而抛售——无论是政府私有化还是长期股东出售，股权从私人手中进入市场，从而产生了流动性（或许是由于继承的结果）——则被称为“二次发行”。通常情况下，都是两者结合，以便在一个或多个现有股东选择减持股份的同时募集到新资金，以使公司成长。在英国，初次发行被称为“认购报价”，因为公司发行的新股票被投资者认购；而二次发行就被十分合乎逻辑地称为“销售报价”。

在大多数情况下，募集新资金比较容易执行，尤其是当发行者的股票具有一些例如可以促进市场的金融发展等吸引人的特点时更是如此。与此相反，有时某公司出售股份时很容易引起投资者的怀疑，尤其是上市后公司卖出了所有股权时更是如此。投资者可能会对在 IPO 中全部退出的私募股权投资者持谨慎态度，不仅因为投资者将不惜一切代价最大化其退出价格而不考虑股票在后继市场如何交易，还因为上市后这些投资者的利益将不再与新投资者保持一致。因此，在这种处境下的私募股权投资者可能宁愿等待更长的时间以通过一次或多次出售来实现完全套现。

不可混淆的是，术语“二次发行”通常用来描述一个上市公司的后续交易，不论其发行或出售的是新股还是旧股。此外，术语“原始股”（或“原始股市场”）通常用于描述新股发行市场（包括 IPO），不论这些股票是增发的还是长期股东出售的。而该术语在二级市场通常是指已上市进行交易的股票。

1.1.2 上市的其他原因

公司选择上市的其他原因包括上市公司通常享有更高的声誉和认知度，上市也可以提升公司形象，而且上市也能增加股票的流动性，从而使其可以较为自由地进行交易。某些情况下，发行新股和以 IPO 形式挂牌上市是一种减少公司多年积累的问题的实用方法，公司的问题可能源于一项代价很高的收购所导致的长期负担。在最近的信用危机之后这种方法可能会变得很普遍。

一个公司可能想通过新上市将资金重新集中于其核心产业，或者通过上市剥离自身的分支机构。例如：1995 年瑞士制药集团山德士公司（Sandoz）将其特种化学品子公司以国际 IPO 形式上市并筹集了 14 亿美元的资金。当时，这个子公司改名为科莱恩（Clariant），并拥有了一个新的、独立的身份。科莱恩随后在 1997 年收购化工公司赫克斯特（Hoechst），并在 2000 年、2006 年和 2008 年进行了进一步收购，最终发展成了一个新的化学集团；而山德士公司通过 1996 年与西巴 - 盖吉（Ciba - Geigy）合并形成了诺华公司（Novartis）。更多近期案例请看附录 1。

当公司自身规模庞大，且天然地具有全球性的时候，公司也可以选择在多个证券交易所上市，这种方式更利于接近全球的投资者，也有利于投资者在自己的时区内进行股票交易。例如英国保险公司保诚保险（Prudential），在伦敦证券交易所（LSE）实施了初次上市。2010 年初它打算收购美国友邦保险有限公司（美国国际集团 AIG 的亚洲公司）时，在中国香港和新加坡同时进行了第二次上市。这样做的原因可以更容易的定位和利用亚洲投资者以便为其收购行为募集资金。

同样，企业也可能随着公司的业务调整进行重大的地理位置转移，这时第二次（甚至第三次）上市可能是一种很好的办法，它使公司业务与持股人在地理位置上保持一致。

在某些情况下公司也可能决定从某个证券交易所退市，在另一个证券交易所重新上市，以便获得更多投资者的认可、增加股票交易的活跃度并获得更好的卖方研究范围。这样作的一个原因可能是因为新的证券交易所更大或者日交易量更多，这最终有利于企业获得更高的估价。2007 年，中国台湾食品制造商旺旺公司（Want Want）正是出于此原因，先从新加坡证券交易所（SGX）退市，经过公司重组之后，继而在 2008 年于香港证券交易所重新上市。同样的，位于中国四川的一家主要生产心脏病类药物的公司四环医药控股集团有限公司（Sihuan Pharmaceutical），由于相同的原因也选择在 2009 年从新加坡证券交易所退市，然后于 2010 年 10 月在中国香港以 IPO 形式上市并筹集了 7.41 亿美元的资金。[①] 科尔博格 - 克拉维斯 - 罗伯茨集团（KKR）在 2010 年 7 月将其上市地点从阿姆斯特丹证券交易所转移到纽约也是出于上述原因，尽管这个案例中还有其他的影响因素。据说在美国这种行为也和最高管理层的更替有关，同时包括了对潜在税收的考虑。[②] 的确，根据一项正在美国参议院讨论的法案，上市公司的创始人如果出售其股权的话，必须承担更高的资产所得税。这个因素可能也会影响 KKR 集团在美国进行 IPO 的时间和地点。据报道，在本书编写时，像凯雷投资集团（Carlyle）和阿波罗全球管理公司（Apollo Global Management）这样的私募股权公司，也在遵循相同的模式进行运作。

由历史发展角度来看，另一个重新上市的因素可能是因为处于特殊产业部门的公司在某个特定的股票市场上市会吸引那些更充分了解公司业务的投资者，因此通常会使公司得到更高的估价和更好的 IPO 价格。这包括为技术公司服务的美国纳斯达克证券交易所（NASDAQ）、英国的伦敦证券交易所、加拿大的多伦多证券交易所（TSX）、为矿业服务的澳大利亚证券交易所（ASX）。在本书编写

① 《南华早报》，2010 年 10 月 30 日。

② Economist. com，2010 年 7 月 8 日。

时，伦敦证券交易所已经同意收购多伦多证券交易所的母公司 TMX 集团。

1.1.3 和上市有关的责任和弊端

实施 IPO 可以带来很多益处，但是成为一个上市公司也有很多弊端。上市的代价都是很高的，无论是在其刚上市时还是在以后的长期运营中都是如此，因为公司需要披露额外信息以维持上市，同时也使新股东掌握公司发展状况。维持投资者关系要求一个高的透明度，这意味着信息也同时暴露给了其竞争对手、供应商和客户。而且为满足市场的期望，管理者要花费相当的时间和资源来实现信息的公开。

最后，在极端情况下，上市可能引来意想不到的股东（比如 2010 年法国奢侈皮革制品公司爱马仕上市时，其 14.2% 的原始股被竞争对手路易威登以 20 亿美元获得），并可能最终导致初始股东失去公司的控制权。一旦其多数股权落入公众之手，上市公司会明显变得更脆弱，这可能导致公司被收购。然而，对于资产负债表上债务累累的公司来说，通过上市从第三方融资，进而稀释原有股东的债务，可能是解救公司的唯一办法。

1.2 上市条件、股票情况和流动性

一个公司无论选择在什么地方、何种方式开始进行全球范围内的 IPO，总是需要满足以下几个条件。

1.2.1 上市条件

公司必须满足相关管理机构或者它选择上市的证券交易所所设置的最低要求。要求虽然会有变化，但通常包括以下几个方面：持续经营时间超过若干年（大多数情况至少需要三年）的营业记录；最近财务年度或者几年内平均的最低营业额、现金流或净利润，或者以上三者的组合；参与 IPO 的最低市场资本总额。有时这些条件可以豁免，尤其是对矿业、勘探和工程项目公司等。公司申请 IPO 时公布的招股说明书里包括了公司账目需遵守的会计准则，也指明了上市以后需要持续披露的信息。

其他常见的上市标准包括在一个特定期限内公司所有权或经营管理权或公司业务种类的连续性。证券交易所和监管者也可能针对公司

的股权资本提出一些具体要求。例如，可能要求所有股份具有相同的投票权，而且这些股份也应该可以被自由转让。

一些国家允许发行不同级别的股票，即具有不同特性、价值、特权或投票权的股票。例如，沃伦·巴菲特的伯克希尔·哈撒韦公司(Berkshire Hathaway)，在美国纽约证券交易所（NYSE）同时以A级和B级普通股上市。B级普通股除投票权是A级普通股的1/10000之外其他权利相当于A级普通股的1/1500。除此之外，在这个特殊的案例中，A级普通股随时可按照1∶1500的比例自由转换为B级普通股(但B级普通股不能按照1500∶1的方式转换为A级普通股)。A级和B级股票的股东均有权利参加伯克希尔·哈撒韦公司的年度例会(AGM)。[①]

过去，尤其是在私有化的过程中，一些发行者的资本被重组成"黄金表决权股"和"特别股"，这使政府可以通过持有具有特殊性质和权力的独立股份而限制外国投资者的股权。这种方法是由英国在20世纪80年代率先使用的，可能和当时英国电信私有化有关，很快传遍了全世界，从法国到葡萄牙到土耳其，后又传播至马来西亚、加拿大和牙买加。黄金表决权股对武器和核设施制造业等战略性或敏感性的产业部门来说是非常常见的。2010年上半年，葡萄牙电信（Portugal Telecom）与西班牙电信（Spain's Telefónica）在争夺巴西移动电信运营商维沃（Vivo）的控制权过程中，欧洲委员动用了特别股来进行解决。[②] 现在，黄金表决权股和特别股这两种形式将不太可能成为IPO发行者的一种选择了。

为了缩减成本和避免尴尬，在一开始就应该确定公司是否具备上市条件（理想的情况应该是在开始任何交易之前)，除非有非常明显的理由可以使其免除一项或多项上市标准。此外，证券交易所对流通股股东的数量和分布也有最低要求，一般为几百到几千个。这一般通过向散户投资者发行来实现。除了这些要求，有时为了使股票具有很好的流动性，通常要求在进行IPO之时和之后，由公众所持有的股权资本达到一定的比例（"公众持股量"的部分不能被控股股东或者与控股股东行动保持一致的人所拥有)。通常要求达到25%，有时这一比例对于非常大的公司来说显得有些不足。

---

① 伯克希尔·哈撒韦公司的网站上2010年1月20日沃伦·巴菲特的备忘录。

② 彭博资讯，2010年6月30日。

世界最大的几个证券交易所中的一些其他首次上市条件的总结请看附录 8。

1.2.2 投资论据

任何申请挂牌交易的公司必须有一项吸引人的业务，即投资银行所谓的“投资论据”或“股票情况”。例如，公司是快速成长行业的领导者或领导者之一；或者它的销售额或利润的年均复合增长率（CAGR）比竞争者高；或者该公司产生了大量可持续的现金流，并打算向股东支付较高的红利；又或者它提供了一个以前投资者没有机会进入的新行业的投资机会……这时公司的股票情况就很吸引人。无论出于什么原因，公司要在某一方面相对于同行占有明显优势。它的表现应该是可持续的并有良好的发展前景。缺少吸引人的股票情况，投资者就不会对 IPO 表现出太大兴趣，公司之后的市场表现也会令人失望，21 世纪初的互联网泡沫危机证实了这种观点。

重要的是，应该按照一致的标准来评估一个公司的成长。以零售公司为例，关键的考虑因素是现存商店的成长而不是公司投资组合中新商店数量的增加。

当上市公司仅仅想把资产变现时，这的确很容易实现，尤其是在牛市时，此时关键需要有一个有独创性的、吸引人的、长期的商业模式以便使企业在市场中持续发展，并最终促使股票价格上升。这对基金公司也是适用的，例如基建基金和房地产投资信托基金。对于基金公司来说，不仅要在有关地区、产业部门、房地产领域或持续的投资主题方面有一个清晰的目标，而且需要确保能够通过内部增长或借助收购发展，设法使构成基金的资产实现一个“总收益目标”。

除了证券经纪公司之外，通常认为假如一个公司的资产全部或大部分由现金或短期债券构成的话，那么这样的公司不适合上市。

1987 年欧洲隧道公司和 1989 年的欧洲迪斯尼公司的上市失败，使得项目公司（即在发展阶段初期产生不了大量利润的公司）能否通过公开股权资本市场募集股份成为十分具有挑战性的议题。机构投资者和散户投资者对于过分乐观的预测、成本超支和建成期限都是十分谨慎的。然而，一些有政府等出面保证能获得高于平均回报的项目还是能成功进入市场的。例如在澳大利亚就有许多这种公司进行了首次公开发行，尤其是涉及基础设施部门的公司。其中的原因一方面是由于其出色的组织和市场营销（包括与牵头银行的共同投资），另一方面是由于澳大利亚有许多国内退休金和养老金部门，这些部门十分需要收益稳定的投资项目。

1.2.3　战略投资者

在公司的股权结构中包括一个或多个战略投资者有时可以提高以IPO形式上市的公司形象，战略投资者通常在实施上市进程中的早期阶段就已经进入。战略投资者可以是位于同一产业链之中的企业，或者是经营互补产业的公司，它们在发行者股份中占少数。或者也可以是私募股权投资者甚至可以是投资银行。事实上，对在香港证券交易所进行IPO的中国公司来说，比较常见的是吸引投资银行作为战略投资者。这些投资银行使用自己的资产负债表，之所以这样作有时是为了确保获得授权以领导IPO，在公司上市开始交易之后便着眼于在一段时间内获得比较高的资本收益。

对战略投资者的投资通常有一个锁定，意思是说，依照与公司签订的合同或者证券交易所的条例（或者两者兼有），不允许战略投资者在IPO后的一段时间内出售他们所持的公司股份，这一时限通常为至少六个月。有很多种方法可以实施上市前的战略性投资。可以以普通股进行直接投资，也可以其他证券的形式如可转换债券或者可转换优先股进行投资。由于此类投资属于公司上市前早期阶段的投资，公司会在IPO估价的基础上给予这类投资一个很大的折扣。在某些情况下，这种投资以票面价值执行，因此当它退出时能获得丰厚的资本回报。然而，在即将上市、甚至是上市之后对于上市前投资所作出的价格调整经常使监管者很头疼，这种情况在香港证券交易所时有发生。

这种投资的协议常常包含了许多条件，也会涉及赔偿条款和终止条款。证券交易所一般都有一些监管有关上市前投资协议的条例，尤其是在价格公式和上市前投资占公司股本的最大比例两方面。在IPO的招股说明书中应公开这些信息。

战略投资者的上市前协议与基石投资者不同（关于基石投资者的更多介绍请看2.12.7部分），基石投资者一般像其他投资者一样以IPO发行价格在后期进入，因此没有折扣优惠。但是，他们保证了IPO进程中一大部分的股票配售，这给IPO提供了早期动力和领导力。

1.2.4　上市可转换债券

有时，公司或者股东可能会在发行者公开发行公司股票之前就在公开市场上募集资金。在这种情况下，公司可以选择发行一种可转换债券，即一旦公司上市就可转换为公司股票的上市债券。或者，股东也可发行一上市便可交换为公司股票的债券。因为大部分可转换债券是非公开的，属于私人交易债券，所以这种做法很罕见，但是也不乏先例，如 20 世纪 90 年代早期土耳其在进行私有化改造中曾使用过此种方法。

近年来也有这种案例：2006 年西伯利亚的英国黄金生产商安加拉矿业（Angara Mining）通过野村证券（Nomura）和乌拉西伯利亚金融公司（URALSIB Financial Corp.）在伦敦证券交易所以 7% 的利息率发行了 5000 万美元两年期的债券，一旦上市便可转换为公司的股票。如果在一个确定的时间范围内没有上市，公司必须按先前总额的 140%（一种惩罚）加上应付利息赎回债券。这一可转换债券（这是英国公司第一次在公开市场发行的可转债）被一小部分机构投资者相继购买。[①] 然而最后却以赎回告终。

同样，在 2006 年的亚洲，位于中国大陆的污水处理公司金州环境股份有限公司（Golden State Environment）通过美林私募上市可转换债券 1.5 亿美元以促进公司尽早上市，此债券前七年利息率为 6%，后两年利息率为 9%。但是结果却同安加拉矿业债券一样，在到期日以溢价赎回债券告终。[②]

2006 年的其他例子还有：摩根大通银行为中国大陆主要房地产商绿城中国控股有限公司（Greentown China Holdings）分两批发行 1.3 亿美元的上市前可转换债券；巴克莱银行（Barclays Capital）和迪拜伊斯兰银行（Dubai Islamic Bank）为作为世界领先海洋终端机设备和物流公司的迪拜港口世界公司（Dubai Ports World）在迪拜发行了 35 亿美元伊斯兰上市前债券（sukuk），该债券一旦上市便可转换为股票。[③]

更近的案例有：总部设在瑞士的全球最大商品经纪公司嘉能可公司（Glencore）于 2009 年 12 月向投资者发行 22 亿美元上市可转换债券，购买此债券的投资者包括美国黑岩集团（BlackRock）、新加坡政府投资集团（GIC）和私募股权公司第一储备公司（First Reserve Corp.），这使公司转换前的股权价值达到 350 亿美元，相当于该公司

---

① 道琼斯通讯社，2006 年 4 月 11 日。
② Finance Asia. com，2006 年 7 月 3 日。
③ IFLR. com，2006 年 11 月 1 日。

2009 年税前折旧及摊销前利润的 9 倍。在本书编写时，据报道，该公司打算于 2011 年在伦敦证券交易所和香港证券交易所进行总值数亿美元的双重上市。[①]

1.2.5　特殊目的并购公司（SPAC）

特殊目的并购公司（SPAC）是指由一个空壳公司发起首次公开发行，之后再并购其他公司。SPAC 的卖点是公司管理团队的丰富经验，这一管理团队会使用 SPAC 首次公开募股获得的收益对新业务或公司进行投资。SPAC 于 2000 年以后流行于美国，尽管在欧洲也有少数上市的 SPAC，例如 2008 年在阿姆斯特丹以 6 亿欧元上市的自由国际收购公司（Liberty International Acquisition Company）。[②]

SPAC 通常采取普通股和认股权证相结合的形式，二者既可以结合进行交易，也可以分别按报价进行交易。SPAC 通过 IPO 募集的所有（或绝大多数）收入是以信托形式进行的，在上市后的一段特定时间内，通常为一年或一年半，SPAC 的管理团队需要实现一项特定的兼并或收购，或者签订意向书。如果没有达成这一条件，SPAC 将被解散，钱也需还给股东。股东一般通过投票决定是否支持这样的兼并或收购，这之后特殊目的并购公司事实上成为“正常”公司。当寻求支持时，公司需充分披露目标业务。在这点上，特殊目的并购公司不同于 20 世纪八九十年代在美国上市的盲目式组合公司（blind - pool company）。

就产业或地域覆盖面来说，SPAC 通常有其独特的关注点。例如，某一 SPAC 可能将收购中国的一家企业作为目标，这反映了管理团队的经验。管理团队一般没有工资，而是获得 IPO 股票的一部分，通常为 20%。此外，在 IPO 之前管理团队还会购买认股权证。

1.2.6　独立企业和内部产权

上市公司需要独立经营，拥有主要营业资产，具有执行业务必须的签订合同的权利及相关知识产权。如果这些资产（或权利）被另外的公司或个人持有（通常为相关或有联系的组织），则必须暂停上市交易，进行重组以使其成为符合要求的企业组织。作为暂停上市的代

---

① 彭博资讯，2010 年 11 月 18 日。

② 彭博资讯，2008 年 2 月 6 日。

价，应支付公允价值，以避免不良的法律和税务后果。当然，在实施重组过程中，也应该最优化公司的税收效率。

投资者希望找到公司管理人员的利益与投资者保持一致的公司。通过优先认股权或相似的方案对高级管理人员进行适当激励的方法深受市场欢迎。

1.2.7 流动资产和交易规模

最后，暂不考虑证券交易所规定的最低上市标准，企业自身的规模及其面临的市场资本总额、公众持股量水平都是非常重要的，因为只有这些指标足够大才能够防止公司变成“孤儿股”，即IPO之后没有交易量和投资者。之所以这样说有下面两个理由。首先，比较大的上市公司会获得较大的支持，因此能达到很大的交易额。一般来说，上市后的最初几天甚至几个星期也许有非常不错的日平均成交量（ADTV），但是，对于小公司来说，一旦最初的利益在投资者之间分配殆尽之后，ADTV通常会降低到非常低的水平。其次，达到很高ADTV的上市股票一般有以下规律：卖方一般是经纪人或投资银行雇佣的，买方是机构投资者或对冲基金的研究分析员。在这种操作模式下，股票产生利润，继而产生更多的流动资金。

大多数情况下，小公司不会被分析师所研究（至少没有很好的研究），且经常表现为非常低的市场流动性。这将妨碍小公司进一步募集资金，因为不变的资本总额代表了很高的ADTV倍数，因此不容易被市场吸收。

公司实施IPO时理想的最小规模应该是多少？这随市场的变化而变化。一些经纪人和证券交易所的管理委员会专门从事中型股（或微型股/小股本公司）交易。然而，通常来说，大规模的投资银行，即所谓的“华尔街投资银行领导集团”（这些公司在IPO排行榜上遥遥领先）一般会设置一个大约相当于2.5亿到4亿美元的最小市场资本总额进入门槛（平均公众持股量或典型IPO规模大约为5000万到1亿美元）。低于这个最小规模，不仅IPO的配售更具挑战性，而且重要的是，对于牵头经纪商来说，这样的操作没有大量利润可赚。如果公司显示出很强的增长性或者能给投资者提供非常好的投资前景时，或者指定唯一的投资银行作为牵头银行时，较小规模的IPO显然更可行。以低成本经营和以不同公司和机构作为客户的小型经纪商自然有比较低的进入门槛。

应该注意的是：投资银行对已经在股权资本市场上上市的公司的后续交易一般没有这样的最小规模标准要求。这是因为相对于 IPO 而言，投资银行进行操作所需的准备工作减少了很多。现存股票的大宗交易只需要除简单的销售与购买协议及配售通知外的最少量的文件。甚至当进行全面上市发行要求具备招股说明书时，在 IPO 时准备的文件和之前那些应监管者或证券交易所要求准备的文件也会使业务的执行更简单快速。

1.3 选择最佳的上市地点

选择最佳的上市地点对董事会来说绝非易事，需要考虑很多因素。有时候，证券交易所仅允许具有某一国籍的公司上市。例如，在很长时间内，香港证券交易所仅允许在中国香港、中国大陆、开曼群岛和百慕大群岛注册成立的公司在中国香港上市。这使很多国家的公司不能在中国香港上市，除非这些公司施行一系列重大调整。近年来，中国香港的上市政策得到了发展，已经允许许多其他国家的发行人在香港上市（见附录 8）。当现今的发行人（尤其是那些在全球范围内管理业务的公司）以 IPO 形式使其股票上市时，已经可以从多种可能方案中进行选择了。

然而，在多数情况下，没有同时发行供出售股票的公司进行上市时（可能通过购买上市空壳公司“借壳”上市；或者在公司已经有足够多的流通股股东的情况下以介绍方式上市；也可以通过建立一个由美国发起的等级 2 的美国托存凭证计划上市〈见 2.15.3.2 部分〉）不太可能实现初始显著的交易量或者产生大量的投资收益。即使规模很大，结果也会如此。例如是保诚保险，其在 2010 年通过介绍方式，在香港证券交易所和新加坡证券交易所上市，然而，它在这两个亚洲证券交易所上市后实现的成交量仅仅相当于它在英国初次上市时的很小部分。[①] 同样的，同年通过介绍方式在中国香港上市的采矿巨头巴西淡水河谷公司（Brazilian giant Vale），其流动性也很差。[②]

1.3.1 选择正确的上市地点

当一个没有明显自然锚定市场的公司决定上市地点时，一种实

---

① FT. com，2010 年 9 月 24 日。

② WSJ. com，2010 年 12 月 14 日。

用的办法是用一个矩阵列出各种因素，然后分析各个因素并为其评分。下面举一个欧洲消费品公司的案例，此公司在亚洲有许多重大业务（见表1）。每一行都是对该公司在不同上市地点所对应的主要上市考虑因素的评估。例如，以这个欧洲公司总部所在地为例，在纽约泛欧交易所（在阿姆斯特丹、布鲁塞尔、里斯本或巴黎）上市要比在美国或亚洲交易所上市更合适。一个对号代表相对应的上市地点部分满足条件；两个对号代表满足条件；三个对号代表完全满足相关条件。

表1　　不同证券交易所上市的考虑因素的例子

	纽约泛欧交易所	纽约证券交易所	纳斯达克证券交易所	伦敦证券交易所	香港证券交易所	新加坡证券交易所	东京证券交易所
总部所在地	√√√	√	√	√√	√	√	√
注册国家	√√√	√	√	√√	√	√	√
形象和声望	√√	√√√	√√	√√√	√√	√	√√
与地区收入状况的匹配性	√√	√	√	√√	√√	√√	√
指数参考因素	√√	√√	√	√	√	√√	√
兼容性	√√	√	√	√	√√	√√	√
可获得且可持续的估值乘数	√√	√√	√√	√√	√√√	√	√√
购入货币	√	√√	√√	√	√√√	√√	√
首次上市要求	√√√	√	√	√√√	√√	√√√	√
持续上市要求	√√√	√	√	√√√	√√	√√√	√
会计和GAAP*	√√√	√	√	√√√	√√	√√√	√
上市费用和成本	√√√	√	√	√√	√√	√√√	√
与重要机构投资者接触的机会	√√	√√	√	√√√	√√	√√	√
与散户投资者接触的机会	√√	√	√	√	√√√	√	√√
研究范围	√√√	√	√	√√√	√√	√	√

* GAAP = 一般公认会计原则

√ = 部分满足条件；√√ = 满足条件；√√√ = 完全满足条件

当今大部分主要市场都有严谨治理结构、透明度高，且有独立司法系统来执行法规。清算、交易和结算系统会有区别，尤其是在新兴市场更是如此，但是一般来说，这些系统没有主要的关键性区别。

在上市要求复杂全面、管理规范、透明度好的交易所进行上市经常能吸引更好的投资者、产生更深的资金池、获得更好的流动性和覆盖更广泛的卖方研究。比起那些一开始看起来要求少、容易上市、管理不严的交易所来说，在前者上市最终能实现更好的估价。

1.3.2　公司所在地和注册国

集团总部所在地和注册国是显而易见但又很关键的考虑因素，要考虑到高层管理的时区问题。它们应该与相关交易所列出的上市条件完美匹配。

1.3.3　形象和声望

在某一特定证券交易所上市所能获得的形象和声望来自于这个市场的资本总额、平均规模和公司（尤其是同行公司）数量。然而，在一个大型或者享有声望的股票市场上市不一定就是成功的保证。在2000年，法国传媒公司威望迪环球公司（Vivendi Universal，当时的名称）在纽约证券交易所（NYSE）上市的同时也在国内上市，以帮助它兼并施格兰公司（Seagram）和提升公司形象。然而在之后几年内，该公司在纽约证券交易所的成交量很低，2006年的成交量甚至小于2004年和2005年总股票成交量的5%。因为持续披露信息的要求以及维持在美国上市需要高昂的成本，所以该公司决定于2006年从纽约证券交易所退市。[①] 然而威望迪公司在2008年后期再次建立了一个不上市的、比较简单的等级1的美国存托凭证（见2.15.3.1部分）。[②]

相同的案例包括法国安盛集团（AXA）、希腊电信股份有限公司（OTE，the Hellenic Telecommunications Organization）、德国安联保险集团（Allianz）、戴姆勒股份公司（Daimler）、英飞凌科技公司（Infineon Technologies）和德国电信（Deutsche Telekom）。这些公司也于2010年从纽约证券交易所退市。安联集团很早便宣布其打算从伦敦证券交易所、米兰的意大利证券交易所、巴黎的纽约泛欧交易所、苏黎

---

① Forbes. com，2006年1月17日。

② 威望迪网站上的备忘录，2008年12月。

世的瑞士证券交易所退市，但是在本书编写时，其只完成了在瑞士证券交易所的退市。巴斯夫（BASF）、拜耳（Bayer）和意昂集团（E. ON）这3家德国公司很早就选择于2007年从纽约证券交易所自愿退市。[①]

1.3.4 收入状况匹配性

将上市地点与公司的地区收入状况相匹配是一个有意思的建议。2010年上半年化妆品公司欧舒丹（L'OCCITAN）（在卢森堡注册成立但起源于法国）之所以决定在中国香港证券交易所而不是位于巴黎的纽约泛欧交易所上市，就是因为其上市时大部分营业额和大部分预期销售额是在亚洲完成的。[②] 欧舒丹的IPO案例研究被列入附录1中。尽管很少有公司必须采取相似的决定，但是业务越全球化，这种考虑变得越普遍。例如，为了提高在亚洲散户投资者中品牌和活动的知名度，据说意大利奢侈品公司普拉达（Prada）在2010年年中就在考虑在中国香港上市，之后该决定在2011年1月被确定下来。[③] 然而，对于管理工作而言，位于不同时区产生的额外压力也是需要认真考虑的。

1.3.5 指数参考因素

另一个考虑因素是公司所在地的相关市场指数，例如德国达克斯指数（DAX）、西班牙IBEX指数或者日本东京股票价格指数（TOPIX）和日经225指数（NIKKEI 225）。指数的构成是在市值、公众持股量或成交量的基础上形成的，需要定期复核（通常是半年或者一个季度）。对大型、尤其是流动性好的公司而言，其股票作为计算某一著名的股票指数的成分股，意味着指数型基金或其他机构投资者通过买入该股票而自动取得与指数大体相同的收益率。显然，成为富时指数（the Footsie）、CAC40股指或香港恒生指数的成分股，也证明公司具有更高的声望。例如，爱莎能源（Essar Energy，一个印度能源公司）2010年5月在伦敦证券交易所首次公开发行上市筹集了10亿美元，随后便于2010年6月被吸收成为享有声望的英国富时100指数

---

① 相关公司网站，2010年9月。

② 作者和公司之间的通信。

③ 亚洲新闻频道（Channel News Asia），2010年6月3日；彭博资讯，2010年10月7日和2011年1月28日。

的成分股。[①] 爱莎能源的 IPO 研究案例详见附录 1。另一个近期案例为中国农业银行（ABC），通过全球 IPO（A 和 H 股）筹集了 22.1 亿美元之后，不久便被列入上证 50 指数和上证 80 指数，结果导致了在中国大陆出现了大量被动型指数基金购买此股票的现象。据说这提升了中国农业银行后续市场交易的股票价格，大大促进了中国农业银行 A 股部分的超额配售选择权的全额动用，同时使中国农业银行成为迄今世界范围内最大的全球 IPO。[②]

1.3.6 估值考虑

与基准公司相异的公司估价方式也是需要仔细思考的问题。然而，我们不应该孤立地看这些问题。在 20 世纪 80 年代和 90 年代初，当时东京证券交易所（TSE）市盈率非常高，所以许多外国公司在该交易所实行了第二次上市，不料之后的交易水平却很低。在花费了大量的时间和精力来遵守日本的持续上市和持续披露要求后，没几年许多发行人便选择了退市。从东京证券交易所自愿退市的公司包括 2010 年退市的埃贡公司（AEGON）、德国电信和瑞士联合银行集团（UBS）；2009 年退市的法国巴黎银行（BNP Paribas）；2008 年退市的阿尔卡特朗讯公司（Alcatel - Lucent）、巴克莱银行（Barclays）、拜耳公司（Bayer）、波音公司（Boeing）、英国石油公司（BP）和法国兴业银行（Société Générale）；2007 年退市的恒基地产（Henderson Land）、大众汽车（Volkswagen）和西太平洋银行（Westpac）；2006 年退市的戴姆勒克莱斯勒公司（DaimlerChrysler）、德意志银行（Deutsche Bank）和澳洲国民银行（National Australia Bank）。[③]

若满足上市条件的某具有高增长率的技术公司是市场业界关注的焦点，且不考虑注册国的问题，那么其通过在纳斯达克证券交易所上市以获得较高的发行价格是讲的通的。但是，在满足流动性的情况下，要想获得并长久维持高市值，企业的内在品质要比其所在市场的平均水平更重要。

1.3.7 首次上市要求和持续上市要求

显然，挂牌交易应该满足首次上市要求和持续上市要求，包括在

---

① 作者和公司之间的通信。
② China Daily. com. cn，2010 年 7 月 16 日。
③ 东京证券交易所网站，2010 年 8 月。

规定期限内按照相关监管者和交易所要求的会计标准制作和公布账目。例如，外国（非美国）发行人可以通过电子数据收集和检索方案（EDGAR）按照美国证券交易委员会（SEC）的表格 20 - F 将年度数据归档。长远来看，信息披露要求甚多且成本高昂。这可能要求细分化收入、利润或财产；要求出具财务报表证明或披露管理人员薪酬；也可能有一些披露与董事会组成有关的地方性法规，要求建立董事会下属委员会或者财务控制的有关条例。例如，萨班斯—奥克斯利法案（Sarbanes - Oxley）为在美国上市的公司提供了需要遵守的法规，确定了首席执行官（CEOs）和首席财务官（CFOs）的潜在个人民事和刑事责任。这导致了一些非美公司回避从美国上市，也导致了其他公司从纽约证券交易所或美国的其他交易所退市（见 1. 3. 3 部分）。

除了“主板市场”之外，大多数大型证券交易所还设有更小规模的市场或者“二板市场”，以便为处于早期发展阶段的快速发展公司提供上市机会。这种二板市场通常有更灵活的上市条件，但是这通常会付出损失流动性和研究范围的代价。事实上，许多在二板市场上市的公司的确表现出了较低水平的交易活动、拥有较少的卖方研究分析师及投资者。有关世界各地二板市场的案例可参见附录 8。

1. 3. 8 定位目标投资者类型

机构投资者逐渐全球化，而每一个股票市场都有自己的规则和特点。了解这些可以帮助公司在接触潜在的投资者时作出适当的选择。例如，在首次公开发行中出现大幅超额认购的情况下，香港证券交易所存在着股份自动“回拨”机制，即股份从机构投资者处回拨给散户投资者。在个别投资案例中，散户投资者股票份额在初始时设为 10%，而认购却超过 100 多倍（这并不鲜见），此时通常的做法是将 IPO 的 50% 自动分配给散户投资者（见附录 8）。无论高品质的机构投资者是否已经认购，这种回拨机制都是强制履行的。因此，香港上市公司的注册者一开始便包含大量的散户股东。相反，新加坡没有这种回拨规定，仅规定散户认购的部分比例为 5% 到 10%。因此，新加坡一级股票市场的流动性大多由机构投资者驱动。

1. 3. 9 研究范围

最近，如我们之前看到的，公司应该考虑能够获得研究分析师积极关注的可能性。而这在进行首次公开发行时就已经被部分确定下来了。在股票发行之前和研究出版物期满的初始禁止或“封锁”期之后，银行财团中应该一直包括有突出研究能力的内部分析机构以保证合理的研究范围。因此，有必要确定那些积极跟踪同类公司的研究分析师，或在格林威治（Greenwich）、彼得·李（Peter Lee）等机构投资者独立调查中排名靠前的行业研究分析师。显然，越接近管理层所在地将会越便于进行报道和交流。

1.3.10 双重上市和多重上市

在多个地点上市怎样？这样做有时可能是因为有益处，有时也可能出于政治原因。1999 年，艾玛迪斯全球旅游公司（GTD）由瑞银华宝证券公司（美林作为次级合伙人）引导在马德里进行了 9 亿美元的首次公开发行，随后立刻又在巴黎和法兰克福进行了第二次上市，这与其股东的所在国有关（西班牙航空公司 Iberia、法国航空公司 Air France、德国汉莎航空公司 Lufthansa 以及在 IPO 业务中出售股份的美国大陆航空公司 Continental Airlines）。2010 年，艾玛迪斯 GTD 通过重组继续私有化，通过由高盛投资公司、摩根大通银行和摩根士丹利公司引导以艾玛迪斯信息技术控股有限公司（Amadeus IT Holdings S. A）的名字在西班牙以 13.2 亿欧元上市。①

在大多数证券交易所进行第二次上市的上市条件要比初次上市简单很多。然而，双重（或多重）上市通常仅对那些非常大的公司来说有意义。即使在这种情况下，大多数交易仍然只发生在投资者认为的母市场或锚定市场上，因为会有大量股票从二重市场迅速“回流”到母市场中来。有时，正如上文所述，情况会变得十分严重，以至于保持二重或多重上市是不经济的，最终必须将股票从这些交易所退市。值得注意的是，在一些市场退市并不容易。在美国和日本退市是一个复杂的过程（在美国，从美国证券交易委员会撤销注册甚至更难），尤其是所要求的最小数量的当地股东（包括散户）依然存在的情况下更是困难。例如，匈牙利电信（Magyar Telekom）公司 59% 的股份由德国电信公司（Deutsche Telekom）拥有，并且是在布达佩斯证券交易所上市，该公司宣布打算在 2010 年年中从纽约证券交易所退市。②然而，据报道要有效的执行这个决定是有一些困难的，因为当时在纽

---

① 该公司网站，2010 年 8 月。

② Reuters. com，2010 年 6 月 23 日。

约证券交易所（NYSE）交易的注册股票大于5%，要想退市除非低于这个决定性的比例才行。[①]

另外，在多于一个证券交易所上市的公司要进一步募集资本可能很麻烦，尤其是处理配股时更是麻烦。例如，不同的司法体系对配股是否可以分开交易以及交易时限有不同的规定和不同的结算方法。在4.3.2部分有更详细的描述。

1.3.11 自动行情显示装置和编码

一旦上市，一个公司便被指定一个“自动行情显示装置”。这个独特的符号通常由3或4个字母或数字构成，用于快速识别交易屏幕上的股票，例如，可口可乐的KO、美国沃尔玛的WMT（曾被称为沃尔—玛特）或者是香港汇丰银行的5.HK。也有更长的字母－数字编码体系，例如由12位字符构成的国际证券识别编码（ISIN），或者英国和爱尔兰的7位字符证券交易所每日官方牌价（SEDOL）或者是委员会统一安全标识程序（CUSIP）的含有字母和数字的编码的前六位字符（用于识别北美的发行人和证券交易）。更多关于股票行情显示装置ISIN和CUSIP的案例研究请看附录1。其他国家也用另外的编码，例如用于识别瑞士上市证券的Valor代码（由瑞士ISIN代码组成）或者识别德国上市证券的德国证券识别编码WKN。

1.4 公司IPO管理团队

从发行人、牵头银行和第三方顾问的立场来看，指定专门的IPO公司管理团队是有意义的。这个团队的规模随着公司、交易的不同而不同，但是选择少数几个人作为在整个交易过程中完全致力于IPO的管理团队不仅可以确保连续性，而且还可以为执行发行的各方参与者提供一个询问联络点。这个团队可能会存在几个月，有时会持续到一年甚至更长时间。这也可以帮助公司为上市后形成一个投资者关系部门（IR）作准备（见4.2.5部分）。

CEO或CFO不是这个团队的必然组成部分，因为他们已经花费了大量精力处理公司的日常经营，但是当举行重要的公司决策性会议时他们应该保持随叫随到，以帮助解决棘手的问题。显然，他们将十

---

① 道琼斯通讯社，2010年6月3日。

分频繁地参与营销、路演和定价这些交易后期阶段的活动。然而，在早期阶段，除了关于公司战略的高层决策会议之外，他们一般仅是定期参加两周一次的指导委员会的会议。

经验丰富的中层主管人员能够理想地发挥有效的协调作用。他们中的一些人可能对资本市场很有经验，例如投资银行家、投资者关系专家或市场从业者。那些有法律背景的人，尤其是证券律师，也十分适合与其他顾问一起讨论起草招股说明书、谈判承销等各项协定。

在一些市场，招股说明书需要用多种语言发行，例如中国香港，需要同时用英语和中文。因此也应该考虑到管理团队的语言技能。

一旦选定了IPO管理团队，就应该考虑选择和指定一家或多家投资银行来引导交易。

1.5　投资银行中有哪些部门？它们都做些什么？

投资银行是由许多部门和团队组成的复杂组织。在贯穿IPO交易的不同阶段，会有许多部门涉及其中。

1.5.1　银行业务部门

一般来说，一些投资银行家位于“中国墙内”，也就是说，他们能获取机密信息，并和公司的营销部、政府或机构客户讨论这些通常不为公众所知的信息。这些银行家包括关注于一个国家或一个行业内的并购的人，也包括那些致力于公司理财或用股票、债务或混合资本形式（如可转换债券或可交换债券）为客户募集资本的人。在IPO中，除了股票专家之外，如果发行人有强烈的投资收益偏好，也应该包括一些债券资本市场银行家，例如房地产投资信托基金或基建基金。为了简化，本书将在中国墙内运作的银行家称为公司的“银行业务”部门。

1.5.2　营销部门

其他在“中国墙外”的人（或者说银行的“营销”部门）专注于市场活动，也就是研究、出售或交易股票、固定收益产品、商品、货币或衍生品，还有为监管和交易结算服务的各种各样的后台管理系统和业务部门。研究分析师（下文将详述）追踪某一行业、地方或国家的证券。他们和投资者讨论并提出投资建议，发布个人（或团体）

股票报告。销售人员的任务是向他们关注领域的机构投资者出售证券，他们的销售会得到研究分析员的支持。而销售交易员或做市商代表销售人员服务的客户或者投资银行自己（专职操盘手）在金融市场买卖证券。销售交易商直接和客户沟通以促进新的投资计划和提供市场操作。他们的客户是机构投资者（养老基金、资产管理公司、共同基金、保险公司、慈善基金、对冲基金或主权财富基金）、其他银行（包括内部交易平台和私有银行）、公司的财务部门或高净值富人。

有时候，术语“投资银行”或“投资银行业务”仅指企业的银行业务部门，而不包括营销业务部门。

尽管IPO“中国墙”内的各方之间有内在的利益冲突，但是投资银行的目标是以IPO或其他ECM交易来实现公司客户的最高价值，他们也为机构客户在二级市场上提供服务。这些客户和新股发行人的目标和利益是相反的，例如，支付尽可能低的证券报价。这种利益冲突在合规部门监管下，由ECM部门和股权银团进行管理，其中要考虑到各方利益的平衡，使公司和献售股东能以市场可以支付的最高价格发行和出售股票，接着要定位投资者进行广泛的市场操作。

1.5.3 投资银行的其他部门

所有投资银行都有一些支持部门，例如致力于分析和控制风险和信用的部门、法律和合规部门，支持部门确保银行参与制定的合同不违背法律、规则或内部准则，保证管理者和其他主管机构与公司相关发展并驾齐驱，适当维持和严格执行各部门之间的“中国墙”。合规部门也运用“控制室”来检查投资银行发布的交易前报告和其他研究报告。IPO背景下的“控制室”在后面会有更详细的解释。

在大多数大型公司中，参与IPO的部门还有投资银行的公司传讯部门。尽管在交易执行阶段他们通常仅负责对报刊询问提供“不予置评”的反应，有时，他们也被要求来帮助解决有关发行人、业务或IPO的问题，还可能协助回答好奇（或有偏见的）记者的调查问题。此外，尤其是在IPO之后进行成功交易的过程中，他们还帮助提升银行资历和交易活动，并为银行和它的发行人客户游说以争取得到金融报刊颁发的行业奖项。

投资银行也有专门委员会来决定他们将开始什么新业务，关键是要决定他们为这项业务要价的费用水平。在规模较大的银行中这些委员会要定期开会（通常为每周一次）。承销或承诺委员会等其他委员会也会经常参与 IPO 和其他 ECM 交易中召开的定期会议。通常，他们在交易“公开”之前开会，也就是说，在交易前研究报告发行之前、IPO 价格范围决定之时、定价和交易实际承销之前开会。这些委员会通常包括银行业务部门的高级代表、市场部门的“永久业内人士”（为了合规目的）以及风险管理和信用部门的高级法律和合规人员。在特别困难的交易中，可能必须和发行人进行很长时间的谈判，比如定价时，可能需要一接到通知就用电话会议的方法召集承销委员会几次。

也应该注意到，在大部分司法管辖区，面向客户的投资银行业务员需要持有当地监管机构颁发的相关许可证。这种证书通常在银行家或经纪人参加且成功通过专业考试之后授予，考试通常采取一个或多个多项选择测试的形式，例如美国的“Series 7”考试。

1.5.4　投资银行以外的业务部门

大多数大型投资银行一般都有独立的私人银行（或者说财富管理部门）和资产管理部门，与银行业务部门和营销部门保持紧密联系。然而一些私人银行（像瑞士信贷、德意志银行、汇丰银行、巴克莱银行或瑞士联合银行）也有专门的内部投资银行家团体，为他们自己的客户提供并购（M&A）或资本募集交易服务。

IPO 涉及的投资银行的内外部各种部门（分区）的高层图解见图 1。

1.6　投资银行业务头衔

投资银行的业务头衔看起来十分壮观。它们经常把不在业界工作的人搞糊涂。头衔在不同银行之间有微小变化，但是头衔之间的职务晋升和同等称呼通常是相当容易理解的。

1.6.1　入门级和更高级别工作人员

不管在银行的哪个部门或领域工作，一个大学应届毕业生都是以培训生、分析员或业务分析员的身份开始工作的。不要把这个称呼和研究分析师弄混，研究分析师是研究并发布报告的人，是公司用来向机构投资者努力销售证券的支持机构。然而，一个分析员也可能被雇佣为研究部门的初级研究分析师或研究助理。尤其在英国和美国这是

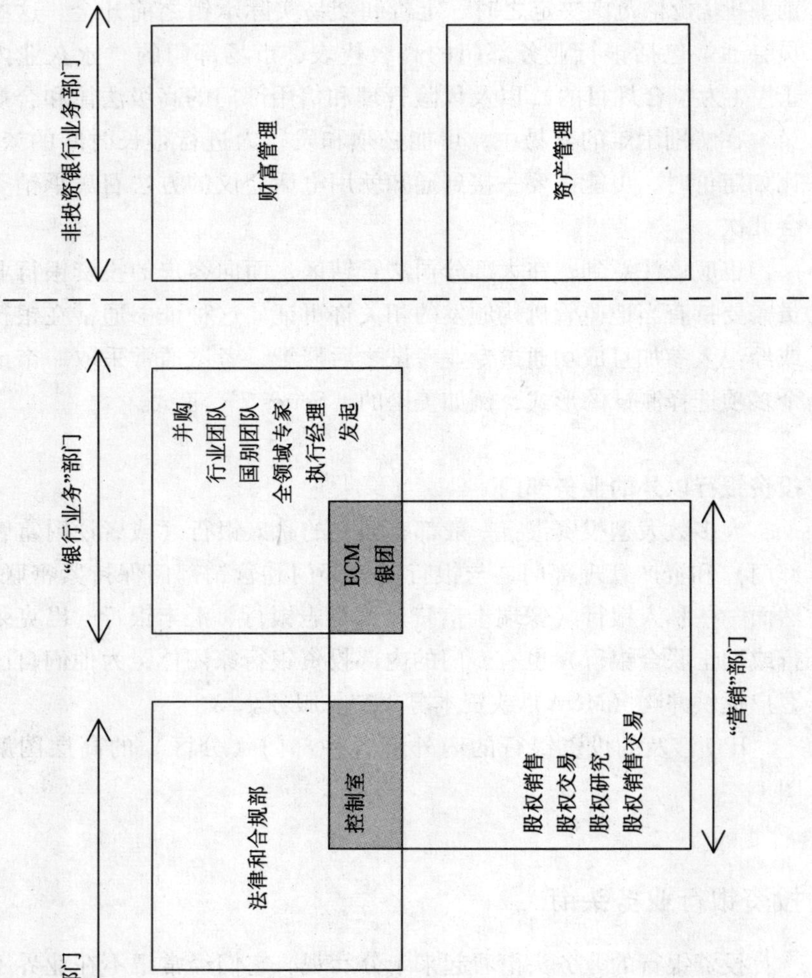

图 1　投资银行中参与 IPO 的主要部门

很常见的，从校园中雇佣的分析员占了一年一次或两次招收的新员工的很大一部分。结构良好的夏季实习包括在各个部门之间轮流实习、在职训练和内部理论课程学习，这将是较早发现人才的好机会，而且多数应届毕业生在被正式招进公司之前经常都要进行夏季实习。

大堂、入门级员工在他们工作的前几年要起草并提交为新业务作宣传的简报、记录与客户的会议纪要。我作了很长时间培训生，主要工作是记录华宝公司（S. G. Warburg）的董事长大卫·肖利爵士在全球约见客户时的会议纪要。这包括读年度报告和管理文件，向公司同事询问当前的市场活动和交易。这项工作要求颇多也很费时间，但是最终，这是一个影响将来发展的阶段。

入门级员工在一到两年后通常会被提升为高级分析员或助理。在此阶段，尤其是在美国，初级投资银行家一般会暂时离职去继续研修一个 MBA 学位，几年后再重新入行。他们还要做几年高级分析员或助理，有时会当上高级助理，然后再提升为经理、高级经理（更多的时候是副董事、副总裁）。

1.6.2　高级阶层

更高阶层的头衔是董事或高级副总裁，这一头衔经常处于常务董事之下。同样，雇员通常都在每一个岗位上待几年。重要的是，要注意到董事或常务董事的头衔并不代表任何董事会成员身份或两者之间有什么联系。一般来说，名片上的这些头衔被印在个人工作部门的名称之后。

最高的阶层是董事总经理，有时是高级董事总经理，因为一些投资银行仍然保留了合伙人阶层这样的结构。例如，高盛投资公司有董事总经理和更高级的合伙人董事总经理。澳大利亚投资银行麦格理银行（Macquarie）在同一阶层有董事总经理和部门董事，负责管理他们工作的国家或地区，然而它的高级的、事实上的合作阶层是常务董事。前台部门董事总经理的首要任务是发起新业务。

最后，有时会有一个更高的阶层，他们是副主席、主席或总裁，这些人一般没有清晰的团队领导职责，但是他们致力于高级客户范围覆盖或者担任公司的高级代表。

1.6.3　主管头衔

在投资银行有许多“主管”头衔。有国别主管（例如，中国投资银行业务主管）、产品主管（如并购主管、ECM主管，这些又都区分为全球、地区、子地区或专门国家或区域责任）、子产品责任主管（全球股票主管、全球现金股票主管、亚洲现金股票主管，更进一步的子主管如香港主管、新加坡主管）、产品开发主管和产品执行主管、产业部门主管（例如电信、传媒和技术主管，这些又都分几个子部门，子部门又都有他们自己专职的主管）。事实上，一个主管经常有一个非常小（有时没有）的团队向他或她汇报。全球主管，正如他们的名字，通常有一个全球范围的责任，有各种地区或区域的团队向其汇报，全球主管通常是投资银行中地位最高的银行家。不要把这些与全球业务的地区或区域主管搞混，例如，新加坡全球债务资本市场主管，就只负责一个比较窄的责任范围。

更混乱的是，一些银行有通用头衔结构，用不同但等价的头衔来反应不同地区的市场操作。例如，汇丰银行的投资银行家被指派了一个有编号的等级来表明资历，而不管他们的市场头衔。其他投资银行，尤其是在亚太区域内，也有相似的安排。有时这让人相当难以领会，尤其是来自相同银行的几个投资银行家，在为相同的IPO工作时却有不同的头衔结构时更是如此。

关键是要记住投资银行业是一个非常专门化、分类非常复杂的世界。投资银行中一个成功的董事总经理可能仅有9年或10年的工作经验。大多数情况下，这在实业公司是难以置信的。另外，2010年高盛公司宣布在整个公司任命321位新董事总经理和110位合伙人[①]，此时公司已经存在许多董事总经理。这时以前的网站名单已经不能用了，要重新用几个专栏来容纳好几页的新名单。

每年的第一或第二季度经常能看到投资银行的重大人事变更，因为许多员工在拿到年终奖之后便加入到了竞争对手公司。这种现象在广泛投简历的研究分析员中尤其常见，虽然在近来的美国信用紧缩和次贷危机之后提出了新的酬劳政策，包括增加固定工资和延期支付薪资可变部分，但是这种现象仍然存在。

表2总结了投资银行人员的职务晋升层次和投资银行业务头衔之间的等价称呼。

① 彭博资讯，2010年11月18日、19日。

表 2　投资银行人员职务晋升和头衔

之后	地区、国家、团队或部门的总裁、 主席或副主席	
1-3年后	合伙人董事总经理 高级董事总经理 常务董事	
1-3年后	董事总经理 部门董事	
1-3年后	常务董事	
1-3年后	董事 高级副总裁	
2-4年后	副董事 副总裁 高级经理 经理 经理助理 高级助理 助理	← 可以去读MBA（高级经理）
1-3年后	高级分析师	
入门级	培训生 业务分析员 分析员	

1.7　IPO 往来团队

在一家公司将要开始首次公开发行时，通常会从被指定为主承销商的投资银行那里获得一个精装的小册子，里面包括一份工作组清单，即本次 IPO 的所有参与方。对于参与 IPO 的所有银行来说，也常常有一份名单，其中包括来自各个团队的数十个人，体现出该银行对本次发行过程承诺的义务。许多出现在名单上的投资银行家扮演的角色非常明确，但还有一些名单上的人（以及许多没有出现在名单上的参与者）是“隐形”的，发行公司从始至终都没有机会与他们见面。事实上，全程参与 IPO 交易的投资银行队伍并不庞大，即使是在一项标的金额巨大的私有化交易中也是如此。

1.7.1　高级管理人员

我们来看看“中国墙”内的投资银行家，他们中的一两个重量级人物通常会出现在“高级管理人员”的名单里，例如该银行的首席执行官、全球或区域总监等。这些人几乎都不会亲自参与交易。他们可能会在推介会或其他重要阶段匆匆露面，又或者出现在路演陈述或庆祝晚宴上。

1.7.2 核心执行团队

在银行团队中，有时会特别强调核心交易团队，或者专门交易团队。这种团队里可能包括一名董事总经理（尽管投资银行的董事总经理的主要使命是发起新任务和拓展业务）或常务董事，以及一名中级或初级执行经理。这些人或者是精通各项业务的通才，或者是有专门从事某一国别、产业或产品（即某一股权资本市场）业务的银行家。一些投资银行，比如瑞士联合银行、摩根士丹利或美国银行美林证券（Bank of America Merrill Lynch），通常会有专业团队（被称为“股权企业财务团队”），专门负责首次公开发行的整个执行过程，全程参与股票发行或资本市场交易。有时，这些团队会重点处理交易文件归档，有时这一行为也有别的叫法，例如高盛叫“特别执行”。拥有当地语言能力的跨国团队，或者深谙某一行业估值方法的行业团队，也可能全程或阶段性参与交易。

1.7.3 ECM 团队

ECM 团队成员会参与交易的关键阶段。ECM 团队一般主要负责股权资本项目的发起，包括首次公开发行、初始发行和二次发行、大宗交易、可转债发行、房地产投资信托基金和基础设施基金，也包括此类交易的后期阶段。ECM 团队对 IPO 专门团队或公司金融资本团队的交易和文件档案进行日常管理，但随着交易过程逐渐转向营销阶段（开始与投资者接触），他们的参与度也会增加。重要的是，他们会负责与股权集团配合，在上市之前的资金募集或寻找基石投资者的环节联络机构投资者。他们也要联系分布在全球的销售团队，以确保在关键时刻与当地投资人建立更广泛的联系，及时获得投资人反馈的信息，并采取相应的行动。他们还将在营销前的投资者教育、“价格发现”、累计投标询价、定价、发行份额分配和价格稳定等环节发挥作用。因为这种多元化的功能，“中国墙”内的 ECM 团队通常以投资银行的营销部门和发行部门联合设立的合营企业（以节约成本、增加利润）的形式存在。

1.7.4　股权集团

股权资本市场团队的核心成员属于股权集团（自然地，有一位地方、区域或全球业务的负责人），这些成员的任务是联系遍布全球的股权销售团队，同时与其他投资银行保持联系，以协调行动。他们通常并不参与股权资本项目的发起，发行新股的公司可能直到项目后期阶段才会见到他们。股权集团（或团队）承担的另外一项重要任务是进行投资者教育和记录投资者购买意向。此外，他们还常常负责在某一重要的发行环节前探究投资者购买意向及其对定价的意见。股权集团有时就设在投资银行的营销部门，但按照有关规定，必须位于"中国墙"内。因此，股权集团常常在交易大厅拥有席位，但是处在一块"飞地"上，与销售人员和交易商在物理上是隔绝的。许多投资银行已经越来越多地把这项业务功能从销售部门转移到资产部门了，尤其是美国的投资银行更是如此。

1.7.5　内部路演协调员

大部分规模较大的投资银行都会有至少一位专业的路演协调员，他们或是ECM团队的成员，或是与ECM团队、尤其是其中的股权集团密切协作。他们的任务是管理路演相关的后勤业务，尤其是安排差旅，租赁用于展示、发布会及银行组织的投资者会议的场馆等。对于规模较小的交易，协调人将会独立完成整个路演过程的安排。但较复杂的是由几家投资银行联合完成的发行活动，一般会指定第三方咨询机构来完成路演协调工作。在这种情况下，路演协调人的工作就是联系咨询机构，以确保自己所在银行组织的会议等准确地出现在行程中。

1.7.6　法律团队

"中国墙"内的IPO项目还必须包括一个法律团队，参与各种委托书和法律文件的起草。投资银行内的法律团队通常是较大的合规部门的一部分，该部门除了与管理机构和其他监管部门保持联系，还要密切关注中国墙内外的各种关系。在IPO项目中，法律团队会负责建立并维持ECM团队与研究分析师之间的关系。在许多公司中，投资银行家不能与研究人员直接对话，除非有法律部门的人员在场。

1.7.7　研究分析师

在大多数IPO操作中，投资银行会发布发行公司的"交易前"研究报告（美国、加拿大和日本市场除外，这些地区禁止在IPO前发布交易前研究报告，即使发行者来自其他国家也是如此），以向机构投资者提供比招股说明书更“友好”的公司主要情况介绍。完成此类交易前研究报告的分析研究师同时也负责“预推销（premarketing）”，即“投资者教育（investor education）”——报告发布后，到世界各地向机构投资者们宣传发行公司的优势和投资机会。对于规模较小的IPO，投资银行一般只会指定一名研究分析师。但对于规模大的交易，例如私有化或业务领域涉及几个完全不同的行业的公司（例如企业集团）的公开发行，可能需要不止一位调查研究分析师。有时，会同时指定专项研究某一国别和某一产业的研究分析师。

1.7.8 股权销售团队

股权销售人员在投资银行中也是处在营销链条之上的。他们可以根据机构投资者所在的位置形成一个大的、全球性的团队，或者根据机构投资者的性质灵活安排销售。例如，一些销售人员的客户都是对冲基金，而另一些销售人员的客户全是主权财富基金。为了协调整个销售团队，一般会从高级销售人员中为每个IPO项目指定一名负责联系ECM团队的“销售领队”。有时，销售领队们会在不同项目之间轮岗，以积累经验。一些投资银行拥有至少一名专门负责股权资本市场交易的销售人员，按照监管规定，他们对于所参与的所有交易都是“内幕人员”。

1.7.9 其他领域

拥有财富管理或私人银行业务的银行，通常会在保持公平交易所需的距离的前提下，通过各个银行的ECM团队系统性地保持联系，以培育IPO所需的高净值投资者。

正如在1.5.3章节中所描述的那样，投资银行内部的公司传讯部门有时也会参与IPO，在特别高调或“敏感”的交易（例如私有化）中尤其如此。他们还经常会参与交易完成后的一些活动，以提升媒体形象，进而获得其他IPO和股权资本项目，赢得金融杂志评选的大奖等。

最后是发行公司一般很难接触到的后台管理系统，该系统处于“中国墙”外，负责对在IPO中配售给投资者的股份进行管理和结算。这可能是一项复杂漫长的操作，涉及金额巨大的资金和股票，时间紧迫且有时要面临不熟悉的程序，因此在发行公司的股票还没有进行上市交易时就已经开始着手进行了。

1.8 银行的角色和地位等级

关于投资银行在IPO中扮演的角色，公众、媒体、甚至是投资者群体中普遍存在着困惑。因此，这里有必要理清投资银行在IPO中的分工、扮演某一角色的投资银行需要作些什么以及这些做法的意义。

1.8.1 交易保荐人

在大多数IPO中，一家或多家银行负责联系监管机构或股票交易所，并作为公司上市的保荐人。这一制度源于英国，并在与英国有近似IPO程序的国家和地区（例如德国、新加坡和中国香港）中普遍存在。保荐人制度大体上是一种管理过程，主要包括协助起草招股说明书，以及就其中的一些内容与监管机构或交易所进行磋商。不同地区市场对此有不同的术语——香港叫作“保荐人（sponsor）”，在新加坡被称为“发行经理（issue manager）”，在伦敦另类投资市场上（AIM）被称为“任命保荐人（nominated adviser，简称Nomad）”。其主要的要求是该银行要有经验并能够胜任这项工作。具体来说就是该银行在近期参与过的IPO项目中扮演过保荐人的角色，并拥有一定数量的有专业资历的从业人员。在中国大陆，任何一家IPO的主承销商都必须拥有至少两位保荐人，获得保荐人资格必须要通过监管部门组织的考试。同一人不能同时担任两个IPO项目的保荐人。保荐人还必须与发行新股的公司保持独立，通常需要向交易所确认这种独立性。保荐人的工作不包括营销或出售股票。

保荐人（或相当于保荐人）的职责就如上所述。有时一些没有研究和证券承销能力的小型投资银行，可能专门从事保荐业务。在另外为数不多的案例中，会计公司、律师或顾问也可能担当保荐人。一些投资银行完全有能力在全球范围内寻找投资者以完成IPO，但他们对某些市场可能并不熟悉，或者根据当地监管要求，暂时未进入当地交易所的保荐人名录，因此不具备保荐人资格，或至少缺乏独立承担保荐工作的能力。此时，很可能需要选定一名独立保荐人或事实上作为联合保荐人与主承销商一道完成此项工作。但是，更常见的情况是IPO的主承销商将同时担任保荐人。有时，一些银行共同担任主承销商，其中一到两家担任保荐人。

1.8.2 全球协调人

接下来讲一讲全球协调人的角色。这个角色和这一名称于20世纪90年代出现在英国。需要强调的是，这个角色通常和保荐人结合起来。多家银行可以以联席全球协调人（joint global coordinators，JGCs）的形式共同担任这一角色。在个别情况下，银行可能会被任命为共同全球协调人（co-global coordinator），地位次于联席全球协调人。全球协调人的职责正如其名——这是一个协调角色，任务是整合全球交易中的不同成员使之团结在一起。一般地，全球协调人也会担任账簿管理人和牵头经理，反之并不亦然，我们将会在下面的内容中讲到这一点。全球协调人有资格获得额外的费用或“额外酬金”（通常是0.25%或0.5%），该部分一般从发行公司或献售股东应付给承销团的总发行费用中扣除（或更常见地是作为总费用的一部分）。

当前的实际操作中，全球协调人的重要性随着银团结构的简化而降低了。在20世纪90年代，当一大批银行共同成立承销商银团，尤其是成立若干子承销团以负责不同区域的IPO时（多发生在20世纪90年代），指定一个或多个联席全球协调人就很有意义。现在，大多数IPO项目只会指定一个承销商银团，投资银行根据所持有的牌照在全球范围内发售新股的自由度增加了。此外，现在每个承销团中的投资银行数目极大降低了，通常都不到10个成员。

全球协调人这一制度第一次出现在1993年价值54亿英镑的英国电信公司私有化（BT3）中。该项目由华宝集团（S. G. Warburg）担任主承销商，指定了11名全球协调人，以协调股票的全球销售，而不像之前那样采用相对封闭的区域子承销商银团。① 1993年西班牙银行（目前是西班牙毕尔巴鄂比斯开银行 Banco Bilbao Vizcaya Argentaria，BBVA 的一部分）价值10亿美元的首次公开上市是成功使用区域子承销团的例子。当时新发行股票在西班牙和纳斯达克市场上市，由西班牙银行集团的投资银行部门作为主承销商的西班牙地区散户和机构投资者配售比率为60.7%；由摩根士丹利担任主承销商的美国地区配售比率为14.3%；由华宝银行和桑坦德银行联合作为主承销商的英国和爱尔兰地区配售比率为12.5%；由瑞士联合银行担任主承销商的

① Freud D (2006), *Freud in the City*, Bene Factum Publishing.

欧洲大陆地区配售比例为 8.9%；由美林银行主承销的其他地区比率为 3.6%。以上提到的诸多银行，除了在某地区担任主承销商和账簿管理人以外，在其他地区还承担一些不那么重要的职责。例如，华宝银行担任本次 IPO 欧洲大陆地区的联合首席经理人，瑞士联合银行在英国地区也担当类似的角色。①

区域子承销商的制度直到 20 世纪 90 年代中期还在广泛使用，尤其是私有化项目。但是目前，这种制度几乎销声匿迹了，一个例外是日本的非上市公开发行（POWLs），我们将在本书 2.14.5 中探讨这种情况。

1.8.3　账簿管理人

账簿管理人是最重要的角色。同样，可能会有不止一家银行被指定为联合账簿管理人（joint bookrunner），或者在少数情况下，被指定为地位较低的共同账簿管理人（co-bookrunners）。账簿管理人可以是，且通常也是保荐人、全球协调人和主承销商。但是，不是所有的保荐人或主承销商都会被指定为账簿管理人。在任何一个 IPO 项目中，账簿管理人都是最关键的角色，因为他掌管着需求账簿，也就掌管着 IPO 中机构投资者的买入指令。更重要的是，他还负责向这些机构投资者分配股票份额。尽管在理论上，分配份额的方式必须是公正独立的，要考虑到每位潜在投资者的质量（例如，投资者是否具有较长的投资期限），但事实上每个投资银行都不可避免地热衷于向自己的优质客户分配更多的股票份额。作为账簿管理人，就必须保证（尽管很可能是不情愿地）承销团的每家银行有能力向那些在二级市场上向他们支付大量佣金的投资人分配数量可观的股票。投资人为了获得足额的股票份额，不可避免地要向作为账簿管理人的银行下单认购，在严重超额认购的热门交易中尤甚，在这种情况下很可能导致认购者实际获得的份额按比例不足以及股票上市后的股价攀升。

当一个 IPO 项目指定了不止一个账簿管理人时，分配新股份额可能引发激烈的讨论（通常是在深夜），因为每一家银行都想为自己的投资者争取更大的份额。担任账簿管理人的银行通常会签订一份协议，以提前约定如何处理这种问题。这种谅解备忘录（MoUs）或“契约规则”通常会包括各自在投资者大会中的角色和权利、路演中的东道主安排、建立购股意愿档案、定价、分配和稳定发行以及 IPO

① Lilja R（1997），*International Equity Marckets*：*The Art of the Deal*，Euromoney Books.

完成后的广告安排等。一旦股票的销售与购买协议或承销协议生效，此类谅解备忘录就不具有约束力了。

由于每项 IPO 的规模都不同，有许多时候发行公司有必要指定不止一家牵头银行作为联合全球协调人和联合账簿管理人。无论最终指定多少家银行共同担任此类角色，发行公司需要支付的费用并不会增加，因此不论是对公司金融团队还是对营销团队来说，通常这种安排会在投资银行间产生竞争效应。同时对引导交易的经纪人也要采取合适的激励措施，发行者应当避免发生极端情况。一些早期的东南亚地区的政府私有化 IPO 就发生过这种情况，有 6 家（有时高达 8 家）账簿管理人任职于同一项目，导致了过多的形式主义、不必要的争论和收入稀释，因此失去了对银行的激励、降低了效率。相反，对于那些金额高达数十亿美元的 IPO 项目（例如中国大陆的大型商业银行的 IPO），有必要指定足够数量的牵头银行。亚洲地区首屈一指的友邦保险（AIA）在 2010 年 10 月的 IPO 中（当时预计总额为 150 亿美元，在行使了 20% 的增发选择权、定价和完全行使超额配售选择权之后，最终达到 204 亿美元）指定了 4 家银行作为联合全球协调人和联合账簿管理人，并补充指定了 7 个权限较小的账簿管理人。① 在这种情况下，权限较小的账簿管理人在实际销售阶段前并不影响交易的执行。

1.8.4 主承销商

地位仅次于账簿管理人的是主承销商。其次，主承销商通常也是账簿管理人，有时也是全球协调人和保荐人。主承销商也能像全球协调人那样从总发行费用中扣除一定的额外酬金（或者通常是总费用的一定比例）。当主承销商同时也是账簿管理人时，就没有必要清晰地区分其所承担的职责了。当主承销商不担任账簿管理人时，其“主承销”的身份仅意味着在整个承销商银团中所处的地位稍高于其他权限较低的银行，也通常意味着较高的承销费收入。事实上，不担任账簿管理人的主承销商只是一个荣誉高级承销商而已。尽管主承销商的名字会被优先单独列出，但真正有意义的是账簿管理人。在 IPO 中徒有“主承销商”的虚名，是不能有效地向机构投资者售出新发行股票的。

1.8.5 地位较低的承销团成员

在承销商银团金字塔中的下层，会有若干家银行（数目根据 IPO

① 《金融时报》，2010 年 10 月 4 日。

的规模而定）被指定为副主承销商。这是一种地位较低的角色，这些银行在发售新股中并不会发挥多大的作用。他们的责任主要集中在发布（当然，在当地监管要求允许的情况下）交易前研究报告（由承担营销任务的银行完成）以及在一定程度上根据研究结果引导投资者教育。相应地，选定副主承销商的标准是他们在资本研究以及在发行者所属的国家和行业方面的经验和能力，其中后者更重要。这可以通过分析对独立投资者的调查结果形成的年度研究分析师排名来确定，将在3.1章节中讨论。有一种情况是没有被成功指定为核心角色的投资银行会被任命为副主承销商，尽管华尔街上的大投资银行并不是都愿意担任这种次要角色。地位较低的承销团成员一般不参与尽职调查（尽管可能会专门为他们安排一次会议，参见本书2.5.4），也不在承销安排的协商中发挥大的作用。

副主承销商有时可能是发行公司的关系银行，为其提供公司金融或贷款等服务，并借助这种关系在承销团中获得一席之地。现在，副主承销商大多数时候不根据其承销或出售的股票份额获得报酬，而是根据对发布交易前研究报告的贡献获得固定报酬。报酬量在各地区、各交易和各银行间都有所不同，对于同一交易的不同副主承销商，获得的报酬可能从15万美元到100万美元不等。一般从事此类工作的银行会有一个底限费用，低于这个底限的报酬量不足以吸引他们参与承销团。有时，可能会在副主承销商之上指定高级副主承销商，他们发挥的作用类似，可能会因为组织更多场次预推销会议而获得较高的报酬。

承销商银团的最底层是副承销商，担当这一角色的银行几乎不参与研究（更不参与销售过程），他们只是因为参与承销团而获得象征性的收入。与发行公司的关系不是那么紧密的银行有时被指定为副承销商。副承销商作出的贡献非常有限，因此现在的IPO很少会存在这个角色了。

令人困惑的是，在美国普遍将不处在账簿管理人或主承销商层次的投资银行通称为“副承销商”。而在新加坡、英国等其他市场，副主承销商和副承销商等银团较低层次的成员通常被称为“证券分销商（sub-underwriters）”。部分原因是在新加坡等国的法律中“副主承销商”中的“主”字可能暗示了更多责任和义务，因此这些地区的低层次银团成员更愿意使用其他的名称，而且不愿意自己的名字出现在招股说明书上。

表 3 IPO 承销商银团：1 个保荐人，2 个全球协调人，3 个联合账簿管理人和 4 个主承销商的情形

	银行 A	银行 B	银行 C	银行 D	银行 E	银行 F	银行 G	银行 H
保荐人	✓							
全球协调人	✓	✓						
账簿管理人	✓	✓	✓					
主承销商	✓	✓	✓	✓				
高级副主承销商					✓			
副主承销商						✓	✓	
副承销商								✓

只有在美国的 IPO，投资银行才被指定为主要承销商（major bracket underwriters）、次要承销商（sub-major bracket underwriters）或仅根据承销额确定地位的承销商（underwriters）。其他银行可能被指定为销售团队（或配售代理）的成员，根据获得的订单（通常来自散户投资者）获得销售折让，而不获得管理或承销费用。

表 3 表明了一个由 8 家银行组成的承销商银团的分工构成，这是一个规模相对较大的国际 IPO。一些银行（在这个例子里可能数量太多了）被指定为牵头角色，承担不止一项工作，而另外一些参与层次较低的银团成员有一项简单明确的分工。附录 1 案例研究中将提供关于这种分工的其他例子。

显然，可以为承销商银团的每一个角色划定位次表。投资银行家们早已掌握了划定位次表的艺术：ECM 团队、地区、行业部门、股权资本交易的类型以及时间表，以确保自己处在有利或主导地位。ECM 团队的初级投资银行家将其职业生涯的前几年奉献给划分这种位次排名表，以使自己的名字出现在最终的推介材料里。

1.8.6 收款银行

除了向机构投资者募股的银行，根据许多地区的监管要求，需要指定有散户投资者业务的商业银行作为收款银行。这一方面是因为在日本、澳大利亚和中国香港等市场上，散户的投资需求可能会很高。更重要的原因是，许多地区的上市规则要求股东达到一定的数量（例如，在新加坡上市要求持股人数达到 500，中国香港地区要求 1000（在某些情况下可以降低到 300），纳斯达克和东京市场要求人数为

2200)，以实现分散化，而向散户发行新股是唯一能够实现这一条件的途径。但要指出的是，并不是所有股票交易所都要求股东达到一定数量——有时要求公众持股量达到总股本的一定比例即可（参见附录8世界主要股票交易所对于首次上市的要求)。

1.8.7 独立顾问

有时，发行公司会再指定一个独立顾问以协助驾驭IPO的复杂流程，并监督“牵头银行诚信行事”。荷银洛希尔公司（ABN AMRO Rothschild）是由荷兰银行和罗斯查尔德集团合资成立的投资银行，在其2007年被苏格兰皇家银行（The Royal bank of Scotland）收购以前曾经专职于从事此类业务（尤其是为私有化项目担任独立顾问)。NM罗斯查尔德公司（罗斯查尔德集团与荷兰银行成立的合资银行解体后成立的公司)、Lilja & Co公司、STJ Advisors公司等咨询公司也在这一领域久负盛名。此类独立咨询顾问一般都是没有研究、销售或交易能力的规模较小的公司，因此不存在利益冲突。或者也可以是不参加IPO甚至任何咨询活动的成熟的投资银行，但这种情况较少见。一般他们的身份不会向牵头银行或者公众公布。

公司在IPO中雇佣独立顾问的最好时机是在交易刚开始的时候，或至少在指定牵头银行之前。独立顾问可以通过协助提案申请(RFP)、与牵头银行协商发行费用以及支付给其他顾问的费用等，帮助公司节省一大笔开销。

1.8.8 外观设计

外观设计对于投资银行来说是很重要的课题，也就是在招股说明书封面或者记载了本次交易“墓碑广告”的“基本框架”上，又或者新闻稿中，各家银行出现的方式和顺序。这种设计可能要经过反复讨论和磋商才能确定。按照传统，具有最重要地位的承销商会出现在最左上方的位置上。当几家牵头行的地位难分伯仲时，一般采取按字母顺序排序的方法，甚至会在名字后方注明“按字母顺序”，以免误导投资者和公众。担任全球协调人的银行可能按照字母顺序出现，担任账簿管理人的银行可能按逆字母顺序出现，当然了，排序方式会在名字后方注明。如果几家银行被列在同一行（或者按照“瀑布式”排成一列)，但并不根据字母表顺序，而是“乱序”地列出，那么单独出现在左上方的那家银行将在整个承销团中处于最重要地位。这可能是由于它承销的股票份额最大，或者在发行费用中分得的份额最高（在实际操作中以上两种情况通常并不冲突）。如今承销团中地位较低的银行的名称已经很少出现在招股说明书的封面上了。一项IPO中参与层次最低的投资银行扮演的角色仅限于股权银团团队、调研以及营销前的电话服务。

在英国上市的公司必须以支付劳务费的方式雇佣财务顾问和经纪人，尽管它们并不是IPO承销商银团本身的一部分。不管公司获批是在主板上市或是在二级市场上市（另类投资市场），都需要遵守这一规则。此类财务顾问和经纪人通常（但并不总是）在后续的股票交易中被指定为全球协调人和账簿管理人。

一般地，在准备首次公开发行的一开始就会指定全球协调人、账簿管理人和主承销商。然而，有一些角色可能会稍晚些决定，例如，在累计投标询价阶段建立购股意愿档案之前，为了回报那些已经作出突出贡献（例如在准备阶段或公司金融阶段竭尽全力，完成了一项尤其全面的营销前活动，或引入了重要的基石投资者）的投资银行，会特别指定他们担任一定的角色。2010年4月，中国农业银行指定了中国本土的投资银行中国国际金融有限公司（CICC）、高盛、摩根士丹利、德意志银行、摩根大通、麦格理投资银行和中国农业银行自己的投资银行部门农行国际（ABC international）作为其在中国香港募集了120亿美元的IPO的联合账簿管理人。2010年6月底，在完成了投资者教育和基石投资者提名之后，中国农业银行宣布中国国际金融有限公司（CICC）、高盛、摩根士丹利和农行国际作为交易的全球协调人，并提高了这几家投资银行在总价值2000万美元（发起时估计的数值）的承销费用中的份额。在这个例子中，承销费用削减了30%，降为1420万美元，因为中国农业银行认为与某些基石投资者谈判和最终确定基石投资者并没有花费牵头银行太多的精力。①

1.9 为获得牵头角色进行自我推荐

通常，一家拟进行IPO的公司会把这一计划公诸于众以吸引投资银行，或者会有投资银行主动找上门来争当牵头角色。投资银行会解释一些操作环节的细节，试图使用各种方式增加公司的市值，并展示

---

① FT. com，2010年7月16日。

他们的信誉，以说服公司雇佣自己为承销团队里最重要的牵头银行。

投资银行自我宣传以招揽业务的新花样有很多。宴请公司的管理层、邀请他们参加投资银行主办的会议或者安排与高级战略家碰面，透露市场走势。投资银行将与拟进行 IPO 的公司的各个层面建立关系——资历较浅的投资银行家联系目标公司的基层管理人员，高级经理人和董事将和目标公司的主席、CEO、CFO 搞好关系。过去，投资银行甚至会制作电影短片或录像，以表明自己对某个项目的热情。其他公司的 CEO 们对该投资银行的服务表示满意的短片或感谢信也并不罕见，这往往能有效地证明该投资银行的信誉。有时，向纺织品零售商推销自己的投资银行团队甚至会从头到脚穿着目标客户的产品亮相。

在 20 世纪 90 年代、本世纪初以及互联网泡沫时期，投资银行在向潜在客户自我推介的过程中非常倚重研究分析师。研究分析师专门研究某一国家或行业部门的股票情况，并和机构投资者保持密切的日常联系，以便最有利地传达市场信息。然而这也导致了投资银行中的银行部门和营销部门的利益冲突（参见本书 1.5.2）。现在，大多数研究分析师已经不会参与推介活动了，他们对于目标公司上市前市场价值的评估完全在独立的情况下完成。ECM 团队和中国墙之内的投资银行家不再（理论上）能够对研究分析师的报告施加影响。研究队伍需要独立地作出判断，并对研究报告所涉及的业务给出有依据的、公正的评估。此外，交易前研究报告不允许出现任何推荐（例如“买入”、“增持”等）内容。

1.9.1　牵头银行的关键特征

尽管研究分析师不再参与招揽业务，选择牵头投资银行时，投资银行的研究能力仍然是重要的考量因素，因为在发布交易前研究报告和投资者教育环节，研究分析师将会发挥重要作用。选择牵头银行的另一个重要标准是一家投资银行在类似交易（同一产业部门或同一地区的企业首次公开发行）中有成功的经验，还必须在不同司法管辖区下对该类证券拥有较强的销售和交易能力。作为牵头银行的投资银行应该有能力在 IPO 完成后通过研究、交易和公司经纪等活动继续对该公司提供支持，例如组织主要投资者大会等。

最后，投资银行业务归根结底是靠人来完成的，因此发行者会选择自己信赖的，并与之建立了相互了解的友好关系的银行。需要特别提到的一点是，那些参与推介的投资银行人员可能并不直接参与最终的交易，所以对于准备进行 IPO 的公司来说，很有必要明确哪些人将对此次 IPO 负主要责任，哪些人将直接领导完成此次 IPO。从已经成功完成 IPO 的公司那里了解相关情况也是有益的：主要流程是怎样的？如果能够再来一次，哪些环节需要改进？哪些投资银行作得更好？

多少家银行被指定为具备领导职责、多少家公司是承销团的戍员，这很大程度上取决于交易规模的大小。在规模较小的项目里，选择一家牵头银行和两三家提供研究范围的副主承销商就足够了。在金额高达数十亿美元的 IPO 项目中，需要广泛覆盖各个领域的机构投资者和散户团体。在这种情况下，指定多个具有牵头作用的银行能够保证较广的营销范围，并激励各家投资银行对营销努力进行良性竞争。在一些市场上，对于平均规模的交易而言，主流的组合是两家牵头银行——一家国际公司，一家国内的账簿管理人。在这种情况下，通常两家银行都完全具有国内和全球发行能力。

1.9.2 提案申请

对于一家计划进行首次公开发行的公司来说，控制各家投资银行的推介过程（可能在独立顾问的帮助下）的最实际的方式就是发布提案申请（RFP），在公司关注的若干问题上征求潜在承销商的意见。这可以公平地对大量投资银行进行比较，并从中选择一家或多家担任牵头银行。回应提案申请的投资银行并不会因此得到报酬，而公司能从投资银行的反馈中免费获得大量信息。公司可能在提案申请书中列明参与 IPO 的条件，例如牵头银行获得发行费用需要作出的相关预期贡献等。再比如，发行费用里不包括投资银行支出的法律费用或暂垫费用等，或者对此类成本设定一个上限。

投资银行一般都设有大量负责图文制作和现场展示的部门，他们将在极短的时间内对提案申请作出回应。通常，投标书要求一个星期内送达，或者最多两个星期。公司可以发布多种语言版本的提案申请——向亚太地区的投资银行发布中文版和韩文版提案申请都很常见。2010 年 4 月，中国农业银行向 20 多家投资银行发出长达 35 页的提案申请书，以选择一家作为其价值 120 亿美元的 H 股 IPO 的主承销商。此外，据称中国农业银行还选择了 10 家投资银行共同作为其 A 股 IPO 全球发行的主承销商，而各大投资银行必须在不到一周的时间内对此提案申请作出回应，期间还包括复活节、银行假日和周末。[①] 事实上，许多投资银行直接引用了其过去使用过的推介书，因为他们有丰富的ECM业务经验，而大部分提案申请书是有共通之处的。一些大型投资银行甚至会将其中反复使用到的部分或数据收集整理工作外包出去（常见的是外包给位于印度的公司），包括可比公司的交易乘数或者对潜在并购对象的简要描述等。这种外包能将投资银行的基层工作人员从机械繁琐的工作中解脱出来，而专注于高附加值的领域。

通常提案申请会有两个部分：初选阶段采用书面陈述，进入复选名单的投资银行还需要进行口头陈述。IPO项目的书面陈述一般要求特定的格式、不得超过若干页（包括或不包括附录部分）、使用的语言、最小字体，以及以下部分或全部内容：

- 在全球背景下，特别是与目标公司相关的国家和行业部门背景下，对于当前和未来市场情况的预测和评估。
- 对于当前和未来的初级股权市场条件的预测和评估，包括获得可披露的新发行相关信息的渠道，需重点强调可比或类似的发行。
- 目标公司的股票情况和市场定位，投资者可能提出的质疑以及投资银行认为影响发行的潜在负面因素。
- 对公司的估值，对所使用的各种估值方法的解释，以及容易受到投资者青睐的估值方法。目标公司通常会在提案申请中给出一些预估的财务数值，以便各家投资银行能在相同的基础上评估公司价值。也可以包括对公司上市后资本结构的建议，包括使用特别股利等。
- IPO操作流程概要，各种可以预见的问题，以及投资银行对于解决这些问题的最佳方案建议。
- 投资银行和其他相关顾问尽职调查过程中可能涉及的最主要问题。
- 完成IPO需要的文件清单，对指定与IPO相关的第三方顾问的建议。
- 建议的IPO时间表。
- 该投资银行建议的牵头和执行团队的细节。
- 发行结构和营销策略，包括各类潜在投资者所处的税收环

① Finance Asia. com，2010年4月7日。

境，以及应该如何将全球范围的 IPO 划分为若干区域。

- 建议的承销商银团结构（可能包括潜在承销商的名称）。
- 对于公司研究范围和方法的建议，可能被指定的参与该项目的研究分析师的研究领域、排名和其他细节。
- 目标投资者列表以及各自可能认购的份额。包括确定上市前投资者或基石投资者，以及按照自下而上或自上而下的评估方法测算的股票需求量。
- 该投资银行最近主承销的项目中，如何确定价格区间的细节，以及最终发行价格与价格区间的关系。
- 拟采用的价格稳定机制。
- 建议的总发行费用以及可能发生的费用情况。
- 该投资银行在二级市场稳定股价的能力：包括发布研究报告、维护投资者关系（举办投资人大会等）、在二级市场交易和造市的能力。
- 该投资银行的信誉，包括在业界的排名和经营业绩等，更重要的是近期成功完成的与该公司相关的（与该公司处在同一司法管辖区或同一行业部门）IPO，以及上市后的股价波动情况等。

除此之外，一般要求该投资银行声明与本次 IPO 没有利益冲突。

有时 ECM 团队对提案申请的书面回应可能达到数百页，尤其是当以往的推介材料中存在大量可供借鉴的、能给目标公司留下深刻印象的素材时更是如此。ECM 推介材料和提案申请的细节会由资历较浅的投资银行从业人员花费大量时间反复确认。投资银行人员职业生涯的前几年的主要工作基本上就是起草和制作此类展示材料，之后，他们才有机会接触目标公司并参与执行交易，最后，他们才有资格向潜在客户推介业务。

1.9.3 口头陈述

提交书面材料之后，一批进入复选名单的投资银行需要进行口头陈述——澄清关键问题，指定具体负责此项交易的人选。最常采用的方式是每家投资银行进行 25 到 30 分钟的展示，然后是半小时左右的问答环节。对于公司来说，与不同的投资银行连续会面，是一个通过对比作出最佳选择的好机会。

通常的做法是在承销商银团里为最终没能当选的一些投资银行安

排一些不那么重要的角色，尽管一些大型投资银行并不愿意担当配角而会集中精力争取在大交易中担当牵头银行。

1.10　正式委任投资银行

大多数时候，投资银行会正式签订委托书或委任书，实际上就是相对简单的书面合同。每个投资银行都有自己固定的文本格式，所以当指定不止一家银行担任承销商时，需要指定相对中立的格式。那些在初级证券市场上表现活跃的银行总有密切的业务联系，他们的法律部门也对彼此的敏感地带和特别关注点非常熟悉。初步的法律文本一般由投资银行起草并提供给拟发行的公司。

委任书可以是几页纸长的细节描述，其效力从投资银行参与交易的时期持续到 IPO 定价之后签订承销合同与销售和购买协议为止。在此期间，保密和违约赔偿等条款一直有效。委任书会记录各牵头银行承担的责任、客户支付的费用，并通常约定各银行间如何分配这笔费用以及如何报销费用。委任书还包括一些条款，涉及公司管理层的权限、公司掌握的信息、保密、投资银行部门间及与附属机构间的信息共享以及档案管理等。此外，委任书还会明确在何种情况下、如何终止对一个或多个银行的委托。

通常对于 IPO 承销商的授权都是排他性的，但一般不排除发行公司在稍后的阶段向承销团引入其他投资银行，担任较重要的或与已有承销商类似的角色。在个别情况下，投资银行可能会在某一段时间拥有独家承销权或优先拒绝权。

IPO 委任条款可能需要相当长时间才能磋商达成，一些投资银行选择提供较简短的格式化文本，并以标准化条款作为附件。当然，也不排除发行公司会与投资银行就包括标准化附件在内的整个委任书进行磋商。

有时，在交易伊始时并不会签订委任书，而事实上，一些投资银行也并不愿意签署委任书。只有一份关于双方权利义务的非正式的甚至含糊的备忘录。甚至可能直到上市完成的前几个星期，双方才就费用和承销团中较高级别的负责人达成协议。一些投资银行认为，保全业务的最佳方法就是着手工作，至于委任合同的细节，可以留待以后的阶段再议。在 IPO 项目中这种模式并不罕见，尤其是对中国大陆的客户。不过，在这种模式下，银行总是承担了一定的风险：如果 IPO

失败了，银行必须自行负担自己及所雇用的顾问产生的费用，且通常是全部费用。

1.11 投资银行的报酬

投资银行在 IPO 中获得报酬的方式一般有两种：第一，向发行者和献售股东按照发行量的一定比例收取费用，并从 IPO 的总收入中扣除。第二，经纪人向投资者按照其购得的股票价值的一定比例收取佣金。在一些交易中，不一定存在经纪人佣金，但一定会向发行者和卖方收取费用：有时对于声誉显赫的公司或大型私有化交易收取的费用也非常低，因为在投资银行看来，通过该项目获得的业界排名上升的效应与实际利润一样重要，甚至比后者更重要。据报道，2010 年夏天，在价值 231 亿美元的通用汽车 IPO 案中，高盛公司的承销费报价远低于竞争对手。[①] 类似地，一些印度政府的国有资产出售项目（尽管不是 IPO），佣金率只有万分之二![②]

向发行者收取的 IPO 费用根据市场情况和交易规模而不同。过去几年，欧洲地区（除了英国另类投资市场 AIM 以及其他“二板市场”，由于 IPO 总规模较小而保持了较高的费用）和亚洲大部分地区的发行费用逐步降低到发行收入的 2% 到 3.5%。然而，美国地区的发行费用率仍然很高，有时高达 6.5%，甚至 7%，尽管当地的许多发行者因此拒绝支付投资银行的法律费用和其他暂垫费用。附录 1 的案例讨论了不同市场 IPO 费用率的变化。

IPO 项目中向投资者收取的佣金，一般在 0.25% 到 1% 之间。除了总发行费用，有时公司还需要向作为保荐人的银行支付档案费或咨询费，通常约为几十万美金（或等值的发行地所在货币）。

谈判费也是各项费用之一，但是最终还是一分钱一分货。有的发行者愿意支付多一点费用，以得到主承销商的优先关注；也有的发行者愿意尽可能少地支付费用，而作为主承销商的一个普通客户。对于发行者和承销商来说，重要的是能从 IPO 中得到多少净利润，而不是承销商拿到多少发行费。

有很多种方式可以把费用结构化，包括使用激励措施。例如，向

---

① 彭博资讯，2010 年 8 月 16 日。

② 彭博资讯，2010 年 10 月 7 日。

发行者收取总发行收益的一个固定比例，例如2%，作为基础费用。另外还有一个额外可变动的比例，例如0.5%以内的浮动费用。这是完全可以自由裁量的酌情费用，也就是说，发行者可以在定价阶段决定是否支付额外的费用，这取决于银行能否如约完成承诺。额外费用也可以根据其他事先约定的条件来支付。通常主要的条件是最终发行价，发行价越高支付的费用越高。但也有可能根据全球发行、机构投资者或散户投资者的超额认购率，或者根据某些预先识别的投资者是否认购，或任何发行者和承销商之间的约定条款等条件来支付。附录1中的一个案例研究就包括此类激励费用的例子。

尽管理解承销商从发行者那里收取的总费用或从投资者那里收取的佣金总额并不困难，但投资银行之间如何分配这笔收入是一个很复杂的问题，需要进一步解释。

1.11.1　总费用的构成

股权资本交易的总费用通常划分为三部分：管理佣金、承销佣金、销售折让。按照传统，这三部分的比例为2:2:6。管理和承销佣金是根据各家银行为交易和承销投入的资源收取的，并按照各家银行的承销量按比例分配。不同的是，销售折让是根据各家银行实际向投资者销售的量来收取的，根据各家银行最终的认购量来分配。因为费用中最大一部分是销售折让，因此也就不难理解为什么在任何股权资本交易中各家银行都竭力争取被指定为账簿管理人。

在前面的章节中曾提到过全球协调人和主承销商有时也会以额外酬金（praecipium）的形式获得额外的费用。这可能在按2:2:6地划分其他三项费用之前从总费用中扣除（此时，额外酬金显然总量更高），更常见的是只按照管理佣金的一定比例，也就是在总费用的20%的基础上收取。

一般管理和承销佣金可以用来支付不可报销的费用和弥补稳定股价的措施带来的损失。较低级别的承销团成员能够获得固定或约定的经济补偿，而副主承销商和副承销商等级别最低的承销团成员就不能享受这种待遇了。

表4描述了每一部分费用是如何计算的。管理佣金和承销佣金是单位股票佣金乘以承销的股票数量，销售折让则是乘以分配得到的股票数量。为了使例子尽量简化，这里不包括任何额外酬金。

表 4 发行费用构成表（不包括额外报酬）

银行	承销（股）	分配（股）	管理佣金（美元）	承销佣金（美元）	销售折让（美元）	总佣金（美元）
A	150000000	200000000	1620000	1620000	6480000	9720000
B	50000000	20000000	540000	540000	648000	1728000
C	25000000	5000000	270000	270000	162000	702000

发行价格：每股 1.8 美元

总发行金额：2.25 亿股

总发行费用：3.00%，相当于每股 0.054 美元

- 20% 管理佣金 = 每股 0.0108 美元
- 20% 承销佣金 = 每股 0.0108 美元
- 60% 销售折让 = 每股 0.0324 美元

1.11.2 美国市场实务

获得销售折让也可能不那么容易，尤其是按照美国市场盛行的习惯做法更是如此。美国股票发行市场经常使用留存系统（POT）：账簿管理人是承销商银团成员中唯一可以从机构投资者处征求订单的。设计这一制度的初衷是避免不同投资银行向同一投资者营销同一公司的股票。但是投资者可以选择向承销团的其他成员设定销售折让，其过程如下：通常，销售折让的一部分是按照提前约定的固定比例向所有承销团成员分配的，一般是按照承销费份额的比例，而不管实际销售了多少。剩下的销售折让是由投资者向承销团成员分配的，即跳球规则(“跳球”是一个篮球术语)。固定部分和跳球部分的划分有所不同，但一般是 3∶7 左右，尽管在实际操作中，大部分跳球部分由账簿管理人获得。在一些交易中，跳球部分所占的比例可能达到 100%，理论上，这对承销团的成员更公平；但是这不可避免地使得非账簿管理人的营销努力只能得到微不足道的回报。

表 5 的例子描述了美国留存（POT）制度下承销费用的分配，并使用了与表 4 相同的基本数据。在这个例子，销售折让划分为 30% 的固定份额，按照承销的股票数量确定。另外 70% 是可变部分，由投资者指定分配。在表 4、表 5 描述的两种制度下，发行者支付的总费用是相同的。

表 5 在使用留存机制（POT）和跳球制度时发行费用构成表

银行	承销（股）	分配（股）	管理佣金（美元）	承销佣金（美元）	销售折让 30%固定（美元）	销售折让 70%浮动（美元）	总佣金（美元）
A	150000000	200000000	1620000	1620000	1458000	4536000	9720000
B	50000000	20000000	540000	540000	486000	453600	1728000
C	25000000	5000000	270000	270000	243000	113400	702000

发行价格：每股 1.8 美元

总发行金额：2.25 亿股

总发行费用：3%，相当于每股 0.054 美元

- 20% 管理佣金 = 每股 0.0108 美元
- 20% 承销佣金 = 每股 0.0108 美元
- 60% 销售折让 = 每股 0.0324 美元，其中 30% 是根据承销额而固定的，70% 是跳球部分

1.11.3 指定过程和分割订单

对于在美国境外的国际发行而言，市场惯例有所不同。理论上机构投资者可以向账簿管理人以外的银行下单认购，但是非账簿管理人的承销团成员在最终分配上处于不利地位，因此一般建议投资者向账簿管理人下单认购。在这种情况下，有时会由投资者指定分配部分销售折让，而承销团成员在账簿建立完毕以后会有最多 48 小时的时间向投资者争取获得销售折让。此外，分割订单，即同一投资者向不止一家银行认购新股，一般也是允许的，这取决于主承销商确定的交易规则。

1.11.4 费用上限

不论在美国境内或境外，账簿管理人能够获得的销售折让的份额有时是有上限的。例如，规定账簿管理人最多获得销售折让的 75% 或 80%，剩下的 15% 或 20% 按照竞争性原则支付给较低级别的承销团成员，以激励其努力销售。

1.11.5 不同发行区域的费用和再分配

当针对不同的发行对象雇佣不同的承销团时，常需要根据各个区域的投资者需求确定承销团之间的股票再分配原则。正如前文提到的，有时是通过固定的回拨机制，例如中国香港。另外，也可以由主

承销商确定再分配规则。当回拨机制（或与其相反的超额分配机制）发生时，部分承销费可能和股票一起从一个发行部门流向另一个部门，这取决于当地市场操作惯例或事先约定的所谓“银团内部协议”(将在后面的章节中讨论这一协议)。例如，当股票根据回拨机制（或超额分配机制）进行再分配时，管理佣金和承销佣金可能会支付给初始的发行部门，但是销售折让可能流向另一个发行部门的承销商。

1.11.6 事先约定好的经济补偿和有保证的经济补偿

投资银行在交易伊始预先约定如何分配承销费用，甚至约定如何分配向投资者收取的佣金——尽管这一制度非常复杂，现在还是得到广泛运用。当几家投资银行所处的地位一样时，一般会按比例平均分配。相反，一家或多家银行可能会根据发行者的决定（或通过与发行者谈判）获得较高的份额。有时，在交易的后期，有新加入的作为重要角色的投资银行，它们获得的费用会较低。大多数时候，这种关于费用划分的提前约定会影响投资者分配到的股票份额。相应地，需要考虑以股票的形式回馈银行的机构投资者客户的激励因素，不管最终投资银行获得了多少报酬。

投资银行推介过程中常用的一种手段是他们在以前的交易中比其他扮演同样角色的投资银行更加能够“畅销”股票。因此，即使联合账簿管理人可能获得的收入是一样的，但对于任何一项 ECM 发行来说，分配到更多的股票份额仍然是很重要的结果。

之前的章节中提到过，副主承销商、副承销商或证券分销商现在通常因发布交易前研究报告而获得固定的费用或“有保证的经济补偿”。他们不负责管理认购账簿，一般不参与销售，也不参与股票分配。但有一些措施激励承销团中最底层的成员对 IPO 的营销作出贡献，例如：

- 保持承销团的规模较小，以保证所有参与承销的银行能获得可观的承销量。
- 设计鼓励销售的承销费用分配规则，以使大部分佣金根据投资者实际认购的股票份额来分配，而不是鼓励被动承销。这是所有发行者都想达到的效果，但是在实际操作中通常受到账簿管理人的制度制约。
- 限制账簿管理人在销售折让中可获得的份额（设定 75% 或

80%的上限）以确保有一定比例的费用可以用来激励低层次承销团成员。

- 在招股说明书封面上提及副主承销商和副承销商，以提高他们在投资者中的可见度。
- 允许全球范围内的机构投资者参与认购，而不仅将销售局限在某一个封闭的区域内。这也是当前大部分 IPO 操作的惯例。

1.11.7 IPO 费用

除了发行费用以外，包括差旅费、酒店住宿费、通信费、打印复印费以及向自己的法律顾问支付的咨询费等在内的投资银行暂垫费用，通常也能向发行者报销。过去，会对此类费用预估一个数值，并从发行收益中扣除，再在扣除之后的基础上计算发行费。现在很少这样操作了，投资银行会每隔一段时间向发行者收取一次费用，或者更常见地，在发行完成后一次性收取。在某些情况下，尤其是对于声名显赫的大客户或私有化项目，银行需自行承担这些未列入预算的费用。在极端的情况下（著名的例子包括韩国的某些 ECM 发行项目）投资银行为了参与发行，还被要求承担发行者产生的部分费用。例如，2009 年盛大游戏在纳斯达克上市的 IPO 项目（附录 1 会提供对此案例的深入研究），承销商同意报销发行者高达约 600 万美元的 IPO 相关支出。也许这一金额看起来很高，但要注意到，根据招股说明书承销商预计能够获得高达 6500 万美元的发行费用。①

在任何情况下，发行者有必要对承销商的暂垫费用设定一个上限，例如 5 万美元或 7.5 万美元，以防止其滥用。对于不担任账簿管理人的其他承销商产生的暂垫费用（通常金额并不高），一般不由发行者负担。

1.11.8 交易费

最后一项是交易费，严格来说这并不是 IPO 费用的一部分。对于新上市的股票来说，开始几天甚至几个星期，交易量通常都很高，投资银行们通常能从大量买卖该股票的机构投资者那里收取可观的交易

---

① 查阅 2010 年 7 月美国证券交易委员会 EDGAR 平台上列出的 IPO 登记声明。

费。账簿管理人显然处于分享蛋糕的最有利位置，因为他们知道哪些机构在发行中获得了多少份额，并有可能有意愿在二级市场增持（或售出）股票。

第二部分
为 IPO 做准备

2.1　航行在迷宫之中——首次公开发行的运作方

除了投资银行外，还有众多的第三方被委派执行首次公开市场的发行。所有这些第三方顾问们，在被委派前通常会得到对他们付出服务的一些定额报酬。除了非常小的交易外，很少有在首次公开发行中对法律及其他方面的顾问按小时进行支付的。

2.1.1　法律顾问

法律顾问最为重要。在首次股权交易中，法律公司通常代表“两方”。广泛来说，一个或者一组公司作为发行方的顾问，而另一个或另一组公司作为承销商的顾问。

作为发行方顾问的法律公司通常——而在美国总是——在起草招股说明书时承担重要任务。法律顾问负责对发行公司的事务作尽职调查、解答上市规则以及对发行者与银行及其他各方之间签订的协议提出建议，这些协议包括发行全球或美国存托凭证时需要与存托银行签订的存托协议，也包括与证券交易所签订的上市协议等等。如果有必要且可以向离岸美国投资者发行股票，法律公司也会给出相应的法律建议并出具披露函。

作为承销商顾问的法律公司有着相似的角色安排。然而传统上，法律公司不会承担招股说明书的主要起草责任，但是通常会起草承销及其他协议以及进行交易前研究调查工作。虽然在大部分市场中，保荐银行负责与证券交易所中的权威机构及管理机构进行交流，但美国的发行者法律顾问通常需要就注册声明等问题与证券交易委员会进行谈判。

对发行人及牵头银行来说，在早期就决定如何进入美国市场是非常重要的。一种选择是通过代表已上市的原始股份的美国存托凭证进入美国市场。这种情况下，公司必须遵循一套具体的规则和标准，并且发行人的法律顾问将和证券交易委员会联系，尽管发行者仍是这些文件的“所有者”。另一种选择是，发行者可以在美国之外的股票交易所进行上市，根据美国关于转售证券可以豁免登记的规定，发行人仍旧可以将证券售卖给美国的投资者。实际上，这意味着承销商在美国只能向大的机构性投资者进行营销，失去将其股票卖给美国的大众及散户投资者或者是小的美国机构投资者的权利，这和当地的美国上市公司的情况一样。

根据《1933 年证券法》144A 规则，银行只能通过私募向合格机构投资者（QIBs）进行证券销售，这些合格机构投资者数以千计并且包含了美国的大部分管理资产在一亿美元以上的机构。可供选择的另一种情况是，发行者可以决定不在美国市场上发行证券，然而公司可根据《1933 年证券法》的 S 条例对离岸美国机构进行营销。

如何在美国销售是一个非常关键的决定，因为在 144A 规则下进行私募的情况中信息的披露水平比在 S 条例下更为苛刻，特别是在金融信息的披露方面的要求更为严格，文中随后将进行详细的描述。

另外，如果指定的律师没有按照美国的法律为公司提出建议，那么就必须指定美国联邦和纽约州律师事务所的法律部门或者一个单独的美国法律公司作为发行公司法律顾问。对于美国的法律顾问来说，在 144A 规则下进行私募时，通常会向承销商发送一份披露函（或 10 - b - 5 信），以便基本上确定与发行者及其事务相关的实质性信息没有从招股说明书中遗漏。

当然，如果不是在美国的话，除了美国的法律，发行人和承销商还需要寻求公司所在地和股票上市所在地的有关司法建议。例如，某投资银行涉入中国大陆的公司在中国香港的首次公开发行业务，并且在美国 144A 规则下进行私募。在这种情况下，法律建议至少需要参照中国香港的法律、中华人民共和国大陆地区的法律、美国联邦法和纽约州立法。因此，对于发行人和承销商而言，雇佣大的法律公司而不是雇佣几个小的法律公司作为他们的法律顾问是明智的（通常也是更有价值的行为）。因为大的法律公司专攻资本市场法，有着大量的国际办事处和律师，能够提供“一站式服务”。

法律顾问中也应该包括专注于其他司法管辖区域的法律顾问，因为会需要这类法律顾问就有关销售限制提出建议，即在证券出售给不同国家的机构性投资者时需要就不同地区与私募相关的最新法规作出建议。大的一站式服务的国际法律公司通常能够对于最为普遍的司法管辖区中的销售限制作出建议。这些国际法律公司包括："魔力圈"公司，如安理律师事务所（Allen & Overy）、英国高伟绅律师事务所（Clifford Chance）、弼伟时律师事务所（Freshfield Bruckhaus Deringer）、英国年利达律师事务所（Linklaters）和司力达律师事务所（Slaughter and May）等，或者是"白鞋公司"，包括如美国的克莱尔－戈特莱－斯汀－汉密尔顿律师事务所（Cleary Gottlied Steen & Hamilton）、克拉韦思－斯温－穆尔律师事务所（Cravath, Swaine & Moore）、美国达维律师事务所（DavisPolk & Wardwell）、瑞生国际律师事务所（Latham & Watkins）、谢尔曼·思特灵律师事务所（Shearman & Sterling）或美国苏利文·克伦威尔律师事务所（Sullivan & Cromwell）等。然而对于一些国家或地区来说，法律顾问工作则需要分包给其他当地的法律公司。例如加拿大的一些省份、沙特阿拉伯或者阿联酋。正如上面提到的，首次公开发行中的法律顾问通常为其在交易中提供的建议给出固定的报价和费用。除了对专题发行给出及时建议或对小规模交易提供建议这两者是按小时收费的以外，法律顾问按小时收费是很少见的。

在首次公开发行中，对于法律顾问和任何其他顾问的委派，最为重要的是需要找到一个公司内的有经验的合伙人，让其代表顾客来推动交易的进行。这样的一个合伙人最好是在相同的国家或者相同的行业部门的资本市场上工作过。虽然对于一般的行业来说首次公开发行不需要有专业的相关行业知识，但这对在金融部门、采矿业或者电信、医药、健康护理等行业的交易来说却不同。它需要花钱委派在公司经营的业务中具有一定水平和经验的人。选择有经验的高级助理也是非常关键的，因为他们会负责大部分的起草工作。

在附录 1 中的案例分析中有很多关于在全球范围内委派法律顾问进行谈判的例子。

2.1.2　审计员

发行人也必须指定或者在很多情况下已经指定了非常有声望的审计公司，这在英国称为申报会计师。第一次进入市场的发行者通常会换他们的审计者，或者指定已有的更为有名的"四大"（德勤、安永、毕马威和普华永道）中的一个或者他们中的附属机构中的一个。

他们的任务就是在相关时期内根据管理机构及证券交易所要求的

一般公认会计原则（GAAP），制定出需要审计的账户。这至少需要三年的时间，但也取决于与公司年尾相关的首次公开发行的时间表。因此，这些审计账目也可能有必要包含中期账目或者季度及半年的账目，以及与前一年可比的存根期账目。这是因为股票交易所通常要求在年末到来前的一段时间发布中期账目的相关信息，而且还因为年度账户在 135 天期满后审计员会让其失效（参见本书 2.8.2）。这样的中期账目通常不会被审计，而只是由申报会计师进行审阅。

会计师也要向发行者及承销商提供安慰函，以便他们将获得、交互核对或者重新计算所有包含在招股说明书中的公司已有记录的财务信息。安慰函中除了财务账户外，还包括相关的叙述部分，并且通常会采用函件的形式寄给发行者和承销商。在安慰函中，将会说明与解释各种各样的程序，并且还附有招股说明书的副本。关于安慰函的进一步详细的解释可参见本书 2.8 部分。

2.1.3 物业评估师

对于物业行业的公司或者是房地产投资信托机构的公司，或通常拥有大量资产财富的公司（在一定的门槛以上）来说，如仲量梁行（Jones Lang LaSalle）、戴德梁行（DTZ）、世邦魏理仕（CB Richard Ellis）、莱坊房地产经纪公司（Knight Frank）或者高力国际（Colliers International）等公司，必须委派物业评估师进行独立的资产评估，他们的报告也将包含在招股说明书中。这种评估通常会在公开市场的基础上进行，并且会按照有相关的管理机构或证券交易所要求的形式进行。这种评估通常也会遵照当地监管机构的规则。评估报告包括被评估资产的具体细节，例如资产坐落的地址、具体描述、使用、租赁、年限、承租人的具体细节等等。这种评估必须是最近进行的，通常是在上市之前的 3 至 6 个月之内进行。物业评估师与发行人签署委托书并同意将其报告发布在公司的招股说明书中。这份报告将由交易的牵头银行和各法律顾问审阅与评判。在一些司法管辖区中，物业评估公司需要具备一定的条件才能够在首次公开发行中扮演这种角色，因此在签署委托书之前需要认真审阅协议，否则物业评估公司必须表明它具有相应的资格进行评估以避免出现延迟发行的问题。

2.1.4 特别顾问与专家

进行 IPO 的公司可能来自各行各业公司。在一些情况下，需要一些专家作为特别顾问提供报告，使之包含在招股说明书中，以帮助投资者对公司的业务有更好的了解。这种报告经常遵循一定的格式，或者至少要遵循有关信息披露方面的规则。这种顾问包括对矿产及自然资源的开采顾问，这种开采顾问就开采的资源或储藏量水平、油或气的价值水平给出自己的观点。在交通运输部门的公司则相应需要运输及交通顾问。关于这样的顾问案例在附录 1 的案例研究中有所涉及。

美国证券交易所就工业部门中业务活动的信息披露发布了相关的指导，其中包括房地产公司。例如关于油气运营信息公开的指导原则 2，关于银行控股公司数据公开的指导原则 3 和关于对从事重要矿业发行人有关财富描述的指导原则 7。

2.1.5 薪酬顾问

当决定在首次公开发行之前或发行之中建立相关的员工持股计划（ESOP）时，发行者要雇佣薪酬专家（或称人力资源（HR）及绩效专家）来设计这样的计划。设计时要考虑当地的规则、市场惯例、税收限制和公司劳动力的特点（这将在本书 3.8 中有更加详细的描述）。虽然投资银行对员工持股计划也会提出建议，一些咨询公司，例如韬睿惠悦薪酬咨询公司（Towers Watson）或者休伊特新大桥街薪酬咨询公司（Hewitt New Bridge Street），也可以协助建立这样的项目，包括解决涉及多地的司法裁决和税收体系以及各种层级的雇员问题。

2.1.6 路演顾问和金融公共关系公司

当指定多个账簿管理人以及当发行者有足够大的管理办事处使几个团队同时进行路演来与投资者见面的时候，就有必要委派顾问来为在全球营销的大规模的首次公开发行进行服务。像媒体树公司（Media Tree）和想象力公司（Imagination）这样的路演顾问，专门处理涉及航空出行、预订饭店和会议室、为赢得广泛关注而安排的午餐演讲会以及安排轿车在城市之间的接运等工作。这是非常复杂的工作，因为首次公开发行的路演本质上是动态的，是经常可能会变动的活动。根据投资者教育阶段的投资者利益表达，管理层要到相关的地区或国家露面，投资银行必须对此保持灵活性。虽然管理层毫无例外的都要去拜访主要的金融中心，但是如果在阿布扎比、科威特或者卡塔尔有投资者可能会下一亿美元的订单时，也有必要安排一个对上述地区的短期旅行。绝大部分的大型投资银行都有内部的路演协调团队。但是当有多个账簿管理人时，就有必要把这个协调任务分派给中立者以避免资本资产团队之间的政治把戏。在这种情况下，投资银行应该就哪些银行主办各种团体会议达成一致，例如由哪一个银行的高层代表在更大的场馆介绍发行方管理层、哪个银行的代表负责回答问题。牵头银行的代表通常会和管理层一起出行，以便在充分利用几周的时间向潜在的客户推销公司的金融理念和业务。

鉴于首次公开发行前的最后几周在路演计划中可能会有很多变化以及大型交易营销的全球化本质，路演顾问需要对快速变化及在不同时区的工作非常熟练精通。只有少部分的公司专门从事这种高压的工作。在附录1中的一些关于首次公开发行的案例研究中，包括了路演的旅行指南和费用估计的具体细节，这些会在招股说明书和规则文件中披露。

除了路演顾问之外，委派一个金融公共关系或交流公司，对发行者而言还是非常有用的。如哲基杰讯财经公关公司（Citigate Dewe Rogerson）、奥美公关公司（iPR Oglivy）、伟达公关公司（Hill & Knowlton）或者万博宣伟（Weber Shandwick）等公司，他们可以帮助提升公司的形象并在更广的范围推进公司的投资活动。因为在首次公开发行中，能够交流的内容以及和谁交流是受管制的，尤其是关于某些受限制的内容更要受到管制，这就需要发行者向法律顾问进行更加密切的咨询，以保证与招股说明书的内容相一致。这可能需要创建或者更新公司网站，因此又可能需要网站顾问的帮助。在首次公开发行的最后阶段，与之相配的重大广告活动也是非常重要的，有时广告会附带着适当的免责声明。这种做广告的做法是非常普遍的，因为广告可以增加媒体和大众对公司首次公开发行的认知度。

一种让公共关系过程非常有效率的实用方法就是在早期就确认发行者可以参加的各种会议活动或涉及与第三方共同参加的重大活动。这包括交易会议、成果宣布或者正常的业务过程中的各种会议活动。对于这些重大会议活动的发布或者评论应事先由法律顾问进行审查。在公开市场发行开始阶段，公司的法律顾问会对公司哪些信息可以披露（或哪些不可以），在媒体的询问中应该运用怎样的策略来处理作出建议，管理层和所有涉及的首次公开发行的各方应该了解这些所谓的宣传准则。

发行者也可能会发现，在首次公开发行过程中，与一个金融交流公司合作也是非常有用的。因为金融交流公司会帮助组织非交易路演以及协助推进买方和卖方（尤其是卖方研究报告）的交流。在困难的时期或者在具有挑战性的市场条件下，可能需要更大的信息透明度，此时委托金融交流公司转达与研究分析师和机构投资者有关的更清楚、一致和积极的信息就十分有用了。

2.1.7　指定做市商

指定的做市商通常不参与首次公开发行，只是当公司在纽约证券交易所（NYSE）或者美国证券交易所（AMEX）上市时，才需要指定一个或多个独立的股票专家经纪人（自 2008 年 10 月之后，也被称为“指定市场做市商”或者 DMMs）①。指定做市商是美国的经纪人公司，负责建立市场并提供在纽约证券交易所或美国证券交易所上市的股票的流动性，这些股票的价格经拍卖确定。他们作为有效的拍卖人，为买主和卖主找到合适的买卖对象，解决特定股票交易中的不平衡并帮助维持一个有序的市场。有时为了达到需要的目标，专门经纪人可能会用自己的账户作交易，但并不考虑收益问题。在纽约证券交易所上市时，通常要根据严格的指导规则对 3 到 5 个指定做市商进行审核之后，才能确定最后的人选。对于指定做市商而言，有着严格的指定规则。在纳斯达克证券交易所没有这种经纪人，但是对于特定的股票而言，会要求几个官方的做市商来给出双向价格。例如针对等级 2 的美国存托凭证的案例，如果原始股票是在纳斯达克证券交易所上市，并且不是同序发行，那么必须在正式上市之前从 3 个或 4 个做市商中获得价格，以确定最终的有效发行价格。

2.1.8　存托银行

通常如果要发行在伦敦和卢森堡上市的全球存托凭证（GDRs）或者在美国上市/非上市的美国存托凭证（ADRs），发行者必须指定一个存托银行。存托银行有效地发行及赎回相关的凭证（通常以美元计价）代表公司的原始股份，并保证通过这些凭证的保管人向凭证的所有人支付股息。指定存托银行对发行者而言不是成本很高的行为：费用可以由交易全球存托凭证和美国存托凭证的机构来支付，存托银行将会得到很高的补贴，而这些都会计入存托凭证的成本之中。根据美国最近有关披露的规则，关于补贴的信息应在管理文件中公布。例

① 纽约证券交易所网站，2010 年 10 月。

如，巴西伊塔乌银行（Banco Itau）由于协助发行美国存托凭证而得到纽约梅隆银行（The Bank of New York Mellon）支付的 1190 万美元；中国台湾的电信运营商中华电信（Chunghwa Telecom）收到了摩根大通银行（JP Morgan Chase）支付的 1000 万美元；印度赛福电子（Sify Technologies）从花旗银行处得到 124500 美元。[①]

全球存托凭证现在通常由有着严格的外汇管制制度或者对于投资者而言有大量外汇风险的国家发行，即新兴市场国家。

对于已经在主要的证券交易所上市的公司来说，建立存托凭证的好处是有争议的。在美国，只要有与公司集资行为独立的市场，就会存在相应的美国存托凭证及相应机构，一些存托凭证机构不具有流动性。书中 2.15 节将更加具体地讨论存托凭证。很多大的商业银行提供存托银行服务，例如，纽约梅隆银行、花旗银行、摩根大通、德意志银行和汇丰银行。[②]

2.1.9 金融印刷公司

书中已经提到过与首次公开发行有关的、由公司发行并分发给投资者的招股说明书。像伯恩印刷公司（Bowne）或者 R. R. 当纳利集团（RR Donnelley）这样的金融印刷公司，在大部分的金融中心都有自己的办事处，因此会接到很多长而庞大的文件的排版印刷工作。虽然初稿是由法律顾问利用普通的商业软件制作并提供给发行者的，但是当文件变得更加复杂以及内容中涉及更多的参与方的时候，排版工作通常会转向第三方，使之进行更多具体的修改，并印刷出来分发给不断增多的阅读者。最近，专门的、有密码保护的网站已经开始使出版工作变得更便利了。

核心执行团队的大部分成员以及法律顾问、会计人员等，在整个招股说明书发行之前需要几夜的时间去整理好文件的所有细节。印刷公司常常有各种各样的指定会议室，这些会议室配备着相应的设备，便于很多人一同参与文件的起草。他们也需要按照证券交易委员会中电子数据收集和检索方案（EDGAR）的要求，提交注册声明中需要的电子文件，在美国更是如此。最后（也是最重要的!），金融印刷公司也会因为送出慷慨的公司礼物和热情大方而出名。

---

① IR Web Report，2011 年 1 月 5 日。

② 银行相关网站，2010 年 7 月。

2.1.10　翻译

在一些司法管辖区，比如中国香港，法律要求准备多种语言的招股说明书。在这种情况下，当招股说明书初稿即将完成时，就需要一些有资质的翻译将招股说明书翻译成法律所要求的其他语言的文本。即使所有翻译文本都已经过了相关各方的全面审阅，这些翻译也还需要出具相关证明。很多大的经济金融类出版公司，如伯恩印刷公司、R. R. 当纳利集团、美林公司（Merrill Corporation）或美林 IFN（Merrill IFN）等金融出版社，现在也提供快速有效的翻译服务。

2.1.11　股票过户与转让代理

在大部分的市场，发行者需要指派一个股票过户与转让代理人（通常是银行，但也不总是），以记录公司的公众持股人以保证所有权真实可靠以及股息的准确支付，同时在配股中，保证股东有使用相关权利的机会。同时代理人也要负责散户投资者申请的抽签事宜，并向在首次公开发行中得到股份的申请者派发股权证书。

2.1.12　收款银行

当 IPO 涉及散户发行时，必须要指定收款银行来处理公众的申请，收款银行通常是一个或多个大的商业银行。散户投资者通常要提前为他们申请的股票数额支付款项，当被返还时不计利息，这样作的目的是使申请的数额和实际分派到的数额之间达到一个平衡。

2.1.13　证券交易所

IPO 的最后，发行者必须与相关的证券交易所达成上市协议，并遵守首次上市及持续上市的有关要求，支付相关的上市费用。关于世界上的证券交易所和它们的上市要求请参考附录 8。

2.1.14　市场研究公司、广告机构和呼叫中心

在大规模的首次公开发行中，尤其是自 20 世纪 90 年代以来的私有化过程中，大部分司法管辖区中涉及数十亿元的资产股票发行未被研究。但在美国和日本，委托市场研究公司来估算公众对于交易的兴趣程度却是非常普遍的做法。这通常采取大量市场研究的形式，这种形式下，可以通过各种方法确认投资者对于发行者（或首次公开发

行）的态度。这涉及大量市场调查来检验各种激励措施的吸引力。这些激励措施包括：直接的折扣、附赠的付款优惠券、赠股、延期分期支付或者是这些方法综合起来使用。所有这些措施都被使用过，并取得了很大的成功，尤其是在英国 20 世纪 80 至 90 年代的早期私有化中，这些措施的作用更为显著。①

除了市场研究之外，在公开市场发行及后续的二次发行中，通过电视、出版或者广播等促销活动进行广告宣传也是非常普遍的。有一些人可能还记得以下几个广告宣传活动：为了推广能源公司的 72.5 亿美元的后续私有化过程的“BP. Be part of it”的广告；为了英国天然气私有化而创作的“Tell Sid”广告；20 世纪 90 年代早期英国第三次私有化中为促销“股份”而选择由明星莫林·李普曼（Maureen Lipman）来作商业广告；还有由香港铁路有限公司（MTR Corporation）在 2000 年发起的“Hello boss”活动。在那时段时间，广告机构是新股发行工作组的一部分。现在情况不一样了，但是有时广告机构仍然具有非常大的规模。

由于公众可能会对申请过程有疑问，因此开通了专门热线，以便为大众股份持有者解释申请过程，例如向哪里发出股份需求以及怎样进行支付等等。基于这个原因，呼叫中心也常常会参与到首次公开发行中来。

现在，以上的活动已经基本消失了。因为对于一些经历大规模私有化的国家来说，这些措施可能不会被再次使用。因为这些国家现在的私有化规模比 10 年或 20 年前扩大了 5 到 10 倍，并且按照现在的市场规则不能使用任何股东激励措施，也不允许进行广告活动。首次公开市场发行已经成熟起来了。

附录 3 给出了一个计算模板，可以帮助发行者、独立顾问和投资银行计算在国际首次公开发行中涉及的各种费用。

2.2 增强董事会的力量

首次公开发行过程本身就是对公司治理的一次检验。由于公司权力的滥用导致了罗伯特·麦克斯威尔媒体帝国（Robert Maxwell's

① Keloharju M, Knüper S and Torstila S (2006), “Do Retail Incentives Work in Privatizations?”, *The Review of Financial Studies.*

media empire）的倒塌，因此出现了 1992 年英国吉百利（Cadbury）报告中提出的公司治理的指导原则。[①] 在 2002 年，原华宝银行（S. G. Warburg）投资银行家德里克·希格斯爵士（Sir Derek Higgs），经英国劳工党政府授权，对非执行董事的作用和效率进行审查，结果 2003 年他作为作者出版了一本报告。[②] 报告中的很多建议在世界范围内得到广泛认可，并在实际操作中成为监测标准。

2.2.1 独立的非执行董事

绝大部分证券交易所都要求上市公司董事中有独立的非执行董事（通常至少为 2 到 3 人）人选。有时，对于非上市的公司来说也有这样的要求。例如在新加坡要求至少有一部分当地国民或居民担任独立非执行董事的职务。

此外，对于独立非执行的董事而言，要求其中有一个或多个具备一定的专业资格，最低也需要有会计或者金融管理相关经验。一般由牵头的投资银行建议人员名单，有时他们甚至会帮助安排对候选者进行面试。

2.2.2 董事委员会

除了独立非执行董事外，上市公司通常也需要设立董事委员会。董事委员会至少要包括一个审计委员会，负责审查金融报告和信息披露。通常来讲，绝大多数的审计委员会都是单独由独立非执行董事组成的，其中的一个或多个成员至少要有一定的专业经验。例如，中国香港的审计委员会要求其成员具有注册会计师（CPA）资格认证。对于在美国上市的非美国公司，设立董事委员会的要求也反映了其所在国的国内司法的要求，美国的公司实际上也需要设立各种各样的董事委员会。

薪酬委员会主要负责建立薪酬政策，从而吸引、奖励和留住执行董事和高层管理者，平衡他们和公司股东的利益。委员会大部分成员都是独立非执行董事。

最后，提名委员会负责讨论规程、政策及董事的任命。和其他的委员会一样，其成员也应该大部分由独立非执行董事担任。

---

① Cadbury A（1992），*The Financial Aspects of Corporate Governance*，Gee.

② Higgs D（2003），*Review of the Role and Effectiveness of Non – Executive Directors*，DTI.

无论这是否是正式的要求，公司董事层结构的这种变化，表明了公司良好的组织习惯和透明的公司治理，这些是会受到投资者欢迎的。然而，为了达到这一目的而增加独立非执行董事成员的数量时，规模也必须要控制在可以管理的（理想的情况是相对小的）规模。

2.2.3 董事会的责任和保险安排

在交易开始的时候，由法律顾问简要地向发行者介绍董事会，以使他们能够了解董事会在首次公开发行中潜在的刑事和民事责任。这些与招股说明书的内容相关，因为错误的或者是误导性的声明（或者实际上对重要信息的遗漏）可能会引起投资者的不满，从而引发法律纠纷。上市公司的董事会应彻底审查招股说明书的起草工作，在必要的情况下，还可以寻求相关的法律建议。应该给予他们充足的时间来作这样的事情。

另外，对于打算进行首次公开发行的公司来说，安排董事及高级职员（D&O）保险也是一种普遍的做法。这一保险计划使得董事会和高层管理者免于承担由于疏忽、错误、违反职责和相对少见的因欺诈而产生的责任。[①] 大部分大的非人寿保险公司能够提供这种服务。

2.2.4 当地代表

一般来说，需要委任不少于一定数量的授权代表来代表公司与证券交易所之间联系。虽然公司的秘书或者董事会的秘书也有这样的能力，但通常都是由董事会担任此角色。对于不是在其上市的国家成立的或者是公司的总部坐落于另一个国家的公司而言，大部分证券交易所通常要求其在当地也拥有高层管理者，通常是以两个或者多个董事。

例如在日本，主要上市地点在东京证券交易所（TSE）的外国公司需要任命一名当地的“信息处理负责人（ORHI）”，此负责人必须在拥有流利日语水平的人员中选拔，负责与东京证券交易所和日本投资者的联系工作。相反，在日本的外国上市公司如果主要市场不在东京证券交易所（TSE），那他们就必须指定一个“公司信息处理员

---

① Herbert Smith, 2006, *Hong Kong IPO Guide.*

(CHIO)”来保持与东京证券交易所的联系，并及时公布相关信息。公司信息处理员可以与东京证券交易所进行日语或英语的交流，并且他们通常也负责母国公司信息披露的相关工作。[①]

2.3 IPO 时间表

首次公开发行时间表的确定依赖于发行者的老练程度和管理层对资本市场的熟悉水平及经验。公开可交易的固定收入工具的频繁发行人，可能通过欧洲中期债券票据（EMTN）计划，对证券交易所要求的信息披露已经非常熟悉，而且在类似的交易中也与法律顾问和会计师有了较多的合作机会。公司一般也会有良好的信息管理系统以满足需要进行深度分析的招股说明书的起草要求。同样地，对于上市集团来说，分拆出一个子公司或者一个部门并使这一分离出来的法律实体单独进入市场也是非常容易的。

2.3.1 金融信息的可获性

多数时候，首次公开发行的时间表是由信息披露文件中公布的公司账户的可获性决定的，而信息披露文件是提交给管理者和交易所的。如果一个公司在之前的一段时间内业务出现了变化，或者进行了实质性的收购或资产处置，那么假如公司现在的业务在这一段时间内持续存在，则非常有必要在模拟账户的基础上重新计算他的历史账户（通常是过去 3 年的）。这可能会给金融管理层和审计者带来大量的工作任务，当收购或者变卖业务涉及众多的司法管辖区时更是如此。更多关于模拟账户的信息参见本书 2.6。

2.3.2 尽职调查、起草招股说明书和审查招股说明书

对于进行首次公开发行的公司来说，从该过程的开始到交易的开始，可能需要最少 6 个月，有时是 9 个月或 10 个月的时间。对于拥有丰富人力资源的公司而言，可以在较短的时间内完成上市工作。一般说来，首次公开发行过程包括准备阶段、尽职调查和文件的形成以及向投资者进行营销。

首先，众多的顾问要开展针对业务的调查工作、编制财务报表、

---

① 东京证券交易所网站，2010 年 7 月。

对招股说明书进行探讨和起草，这些将花费大量的时间，可能需要几个月。

一旦到了下一个阶段，招股说明书草样就可以发给管理机构，并依据市场的情况发送给证券交易所进行审阅。在英国，由金融服务管理局（FSA，英国金融服务行业的监管者）承担招股说明书的审查工作。当英国的金融服务管理局（FSA）按照《金融服务与市场法2000》（主要有关正式上市）第VI章节对英国境内的IPO进行审批时，也被称为英国上市管理局（UKLA）。因此，英国上市管理局有别于纽约证券交易所或者纳斯达克证券交易所。在中国香港或新加坡等其他的市场上，招股说明书由证券交易所进行审阅。如果交易所或者管理机构采用更加公开的信息披露体系，并且很少对满足信息披露的最低要求限度的招股说明书进行过多的指摘，那么审查的过程就会非常短。相反，有些交易所或者管理机构坚持对发行人的业务进行深入的调查研究，并要求在文件中包含大量的相关说明。这些要求会通过保荐银行（在美国是通过法律顾问）传达给发行人，并会为发行人带来数以百计的需要解决的问题。

在欧盟审查的过程通常需要4到6周的时间，在美国需要6到8周的时间。在大部分的其他市场中，大约需要1到2个半月的时间。审查结束时，通常会举行委员会会议或听证会，并发送函件来确认公司有权注册招股说明书并推进上市工作。有时根据某些条件，这一程序通常是在上市之前的三周左右进行。

除了招股说明书之外，还有很多的文件需要呈交给交易所或者管理机构，其中包括各种声明、发行人和董事会的承诺和同意书、审计者和保荐银行、公司的账目、申请表和公司档案的复印件等。通常，对于这些文件的提交有着具体的时间表。例如，香港证券交易所规定，必须在上市听证会之前的至少25个、20个、15个、10个和4个工作日提交文件。

有时管理机构或者交易所会为公开发行或者上市开绿灯。例如，作为世界铝业主导公司之一的俄罗斯铝业联合公司（RUSAL），于2010年在香港证券交易所进行首次公开发行，并募集了22亿美元的资金。当时，中国香港的管理机构（证券期货交易委员会，SFC）决定设立较高的证券交易单位数量，因此100万港元以下的投资者将不会得到股份，并且还将首次公开发行限制在专业投资者之中——高净值的个人和机构。[①] 据说接到了不少于 260 个投资者的认购订单，只进行了 3 天的路演就被全额认购。上市之后的 12 个月内，证券交易的单位数量降低了两倍。[②]

不同的司法管辖区有着不同的信息披露体制。在美国，通常要求招股说明书中包含对公司账户进行逐一分析的“管理讨论与分析”（MD&A）部分。而在美国之外发行或者是针对离岸的美国机构进行发行，则通常没有这样的要求。欧盟现在也开始有了相似的法规与要求。

通常非常有必要起草多版本的招股说明书。例如，由西班牙当地管理机构——西班牙证监会（CNMV）——要求使用的招股说明书格式，曾经与国际股权资本市场交易中通用的格式不同。因此，大部分信息需要重新“包装”，要作成任何国际机构都能够熟悉的格式和内容，必须用英语而不是西班牙语去书写。现在随着欧洲招股说明书法规的引入，类似情况已经有了很大的改观。

2.3.3　市场营销阶段

如果不存在上市前的投资者，那么在大部分市场中，发行的营销阶段会非常的紧促——大约总共有 4 周的时间，而其中大约仅有 2 周的时间用来记录来自投资者的实际需求。这样会使牵头银行产生一种紧迫寻找投资者的感觉，也会使牵头银行为减少可能的市场波动而减少信息的披露。但这不是一种普遍情况。澳大利亚的首次公开发行因其牵头时间过长而名声扫地，这可能是由于散户投资者对此有很强烈的偏见导致的。

在允许进行交易前研究的司法管辖区中——除了美国、加拿大和日本以外的大部分国家或地区——一旦招股说明书接近完成，那么发行方的高级管理层将会向承销商银团中的研究分析师作介绍说明。研究分析师通常有 2 周时间（最多 3 周）来撰写一份相当详细的初始报告，然后他们将在未来的两周、在世界上不同的司法管辖区中着手进行预推销或者投资者教育工作。在此过程中，他们将与机构投资者见面，传递投资案例的具体信息，获得他们的反馈并记录投资者关心的问题，最重要的是他们要评价这些机构投资者对此次发行的感受。

---

① 彭博资讯，2010 年 1 月 27 日。

② 俄罗斯铝业公司的声明，2010 年 12 月 12 日。

在美国不能进行交易前研究，但研究分析师可以在注册文件背面以附注的形式开展预推销（表 F－1 针对外国私募，而表 S－1 是针对美国公司的更为一般的注册文件）。

预推销的主要目标是设定价格范围并在此基础上向投资者推销将要发行的证券。一旦价格范围确定后，即开始发行并收集来自机构投资者和散户投资者的订单。机构发行和公开发行可以同时进行或者序贯进行，但是大部分情况下，都是公开发行在机构发行之后进行。在需求登记结束后，要在投资者需求的基础之上确定发行价格，这一过程通常共需要 2 周时间。

"耦合交易"成了最近的趋势，尤其是在欧洲更为明显。在此交易中，路演开始时并没有确定价格区间。因此，价格范围的设定便依赖于投资者与分析师之间以及管理层和投资者之间实际见面中的反馈情况。在这种情况下，建立购股意愿档案的时间将缩短，并且通常和之后一周要举行的路演活动同时进行。

紧随上市、结算（也称为"发行结束"）和开始交易之后，向个人机构投资者分配股份以及通过抽签向散户投资者进行配售的工作将在一个晚上或一个周末之内完成。在开始交易之前的几天规定最后期限非常必要，因为这样才能确保从投资者中收集到结算细节以及确认结算的信息。

2.3.4 后市活动

首次公开发行的最后一步是后市活动。一旦首次公开发行的交易开始，在招股说明书最终完成之后的一个月内，将会由其中一个牵头银行来维持股票价格的稳定：这种机制将在本书 4.1 中具体讨论。这时有一个冷静期或封锁期，在这段时间内，参加首次公开发行的银行不能再发布关于发行人股票的研究报告。封锁期通常在公司上市或是交易开始之后持续 40 天。最后是锁定期，发行者、献售股东和上市前投资者（如果有的话）都要遵守锁定期的规定。在锁定期内，他们不能在市场上出售股票，锁定期通常是在招股说明书完成后的 6 到 12 个月。规定锁定期的原因是使投资者相信，无论是在首次发行还是在二次发行中，至少在首次公开发行的起初阶段，不会有使股票价格下降的大规模交易。

2.3.5 其他关于时间表的问题

在确定时间表中市场营销的时间时，必须注意要避开宣布重大经济数据的时间点，也要避开确定发生能影响全球金融市场的事件时间点。例如美国联邦公开市场委员会（FOMC）会议召开的时间，这时往往会就利率和货币的供给作出重大的决定。同样，避免在路演的最后一周与其他股权资本市场的发行相竞争也是明智之举。同理也要避免与相同市场或者相同的行业部门交易相竞争。尤其重要的是要试着避免与大的或者是“志在必得”的交易同时出现在市场中，因为这会使有关机构投资者（尤其是指数基金）忽略首次公开发行而支持更具可见性的发行。虽然有时在发行市场中会有几周时间非常忙碌，还要伴随着许多发行行为的彼此冲突，但是承销商银团将会经常进行讨论和相互检查，以避免在市场上同时出现两个或者多个交易。

另外，一年中会有某一段时间禁止进行任何发行，例如 8 月和 12 月。这主要是因为许多机构投资者选择在夏天度假，他们还要在一年之前终止账目往来以准备年度报表和欢度圣诞节。出于同样的原因，在亚洲中国的春节（通常是 1 月或者 2 月）和中东地区的斋月显然也是不利于进行当地的首次股权资本市场活动的。然而，市场惯例已经有所改变，尤其是在亚洲。现在，出现在 8 月中旬的数亿美元的发行和在圣诞节前一周出现股权资本市场的其他发行活动不再是令人惊讶的事情了。韩国要求发行者在 12 月 20 日之后发出建议书已经成为了亚洲股权资本市场活动的一个常见现象。

相反，从 9 月到 11 月底以及从 3 月到 6 月，经常有大量的发行活动。这主要是因为公司已经公布了中期和年度财务报告，同时也因为在发行暂停一段时间之后、发行窗口再次关闭之前，公司还可以再次冲击市场。

2.3.6　推进或不推进决定

在整个交易过程中，通常都会在重要的里程碑处作出一系列推进或不推进决定，而这些里程碑将会使首次公开发行的公众形象越发清晰。

在将起草好的招股说明书呈交给管理机构或者证券交易所之前以及为首次公开发行作准备的阶段，随时都可能作出不继续进行发行的决定。下一个里程碑通常是向研究分析师作介绍的阶段，这时交易的团队会扩大，因此交易秘密也可能会泄露在媒体上。除了研究分析师外，研究报告的研究助理和编辑也会在这个阶段非常关注发行活动，这无疑会增加交易秘密被泄露的风险。

下一个关键步骤就是交易前研究报告的公布，这时交易变得众所周知。在这个阶段之后作出撤回交易的决定无疑会进入公众视线。

下一个关键的里程碑就是价格区间的设定和发行价格的确定。当确定了发行价格以及向投资者进行派发后，很难不再继续推进首次公开发行，除非出现不可抗力。然而如果不喜欢价格区间或者是不满意最终的发行价格，发行者或者是股东会相对容易地决定不继续进行首次公开发行。在这种状况下，需要向市场发表一份关于市场条件比较弱或者是不适合首次公开发行的声明。之所以需要声明，是因为此时发行研究分析师和销售人员已经在预推销或者市场营销阶段向机构投资者表明了发行意愿。

假设价格区间在购股意愿档案的建立阶段没有变化，而且收集到足够多高质量的投资者需求，能够使发行价格超过价格区间的底限，那么若发行者之前就已经接受了发行价格区间，而最终的发行价格也在价格区间之内，则在最终发行价格的基础上撤回交易将是非常不寻常的情况。然而，如果认购需求不足，那么非常有必要缩小发行规模，但是必须首先将这种情况通知投资者，以便其对相关交易的新参数有所了解。

在“时间毁掉交易”的信念下，投资银行将会在交易的过程中持续保持活力。无论发行行为的执行受到什么因素的影响而中止，那么将很难在相同的基础上把首次公开发行推回到轨道上。此时，会委派其他的投资银行或者更换现在的账簿管理人，而献售股东将开始寻找其他的方法退出。投资银行深谙此道，因此通常会在交易中竭力促成他们的客户向购买阶段迈进。

2.3.7 双轨制过程

有时，尤其是当二次发行成为发行结构中的重要组成部分的时候，将会采用双轨制首次公开发行过程进行发行。此时主要的献售股东经常会一边处理首次公开发行，一边寻求并购（M&A）机会来处理他们的股份。这样的双轨制程序可以帮助股东们实现收入最大化。

最近（也可能是最极端）的一个例子就是2010年友邦保险的亚洲业务被其母公司美国国际集团（AIG）出售。最初指派银行执行首次公开发行，随后又坚持以并购交易方式将该业务卖给英国的保诚保险。当金融市场不景气以及投资者不支持保诚保险与美国国际集团（AIG）达成的收购价格时，美国国际集团（AIG）决定转回首次公开发行，并在2010年7月宣称德意志银行、高盛银行和摩根士丹利已经被指派为联合全球协调人，几周之后花旗银行成为第四个全球协调人。2010年10月首次公开发行启动，在实行20%的增发权和超额配售选择权之后，其募集的资金价值相当于204亿美元。除了全球协调人之外，交易期间还包括了7个联合账簿管理者（美国美林银行、巴克莱银行、瑞士信贷集团、摩根大通、瑞士联合银行集团、工银国际（ICBC International）和马来西亚投资银行）。①

总之，在双轨制过程中决定是否继续推进首次公开发行的里程碑有以下几个时间段：首先是向分析师作介绍的时候，此时会有大量的第三方参加介绍会或对话活动；此外就是公布交易前研究报告的阶段，如果不允许进行交易前研究报告的话就是投资者教育阶段。在这些里程碑之后，首次公开发行的公众形象将会变得清晰，因此想退回到最初的状态或从市场中撤回交易，虽然不是不可能，但是却非常困难。

当涉及双轨制过程时，为了更好地处理利益的冲突，不同的银行——尽管不是系统地——可以有各自独立的业务推销途径。

启用三轨制过程是非常少见的。当进行首次公开发行或者交易售卖时，又进行一个或多个公司的并购交易，同时再考虑杠杆收购（LBO）或私募股本等解决方案的情况下，就是三轨制过程的一个例子。

有关 IPO 时间表的安排可参见图2。

2.4　IPO 的执行过程

召开启动会议象征着首次公开发行开始执行，交易中的主要参与方都会参与启动会议，通常包括发行人、独立顾问、牵头银行、法律顾问和审计员，他们在会上进行相互介绍，并由牵头银行概述交易的时间表和目标。启动会议通常会在管理层的首次尽职调查会议后立刻进行。

2.4.1　工作组和指导委员会

执行工作通常被划分为三个模块，或者说是三个工作组，每个工

① 《金融时报》，2010年10月4日。

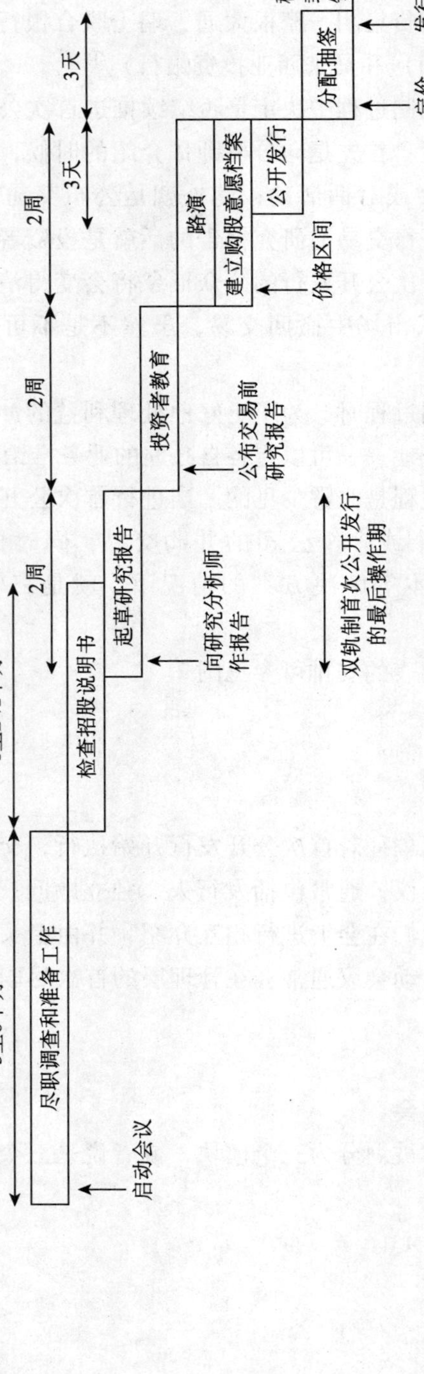

图2 首次公开发行的时间表

作组都由公司的首次公开发行团队的成员、投资银行和适当的第三方顾问组成。这些工作模块主要负责文件的制定、评估和市场营销工作。当几个银行都担任牵头领导的角色并有着相同的地位时，一种为工作组进行分工的实用方法就是确定银行在每个工作组中的主要责任。每一个工作模块都有自己的任务清单和相应的发行工作。

这些工作模块通常由指导委员会进行协调，指导委员会是由发行方（及其股东）的高级代表和所有牵头银行的高级银行家组成的。指导委员会可能每两周见面一次，当交易接近完成的时候会进行更加频繁的会晤，以便检查各个工作组的工作。它的主要职能就是保证发行工作按照发行时间表推进，当高层管理人员需要作决定的时候能够指出关键的步骤以及解决实际性的困难等。涉及董事会的问题也会在小规模的（更高级别的）指导委员会论坛上进行讨论。提前安排指导委员会的每一次议事日程，并作好会议记录，将有助于各方工作齐头并进，这样的任务通常交给初级银行家，对他们而言这是非常好的学习经验。当公司任命独立顾问时，经过牵头银行的允许，独立顾问也可以加入指导委员会。

2.4.2　文件制作

一般说来，文件制作工作组主要负责招股说明书的起草工作。虽然大部分的情况下招股说明书的首次起草都是先由发行者的法律顾问负责，但是所有各方都希望能审阅招股说明书并提出意见。招股说明书中很多部分可以参考先前、最近或相似的交易，进行再加工或更新即可，但是也有很多的部分必须要从头到尾亲自起草，例如对公司业务的描述部分、有关公司财务方面的部分或者是对发行者来讲与众不同的部分，这些部分必须自己动手起草。

除了起草招股说明书之外，文件制定工作组还必须致力于以下几个方面的工作：宣传指南、上市申请、法律意见书和法律顾问提供的披露函（如果有的话）、会计师的安慰函以及财务规划等等。任何信息披露或者是管理讨论与分析（参见本书 2.6.3）都要包含在财务规划中。文件制定工作组的工作还包括处理各种顾问的委任书、发行者和银行之间签订的协定、在上市前阶段银行自身之间以及银行与投资者之间达成的各种协定以及处理配售函。他们还要负责安排和协调对证券交易所和当地管理机构的早期拜访。

2.4.3 评估

评估工作组的主要职责就是审阅公司的业务计划和财务模型、公司的资本结构、确认可比公司、计算贴现现金流分析（如果适用的话）和可比公司乘数。在一些市场中，还要求招股说明书中包括利润预测。如果是这样，这也属于该工作组的责任范围。另外，这个工作组通常负有构建公司财务模型的任务，这个模型必须能够精确地反映公司的前景，以检验市场的预期是否与公司业务的实际情况大致相符。这同时也是对发行者进行财务尽职调查的一种非常好的方法。

2.4.4 市场营销

最后是市场营销工作组，他们有各种各样的任务，包括决定最合理的发行结构，以及处理交易中所有有关营销方面问题，正如其名字所显示的那样，其中包括：

- 在早期阶段作出如何进入美国市场的决定；
- 总体发行结构的设计，这可能涉及对复杂的私有化散户发行的定性与定量的市场调研；
- 将全球发行划分为不同的份额；
- 在银团中指派更多次级银行；
- 研究指导原则，以确保其与当地的管理规则相一致；
- 起草向研究分析师所作的介绍，起草路演的视频、幻灯片和脚本，这些都需要与招股说明书的内容相一致；
- 管理上市前投资者（如果有的话）；
- 金融公共关系问题和向媒体发言；
- 起草“聘用规则”和向银团所作的介绍；
- 对可能的主要机构投资者的早期确认；
- 协调预推销与建立购股意愿档案工作，协调路演（包括网上路演）与向销售团队作宣讲、简介工作；
- 就价格区间和发行价格以及就证券向投资者的分配和稳定性等进行管理。

总体而言，投资银行内部的财务和国家团队更多倾向于关注文件的制定，行业部门的团队更多倾向于关注评估，股权资本市场团队和股本集团却更关注市场营销方面。工作组和他们的主要责任可见图3。

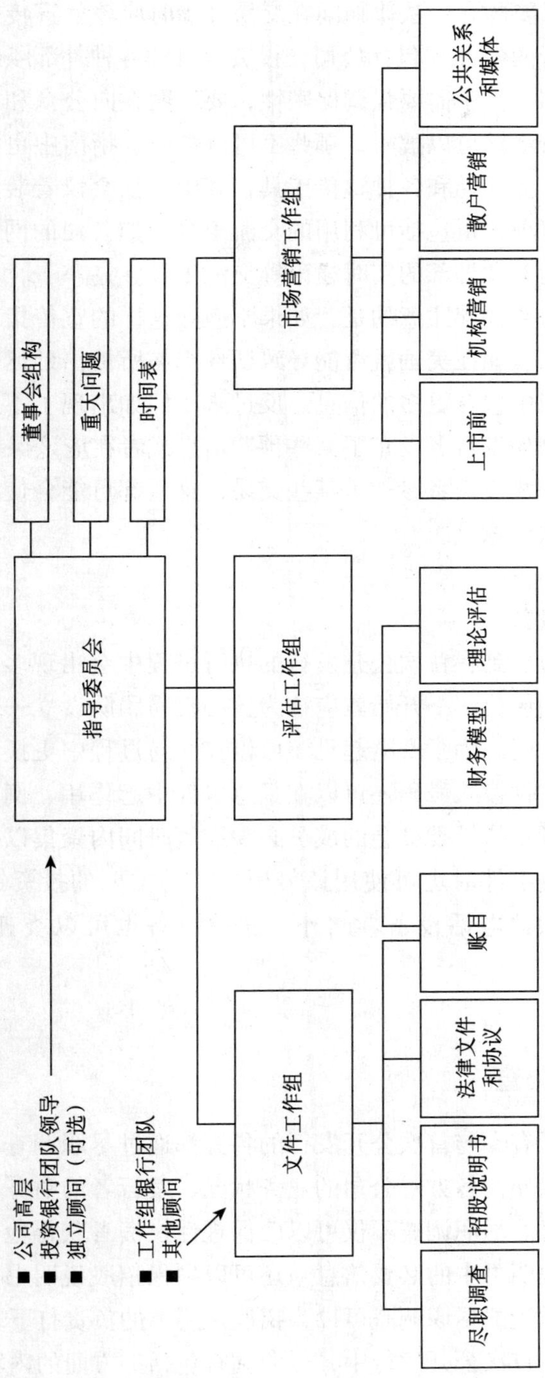

图 3　如何最有效地组织工作组来执行 IPO

2.4.5 宣传指南

重要的是，法律顾问在交易开始时应该就宣传指南向所有首次公开发行的各方（包括公司、投资银行和各种外部顾问在内）进行简明的介绍。其中需要强调保密性，要说明在向公众和媒体进行披露时哪些发行活动可以披露，哪些不可以披露。指南中也涉及了公司日常业务的交流活动和各种宣传工具，其中包括会议着装、交易举止和其他重要事项，也包括可利用的交流工具，如公司的网站、出版社和其他诸如内部和外部的实时通讯等交流工具。

需要提起注意的是，如果不遵守这样的宣传指南可能会导致法律问题。假如在美国就可能导致证券交易所提出延迟交易或提出要求注册登记中包含更多的信息。反过来，假如出现了不遵守宣传指南的情况，例如发行者发布了某些预期信息或者在应该保持“安静”的锁定期内一些投资者参加了某些交易，这些都可能会使法律顾问很难对此提供法律意见。

2.4.6 会议设备

考虑到在首次公开发行的执行过程中会出现多方通话，为了确保交流的便捷，一开始就应该为核心交易团队设立一个会议电话的专用拨入号码。为了安全起见，可以在交易过程中更换几次号码以进行保密。这种拨入号码还可以在紧急事件中起作用，例如当特别工作组成员或者是指导委员会的成员必须在短时间内聚集以作出重大决定或应对突发事件时也可使用该号码。所有主要的投资银行都有着“专用的”会议电话设备。此外，这种设备也可以委托电信运营商设立使用。

2.5 尽职调查

所有参与首次公开发行的各方都通过尽职调查程序来调查公司业务，以便使各方对公司的业务状况、发行者的财务状况和法律状况达到满意。尽职调查不仅可以确保理性投资者获得他们所需要的包含在招股说明书中的必要信息，还可以确保招股说明书中没有遗漏其他信息。适当的尽职调查可以为招股说明书的负责打下基础。

在首次公开发行中，尽职调查包括三方面的内容。

第一是商业尽职调查，通过商业尽职调查可以使各参与方熟悉公司的活动，并确信这些信息已包含在招股说明书之中。接下来就是财务尽职调查，通过与管理层、申报会计师的讨论和其他程序对公司的资本结构、预算、业务计划和过去与预期的财务状况等方面进行彻底的调查。最后是法律或文件尽职调查，这包括对合同、执照和其他法律文件进行一次或多次审核，以检验这些文件是否与法律、法规和管理规章相一致。

商业和财务尽职调查通常包括与发行者的高级及运营管理层所进行的一系列会面、演讲以及举行问答会议。通常要求主办方确认董事会和管理层的团队有相关的资历和经营业务的必要经验。

2.5.1 问卷、核证附注和责任

通常，具体的调查问卷由投资银行和法律顾问提前发出。这些构成管理层会议的基础，在会议期间对公司的业务进行具体的检查。这使所有的参与方都能很好地了解公司的业务和财务状况，以便各方能够合理地将发行文件中涉及的公司业务和财务情况反映出来。

问卷也能确认首次公开发行中存在的潜在问题和风险，以便在公司进入市场之前就使这些问题得到解决。例如，某类主要资产、合同权利或者知识产权实际上到底是属于母公司还是第三方公司。再例如，公司授权对现有贷款提供担保的某些契约可能会阻碍公司进行公开发行，或者需要事前达成一致。这类问题在这一过程中将会被澄清。

在这些讨论的过程中，管理层会在某些问题上受到挑战。这其实也是在为后面阶段中与投资者的会议作准备。在一些司法管辖区中，例如英国、美国和中国香港，招股说明书中的每一个项目都要由法律顾问以“核证附注”形式进行正式检查，以便确认招股说明书，并最终让参与发行活动的适当相关方进行签字保证。

传统上，招股说明书中包含的信息以及由承销商向发行者具体提供的信息是非常有限的，承销商提供的信息会在承销协议或者是“红字信函”中提到。① 投资银行通常只就与自己相关的信息或声明正式签字作出保证，因为招股说明书毕竟属于发行人的责任，在一些情况下献售股东（如果有的话）也要承担部分责任。财务信息的安慰函，

---

① Akin Gump Strauss Hauer & Feld LLP（2003），*Insights* Aspen Publishers.

正如在前文所述，则是由审计者提供的。

2.5.2 商业和财务尽职调查以及现场参观

通常会在很多的会议上进行商业尽职调查，并且会持续很多天，以对业务中的所有方面进行审查。审查的内容包括公司的起源、战略、力量、弱点、威胁、机遇和前景、股份持有者和资产结构、董事会和管理团队、主要的业务活动、竞争者、供货商、客户、管理信息系统和可能或已有的风险以及法律诉讼。像牵头银行、主要的供货商和客户等第三方也会接到通知参与到反复核对信息的过程中。实物尽职调查是通过对办公室、工厂、车间或者其他的生产设备的参观而进行，从而确认公司有着进行业务经营的必要资产、设备和库存。例如，笔者就曾经在多个国家和地区进行实物尽职调查，其中包括参观西班牙的各种水稻处理和包装车间、轧钢机和纺织零售商的生产和储存车间；德国的计算机中心；中国大陆的生产手持式电动工具和不锈钢产品的工厂；新加坡的海运、物流设备和商业区；韩国的银行分支机构；东部马来西亚婆罗洲的热带硬木采伐的特许经营地；泰国的大型购物中心以及印度尼西亚的饲养虾的池塘等等。

有时也会指派顾问或者专家协助尽职调查。由于公司活动的性质，其中还可能包括专家顾问和私人调查公司，比如克罗尔公司（Kroll Associates）、香港 FTI 国际风险公司（FTI – International Risk）、英国化险咨询公司（Control Risks）或者 PICA 公司（PICA Corporation）。对于亚洲地区，有 Hill & Associates、世界级的情报调查机构 Spectrum OSO 和 Chinawhys 公司，这些专家顾问可以帮助确认商业存在、保证商业的合法性，尤其是在新兴市场上，这种状况更为常见。财务尽职调查活动也会聘用顾问，类似于审计团队从头到尾对账目进行审核。财务尽职调查活动通常也包括与公司当前及以前的审计者进行讨论，讨论时最好发行人不在场，尽管这有时不大可能。

有时因为出现新情况，因此有必要更新先前的尽职调查。审计师除了要发送后续安慰函以外，在定价之前、发行结束之前以及超额配售选择权使用之前，还要进行“后续”尽职调查以重新确认已经不存在新的问题，以便作到使所有各方都满意。在一些情况下，对审计师来说不可能在使用超额配售选择权之前就发送后续安慰函，因为那时距上一次公布财务报告已经超过 135 天。在这样的情况下，完成后续尽职调查将变得尤为重要。

尽职调查会议通常要保留会议纪要。实际上，这有时是应付某些证券交易所的要求。根据这些要求，要成立一个专门的尽职调查或声明委员会以调查发行人的相关事务，同时要保留这个委员会的详细会议报告。但是也有一些学派反对这种举动，认为这一举动的目的实际上是减少诉讼责任以及可能存在的与招股说明书中不一致的情况。附录 2 给出了一个综合的但并不详尽的商业和财务方面的尽职调查检查表。

2.5.3　文件尽职调查

文件尽职调查的形式多种多样。通常，会由所有与交易有关的法律顾问来编制一个所需公司文件的清单列表，以便能够方便地在资料室中访问查询文件，这一做法与并购交易中的做法相似，只是花费的时间更长。文件通常包括发行者公司及子公司的执照、发行人及其附属公司的董事会及其委员会的会议记录、主要的雇佣合同、涉及相关方及相关问题的文件、关于公司程序的内部文件、物资供应合同、与公司主要客户的合同、房地产和公司主要资产的产权证书、主要贷款协议、税收记录和营业执照等。通常，法律顾问、投资银行和发行者会事前商定一个门槛以确定实质性。例如，资产、销售的 5%，或极少情况下使用利润的 5% 为标准。法律顾问将会对文件进行审查。

在业务或商业的尽职调查中，文件尽职调查也被用来证实发行者作出的声明。例如，银行和他们的顾问可能会想证实发行者的某些声称是否属实，如其在特定领域或商业活动中处于第一或主导地位或者与某些供应商和顾客有着特殊的合作关系等等。此外，在交易的进程中有时还有必要加入新的文件。

2.5.4　银团尽职调查和其他尽职调查

通常，牵头银行与管理层的一个通话或会议就可以为承销商银团中的初级成员（副主承销商和副承销商）提供一个执行有限的尽职调查的机会。然而实际上，初级承销商主要依靠全球协调人、账簿管理人和法律顾问来完成尽职调查。

最后，通常也会与公司持股者进行简短的尽职调查。例如，首次公开发行或者随后的上市交易中，当股份持有者出售股份时就会进行尽职调查。这样的尽职调查可以证实从发行者那里收集的信息，并进一步确认在转让股份后的短时间内不会发生不可预见的事件或发布不可预见的公告。

2.6 财务信息

财务信息是在管理机构和证券交易所登记的招股说明书中最重要的内容之一，并会分发给与首次公开发行相关的投资者。实际上财务信息的可获性是推动时间表进程的关键因素之一，尤其是在公司推进发行的活动中经历了重大变化时更是如此。

当进行一定规模的资产合并、收购或处置时，有必要建立模拟账户以显示公司的财务状况。这种模拟账户要使现有公司结构犹如几年前就一直存在一样。这显然需要时间去进行整理。根据欧盟针对模拟账户的规则，只有最后一年或者是任何合适的中期，才能要求包含模拟账户，并附有实质性的标准，这一标准通常是资产、收入和净利润或净损失的25%。如果为了营销将最后一年以外的模拟账户也包括在了招股说明书中，这些信息将通常被视作“附加的”的财务信息，并与公司财务信息分开单独放在招股说明书中。通常这些信息会包含在一个紧随“F”页的额外附录中（下面将会有更加详尽的描述）。在新收购的公司的情况下，独立的财务信息将会与模拟的财务账户信息并存。相反，发行者如果在审查期间剥离或者卖掉自己的一个子公司，那么该公司需要花费大量的时间重新建立剥离掉子公司的账户，当这一举动发生在几个财务报告期间所花时间会更多。

关于财务状况总结的要求会因上市所在地的管理机构或证券交易所的要求不同而各异。通常除了矿产和工程公司之外，需要公布公司过去三年的财务信息。有关规则会对如何进行账户划分进行具体的说明。有时，管理机构和证券交易所会接受几个会计标准，公司有权选择适合自己的会计标准。在附录 8 中列出了世界主要的证券交易所所接受的会计标准。

通常招股说明书中包含三类财务信息。

2.6.1 F 页

账户本身的信息通常会最先（first）出现在文件的较后部分，因此称为“F”页，以 F-1、F-2 等名称标示，然后跟着账目的名字。其中包括审计者每个财政年度的审计报告、综合利润表、资产负债表、现金流量表以及同期账目附注。若最近的审计账户的最后期限早于指定的时间（通常是 4 到 6 个月），那么就需要包含中期账目以及上一年度结束时的可比中期账目。中期账目通常不被审计，但是需要被会计人员审查。

2.6.2 其他财务信息

除了账户本身之外，财务信息通常也会在招股说明书中的其他地方出现。通常会以财务信息的总述形式出现在招股说明书中的前几页，介绍关于公司的资本化和债务以及公司的股息政策的内容。财务信息贯穿在整个文件的陈述中，例如当描述公司业务时，就会涉及公司的财务情况。

2.6.3 管理讨论与分析（MD&A）

当在美国进行首次公开发行的营销时，例如根据 144A 规则进行私募时，按照市场惯例是需要进行管理讨论与分析的。当对全年及中期账目进行核对期间，要对公司的综合利润表和现金流量表进行叙述和解释时，需要包括管理讨论与分析部分。在公司的资本与债务中也将会有相同的分析。管理讨论与分析有时会包括对公司主要会计政策的总结，以便使读者能够更好地理解公司的财务状况，尤其是在没有必要使用美国一般公认会计原则的情况下更是如此，但是现在这种情况很少见。在美国证券交易委员会注册发行（由在美国上市的公司进行）需要包括管理讨论与分析，以便在 144A 规则下进行私募的目的与在美国上市发行的要求保持一致。相反，在《1933 年证券法》S 条例下进行发行时就不需要在登记时包含管理讨论与分析部分，但是很多的投资银行还会坚持要求发行者这样做。这通常也是发行存托凭证时要遵循的要求。

另外，在欧洲，尤其是在英国，要求发行者进行类似于管理讨论与分析的运营及财务评述（OFR）。

管理讨论与分析在招股说明书中的位置通常被放在公司业务的描述之前。这不是很合逻辑，但却是一种市场惯例。

2.6.4 账目细分

当在美国市场上市时，通常会要求进行账目细分，这有助于分析和理解账目。例如，以部门或者地理位置为基础计算收益和净利润时，将账目细分的信息作为利润表的一部分，这有助于对公司的资产进行分析。公司有时不愿意披露这样的信息，因为这样会给竞争对手带来太多的信息。这件事应该在交易的早期和牵头银行进行讨论，因为这样的信息通常也会成为部分申报会计师的额外工作。对于按照国际财务报告准则（IFRS）进行申报的公司，国际财务报告准则第 8 号给出了具体的细分标准。当细分账目代表了公司收入、利润或损失或者资产的 10% 以上时，通常需要包含在报表中。

2.6.5 利润预测

在一些司法管辖区中，例如中国香港，招股说明书中通常包含对即将结束的财务年度的利润预测，虽然这不是上市规则中所要求的。它以“不少于”多少额度的形式出现并且通常仅包含在境内版本中。在美国分发的招股说明书之中，很难见到这样的利润预测。当包含利润预测时，基本上来说这种预测不仅要满足发行者的期望，而且在理想状态下是要超越期望的。

正如上面提到的，无论是在 F 页，还是在财务信息的概述中，或是在市场价值陈述部分，还是在管理层讨论与分析部分，招股说明书中所有（至少大部分）的财务信息都是会计师呈交的安慰函的主题。在 2.8 中将详尽讨论安慰函。

2.6.6 美国财务信息的披露

在美国上市的国际公司（如非美国的公司），也称“外国私募发行人”。为了与美国一般公认会计原则或当地的公认会计原则相一致，他们有必要在注册声明中包括遵守美国一般公认会计原则或当地的公认会计原则的财务信息，并对两种准则下的区别进行对账及解释。一般需要对股东权益和净利润按照美国一般公认会计原则进行对账。

然而，自 2007 年 11 月份开始（实际生效是在 2008 年 3 月 4 日），如果在美国上市的私募外国发行者的报告是按照国际会计准则理事会的国际财务报告准则申报的，就不需要使他们的账户和美国一般公认会计原则相一致。这个规定对在 2007 年 11 月 5 日之后结束的财务年度都适用。应该注意的是，尽管在欧洲按照当地国际财务报告准则进行报告的大部分公司需要表明他们是在有效地按照国际会计准则理事会的国际财务报告准则申报以便能够向证券交易委员会提交相关的文件，有些却不必如此。然而对于在国际会计准则 IAS39（在 2011 年第二季度被国际财务报告准则第 9 号所代替，它主要处理对金融工具的认证与衡量）之下的对冲账户而言，在被欧盟接受的国际财务报告准则和国际会计准则理事会的国际财务报告准则仍旧有所区别的情况下（因此没有被美国一般公认会计原则认证）公司如果没有按美国一般公认会计准则进行对账的话，是没有资格在美国证券与交易委员会的规则下进行信息披露的。[①]

例如，2009 年盛大游戏[②]为了在纳斯达克进行首次公开发行，按照美国一般公认会计原则发布了账户信息。2010 年巴西桑坦德银行（Banco Santander Brasil）[③] 在纽约证券交易所的首次公开发行中，其报告既按照国际财务报告准则又按照巴西的一般公认会计原则进行了公布。上述两个发行案例的具体内容请参考附录 1。但不管怎样，美国一般公认会计原则和国际财务报告准则正在合二为一，并且现在有 120 多个国家允许使用或需要使用国际财务报告准则。[④]

在美国，根据发行人注册国市场惯例，需要在一致的基础上，对最近三年的利润表和现金流量表以及对最近两年或三年的资产负债表和股权收益的变化进行审计。此外，对成立 3 年以上的公司，要求其提供 5 年的简要或选定的财务信息。

在美国，外国的私募发行者可以依据母国的要求和证券交易所的惯例提供中期报告，而不必以季度报告的形式提交，尽管实际上在美国上市的非美国公司通常要公布季度报告。另外，如果发行者的母国允许，可以在整体基础上对管理者薪酬进行披露而非通过个人进行披露。

最后，如上所述，不论是在地理的基础上还是依据发行者主营业务，在美国通常要对收入、运营利润和资产进行财务信息的细分。

2.7　招股说明书

在首次公开发行中，招股说明书是投资者用来决定购买股票或认证股份唯一的具有法律效力的出版物。招股说明书通常是实物形式的厚厚的文件，但是如果当地的规则和规章允许的话，投资者也可获得

① Dewey & Le Boeuf (2008), "SEC Accepts IASB IFRS Financial Statements from Foreign Private Issuers without U. S. GAAP Reconciliation", Client alert.

② 美国证券交易委员会 EDGAR 平台上的 IPO 登记声明，2010 年 7 月。

③ 同上。

④ 国际财务报告准则网站，2010 年 9 月 28 日。

pdf 格式的电子文件。

例如，根据最近的对于相关部门的咨询，想在中国香港通过首次公开发行上市的公司，在符合一定的条件下，只要公司的招股说明书能够从因特网和证券交易所及发行方的网站上获得，那么该公司就可以分发纸质的申请表格。①

招股说明书要遵循一定的格式，根据公司选择上市地点的管理机构和证券交易所的规定而有所不同。正如之前提到的，它们可以有不同的版本和语言，一般起草招股说明书时通常使用英语，交易时使用另一种语言的版本。英语是向国际发布招股说明书时最常使用的语言。招股说明书可以在散户投资者和机构投资者中使用，但是针对各自通常会起草稍有不同的招股说明书，旨在使招股说明书中能包含与潜在的投资者相关的所有信息。

通常，招股说明书也称“发行说明书”，虽然技术上来说发行说明书只是招股说明书的一部分，并且只包含对机构投资者而不是散户投资者来说必要的信息。在美国，在证券交易委会注册登记进行发行时需要提交注册声明，而招股说明书就是注册声明的一部分。本书中将术语“招股说明书”、“发行说明书”和“注册声明”视为同一种东西，这是出于简化及避免不必要的混乱的考虑，因为它们最终都是主要的参考文件，都是由发行者发布的与首次公开发行相关的用来推销发行的主要文件。

除了格式和语言之外，招股说明书都有相似的内容。实际上，100 多个司法管辖区管理着世界上 95% 以上的金融市场，这些国家和地区已经采纳了由国际证监会组织（IOSCO）制定的通用的披露标准。国际证监会组织成立于 1983 年，坐落于西班牙马德里，是世界金融市场上各证券管理机构所组成的国际合作组织。② 在欧盟，欧洲招股说明书的指令也对成员国范围内有统一的披露要求。

2.7.1 欧洲招股说明书指令

欧洲招股说明书指令在 2003 年年底（成员国在 2005 年中期执行）引入，通过建立招股说明书的“单一入口体制”（single passport regime）以简化和协调对欧洲证券发行者的信息披露的要求。总的来

---

① 香港证券交易所网站，2010 年 11 月。

② IOSCO 网站，2010 年 10 月。

说，发行人一旦获得任何一个欧盟成员国的上市主管机构认可，那么在其他成员国使用同样的招股说明书即可。对于公司注册地在欧盟的发行人而言，能使之得到上市认可的权威机构是发行人公司注册地所在的成员国。

这一指令使发行人在欧盟多重上市时不必撰写额外的招股说明书。英语是“国际金融中的习惯用语”，因此指令也要求使用英语起草招股说明书，但在某些情况下，还会要求将招股说明书的概要翻译成当地的语言。①

最为重要的是，这一招股说明书指令在国际证监会组织设置的标准的基础上，详尽介绍了招股说明书的形式和内容。这些实际上和美国的信息披露标准很相似。这一指令特别提到了如下内容：

- 招股说明书分为三块有区别的部分：注册文件，实际上是类似于年度报告的详尽的文件，但是涵盖了审查的整个时期，通常为 3 年；证券的附注，详尽地说明证券发行的条件；概述部分，能够使频繁发行人更加便利地进行证券发行，这往往采用一种“暂搁”注册机制，类似于美国知名且经验丰富发行人（WKSIs）和固定收入的中期票据计划所使用的机制；
- 证券法中上市公司进行年度信息披露和公布的规则；
- 针对在欧盟上市的公司账目的公布，归纳了国际会计准则（IAS）和国际财务报告准则（IFRS）或者同等的会计准则。

2.7.2 针对美国投资者的额外信息披露

当在美国进行首次公开发行的营销时，出于保护投资者利益的考虑，通常要进行额外的信息披露。在这种情况下，因为非美国发行者的大部分资产是在美国之外的，招股说明书中包含标准的警示性语言以提醒美国投资者相关民事责任的限制。这些限制大致包括：传票的有效送达；对发行人、董事或行政人员相关法律判决的强制执行；通过法律诉讼强制要求国外负债符合美国证券法的要求等。

对于在美国上市的公司，1933 年《证券交易法》的 S－K 法令列出了提交给证券交易委员会的注册声明中应该包含的非财务信息，而对于注册声明中的财务信息，则由 1933 年《证券交易法》的 S－X 法

① Slaughter and May (2004), *The New EU Prospectus Directive*, Client publication.

令加以规定。应该注意的是对于美国公司的信息披露要求和对外国私募发行人的此类要求是不同的。

2.7.3 内部格式或风格

每一个投资银行通常有着一种可识别的（只限于金融业界人员）针对招股说明书封面和内页的“内部”格式或者风格。然而，当有一个以上的牵头银行从事同一宗交易时，通常会就一种“中立”的风格或格式进行协商并达成一致。

2.7.4 具体内容

招股说明书中包含着常规的法定信息，如公司名称、注册地址、公司章程和依法制定的基本文件等其他细节，如公司网站的具体信息等等。招股说明书概述部分包含了关于公司及其业务的一些描述以及4到5页的选定的财务信息和运营数据。这些内容通常要放在开头，尽管它们应该结合整个招股说明书进行阅读。招股说明书通常还包括术语和缩写的词汇表。

一般将风险因素置于招股说明书开始阶段的显著位置。这些是通过尽职调查确认的、会影响公司财务状况和运营结果并最终影响股票价值的因素。虽然一些风险因素有些广泛笼统或只是套话，但是一些针对公司的具体的风险因素则反映了购买公司股票可能存在的风险。例如，当公司业务极其依赖少数几个高管或少数几个供货商和客户时，失去这些高管、供货商或客户将会严重影响公司的财务状况和运营结果。虽然将这些风险因素列入招股说明书的最终目的是为了在发展极为不佳的情况下抵消部分投资者的赔偿要求，以此达到保护公司的目的，但是管理团队对于起草招股说明书时是否要包含风险因素仍然存有争议。这是因为人们通常会感觉到他们正在对公司进行负面描述（在一定程度上的确如此），而这可能阻碍发行的成功推进，至少会影响首次公开发行中股票的价值。然而，投资者也很清楚这一点，因此这是发行文件中必不可少的一部分。在美国进行首次公开发行的营销中，为了保护投资者利益，通常也会列出公司的具体风险因素。招股说明书中的风险因素会因为上市所在国的市场惯例、信息披露规则和所使用的货币的不同而不同，与美国的惯例不尽一致。所有的风险因素内容都要包括名称及对风险因素的详尽陈述。风险因素的例子可参见附录5。

因为 IPO 包括首次发行以筹集更多资金，所以应该公布所获得的资金款项的具体用途。这种融资形式的影响，包含其对股价的稀释作用在内，是需要在公司的资本和债务概述中表示出来的，同时也要在涉及股本和公司所有权、首次公开发行前后和启动超额配售选择权前后的概述中表示出来。如果有必要，通常也会列出拥有公司股份资本 5% 以上的股东。尤其应该注意的是对上述进程是如何作出描述的。很多的网络公司发现，在网络热潮之后，投资者会对公司的模糊描述有所警惕，而在建立价值评估模型时会更多地关注发行者在首次公开发行中筹集资金的使用用途。最为理想的情况是公司对有特定目的且涉及金额巨大的项目予以披露，同时，公司也会保留一定的资金使用灵活性或者为公司的总体目标作储备。附录 1 中给出了首次发行中有关资金使用用途的一些例子。

关于公司资本的信息应使用最近的，通常最多不超过 60 天。同时也应对公司股份和股息政策进行描述。

在美国，不论是通过私募还是通过上市的方式进行交易，招股说明书中都需要包括管理讨论与分析。管理讨论与分析实际上主要是在公司主营业务的账目发生变化后，对其原因进行讨论。对在美国上市的公司而言，应向证券交易委员会提交基于一致基础的管理讨论与分析，而在欧盟则通常要提交基于 OFR 的运营与财务评述。在 144A 规则下，除了管理讨论与分析，进行私募所涉及的国际财务报告标准和美国一般公认会计原则的主要区别也要包含在内，然而现在这种做法变得不是很普遍了，原因有二：第一，很多审计公司现在不愿意提供包括一般公认会计准则之间主要区别的概述的安慰函。第二，很多交易所现在要求公司按照国际财务报告标准或是美国一般公认会计原则披露他们的账目，因此，投资者逐渐熟悉了这些会计标准。相应地，在很多首次公开发行的招股说明书中省略了这部分概述。尤其是在欧洲，除了个别案例和不寻常的业务项目需要关于不同会计准则的主要区别的解释外，一般都会省略这种概述。

在美国上市发行普通股的公司，通常需要在美国一般公认会计原则下制定账目或者根据美国一般公认会原则进行对账，这两种行为是非常耗时的，并且成本也很高（尤其在首次上市发行中）。最近在美国上市的外国私募发行者已经能够在国际会计准则理事会的国际财务报告准则下进行账目的申报（详见 2.6.6 节）。

招股说明书中最主要的部分就是公司业务的描述。这包括了对其所在行业的调查以及对它的主要竞争对手、公司的起源、公司的整体组织结构的审查、对业务各方面的深度审查和管理状况的审查。关于公司作为诉讼一方的重大诉讼事件的信息也需要包含在内。另外，招股说明书中有时也会包含物业评估师或者其他专家的报告，以协助增强对公司的理解和评价（见2.1.3节和2.1.4节）。

招股说明书中也会以履历的形式对高层管理者和董事会进行具体描述，同时也包括董事委员会和其他公司管理人员的相关信息。

招股说明书中还会有利益相关或关联交易的信息，如公司和主要股东之间、董事或者高层管理者的交易的详情，如果管理者或者证券交易所对这样的交易放任不管，往往会导致利益冲突。但是如果这种交易诚实无欺或者对公司的业务环境没有重大的影响，那么可以对其豁免。

招股说明书中更多的章节是对公司注册地所在国的税收体制（如果可行，为了保护美国投资者的利益还应包含美国联邦税收因素）进行描述。这里也有关于股票或存托凭证的转让限制、清理和结算的相关信息，以及关于上市的货币和主要货币（通常是美元）之间汇率的信息。有时也会包含对当地证券交易所的描述，尤其是在新兴市场当中更是如此。

招股说明书也包含有关股票的承销和分配计划、参与发行的各类银行的名字、首次公开发行的不同份额的描述、申请程序以及承销的主要条款（主要是终止条款）等内容。重要的是，它也提到了销售限制，即关于在不同的司法管辖区的投资者的信息和针对投资者的免责声明，这在对机构投资者进行私募时更为常见。例如，在日本通常会对机构投资者进行数量的限制，即最多向49个机构投资者发售股份，以避免大规模的文件归档工作，并使其能够在当地实行公开发行。

根据当地市场惯例、规则或上市要求不同，可能会要求披露额外的信息，例如，有些地区会要求在招股说明书之中包含利润预测。

招股说明书的最后部分或者说是F页，主要是审计报告和公司的财务信息（包括附注），对于大而复杂的公司来讲这部分通常会有几百页。

通常，封底会以一种类似“足球队合影”的方式列出参与首次公开发行的所有各方。

在英国，会计师关于公司财务状况描述的长表格报告是招股说明书的核心部分。在美国，证券交易委员会具体要求注册声明中应包含哪些内容（见 2.7.2 节）。

2.7.5　国内和国际招股说明书

招股说明书通常有两种版本：一种版本是为了在本地证券交易所上市，并且同时面向机构型和散户型的投资者；另一种独立的版本面向国际投资者（都是机构投资者），其中包含了额外的信息，通常以美国或国际“包”（“wrap”，即 W 页）的形式出现，以本地文件的版本为辅助，称作“三明治”。一些在本地版本中包含的信息在国际性招股说明书中通常被忽略，例如利润预测。总之，文件的本地版本与国际版本的大部分内容是一致和相似的。

2.7.6　初步招股说明书和最终招股说明书

在首次公开发行中会先后发布两个版本的招股说明书。第一种就是初步招股说明书，其中不包含发行价格（更很少包含价格区间），并且在预推销结束确定了价格区间之后，向机构投资者分发。随后就是最终招股说明书，它在定价之后发行，并且包含最终的发行价格。在更为少见的固定价格首次公开发行中，只发布一种版本的招股说明书。

初步招股说明书（在英国也称作“开拓者”）可以制定和修改，传统上会在封面用大写的红字垂直地写下声明，因此也叫“红色鲱鱼”或“红头文件”。初步招股说明书实际上是一种市场营销文件，广泛发送给机构投资者，而最终招股说明书发行的数量却很少，因为它主要的对象就是那些在首次公开发行中购买到股票的机构投资者。然而，通常国内招股说明书只有一种版本。最近，尤其是在欧洲，有一种趋势，即当价格范围确定之后，只发行初步招股说明书，在定价之后再将定价相关信息简短地补充招股进去。

在新加坡，招股说明书将会被放到管理机构（新加坡金融管理局，MAS）的网站上。招股说明书会被放在一个名为发行和招股说明书电子库（OPERA）的系统中，可以在几周内访问和浏览，并且在正式注册和公开发行开始之前，允许公众对其进行评论。在马来西亚，起草招股说明书的早期阶段，也有类似的向公众展示的惯例。中国香港最近采用了相似的名为“网上预览资料集”（WPIP，实际上近似于最终招股说明书）的程序，香港证券交易所（也即香港交易及结算有限公司，HKEx）的母公司的网站会向散户投资人公布类似于初步招股说明书中的信息。澳大利亚也有相似的程序，当地管理机构澳大利亚证券投资委员会（ASIC）会设定“公众评议期”。

2.7.7 简明英语和招股说明书封面

最近有着一种趋势（这种趋势在美国现在成为一种必需的要求），即要使招股说明书对使用者来讲更加“亲切”，不用过于技术性或者法律性的术语，而使用更加“简易明了”的英语。这一趋势使招股说明书有了很大的改变，这反映出这是公司自己发出的文件这一事实。前几年人们会用“公司业务”作为章节标题，但是现在用“我们的业务”作为标题则更为普遍。同样，也经常使用“我们”这一第一人称贯穿陈述的始终。现在，招股说明书的封面上常有发行者办公室的照片或者生产设备，并且在广告活动中也是用这些宣传公司的业务、增进公众的认同。

附录 4 中列出了首次公开发行招股说明书的例子。

2.8 安慰函

在招股说明书中，通常要包括审计者的安慰函，以向发行者和承销者就财务信息提供保证。安慰函是尽职调查中非常重要的一部分，用以证实财务信息的准确性。安慰函的国际标准是 SAS72 函件，它的名字源于美国公认会计师协会（AICPA）关于会计准则 72 的条款。[①]

2.8.1 SAS72 函件的版本

在 20 世纪 90 年代末，随着安然和安达信的倒闭，申报会计师会非常谨慎地对待提交的安慰函，尤其是在美国的资本市场交易中涉及分销的情况下更是如此。这导致一些国家（主要是美国）引入了司法裁决条款，以限制会计师的责任和收信者对他们的依赖。其典型表现就是现在的几种版本的安慰函。一种是公开发行版本（如果适用），一种是 S 法令下的发行版本，还有一种是 144A 规则下的发行版本（如果这是发行结构的一部分）。这些安慰函除了提供依赖于地域限制的管辖权条款以外几乎都是相同的。前两种安慰函需要承销商和发行人与审计师签订长期的委托书，而 144A 规则下的安慰函则只根据承

---

① Herbert Smith（2006），*Hong Kong IPO Guide.*

销者的一个声明即可发送，声明的内容是他们已经以证券交易委员会要求的方式进行了尽职调查。安慰函通常涵盖了所有（或者是实质上所有的）包含在招股说明书中的财务信息，其中包括账目的概述、管理讨论与分析、账目与附注（都是为了审计与审查财务信息），以及包含在招股说明书的叙述中的其他财务信息。

实际上，安慰函包括了审计者执行程序的具体细节、这些程序的代表符号以及初步和最终招股说明书的复印件。在招股说明书中，安慰函提供的每一项财务信息都是用一个或多个符号来表示的，例如“对号”“对号和叉”或者是“圈”，以显示安慰函信息或者信息来源是通过何种方式被证实的。

2.8.2　传递的时间和消极保证

安慰函通常是以 SAS72 的格式，在初步招股说明书和最终招股说明书出版时递送出去，通常在发行结束后（即股票开始在交易所交易和派发给投资者的时候）会伴有后续安慰函。有时候也会在超额配售选择权实施时递送这些安慰函。重要的是，所有的这些安慰函都包括了“消极保证”条款，审计者对其进行如下声明：

- 发行方已竭尽所能对未进行审计的中期财务信息的任何修改保持与一般公认会计原则（GAAP）的要求一致，并遵守所有重要材料都与一般公认会计原则（GAAP）保持一致的要求。
- 发行方已竭尽所能将最后阶段出现的某些财务报表项目的重大变更包含在招股说明书中进行说明。

消极保证需要在最后一次财务审计或账目审查的 135 天内（或更长时间之内）作出，否则无效，这期间可能还要对未审计账户进行形式为“SAS 100”的期中审查。所以公布账目信息后的第 134 天是 SAS72 安慰函不需要审查就可以提交的最后一天。

对审计者来说，最近的趋势是仅在最终招股说明书出版时递送安慰函（正如法律顾问提交的法律意见书一样）。但是如果审计者在初步招股说明书发出时提交一封信或一个邮件以说明在一致同意下起草的安慰函在提交之前其最终形式不会作出重大的改变，那么发行方和投资银行会更满意。

2.8.3　执行商定程序函

发行者及承销商的法律顾问都会审查和评估各种安慰函。当承销商不能证明他们已经按照美国标准（如在 144A 规则下进行私募）完成了尽职调查，或者最近的审计/审查账户已过了 135 天的期限时，申报会计师可以提交更低标准的安慰函即“执行商定程序函”。

因为在招股说明书中公布的财务信息的可获性通常是推动首次公开发行时间表的动力，所以审计师应该尽早进行有关讨论，以便所有各方都能了解到所要求的最后期限并进行相应的工作安排。

2.9　法律意见书和披露函

首次公开发行需要大量的相关法律意见，这些法律意见经常是在发行结束时以先决条件的形式提交。法律意见书在处理首次公开发行事务中一般特别关注发行者企业合法性、执行首次公开发行的能力和提交交易文件的效力等方面。

2.9.1　依据司法管辖权的法律意见书

一般来说，为交易服务的法律公司通常会根据相应司法管辖权给出法律意见。例如，在中国香港上市并在 144A 规则下进行私募的中国大陆公司，不管是通过 H 股（注册地在中国大陆的公司股票）还是“红筹股”（重组并将其资产和负债转移到离岸实体，通常为某个在开曼群岛注册的公司），都需要如下法律意见：

- 就中国香港法律给予发行者意见；
- 就美国联邦和纽约州法律（通常和中国香港法一样）给予发行者意见；
- 就中国大陆地区法律给予发行者意见（通常只指派一个法律公司就中国大陆地区的法律在首次公开发行中提供建议）；
- 就中国香港法律给予承销者意见；
- 就美国联邦和纽约州法律（通常和中国香港法一样）给予承销者的意见；
- 另外可能还有针对其他法律，有来自于其他法律公司的建议，例如，加拿大法律公司就对加拿大的销售限制提供建议。

2.9.2　美国的法律意见书和披露函

在美国市场上进行私募营销，通常也需要寻求美国的法律意见。通常会依据联邦法而不是州法（也叫“蓝天法”）给出法律意见，这些包括：

- “无注册意见”，说明这种发行无需在美国的证券交易委员会处注册登记；
- 在 144A 规则下进行私募的情况下出具的 10 - b - 5 信函。

10 - b - 5 信函是美国律师的标准声明，内容为“在审查招股说明书、执行商业尽职调查和文件尽职调查后，没有发现招股说明书中有任何关于重大事实的不真实陈述，且为了作出真实陈述没有忽略必要的事实，且在给出该声明的情况下没有进行误导。”

总之，10 - b - 5 信函是美国律师的一种确认函，确认招股说明书中重要的信息没有遗漏。在美国，10 - b - 5 信函为以尽职调查来对抗诉讼建立了基础。银行对 10 - b - 5 信函的提交有着不同的内部政策，同时也很耗时耗力。在 S 条例下进行发行时，当发行只针对美国离岸机构时，就不要求这种函件，或者只要求法律顾问给予承销商 10 - b - 5函件。考虑到美国喜好诉讼的法律环境，在 144A 规则下进行私募时（或事实上在美国上市），通常需要法律顾问同时向发行者和承销商出具 10 - b - 5 信函。

有时，需要有一种叫“1940 年法案”的美国法律意见，以说明发行者不是投资公司，无需按照《1940 年投资公司法》在美国进行注册登记。投资公司和经营性公司是有区别的。投资公司可能合并或持有一些公司，而这些公司的主要业务是对其他实体进行投资。1940 年法案为公司设置了严格的限制，包括优先认股权的限制、独立董事的任命和适用于资本结构的限制。需要进行复杂的测试（尤其是一定的规则下，在非整合的基础上，公司拥有的投资证券是否超过公司总资产的40%）来确认公司是否是 1940 年法案下的投资公司。[①] 只有在美国进行首次公开发行的营销（例如根据 144A 规则进行私募股权或者是通过证券交易委员会注册进行发行）且公司可能被认定是投资公司时，才需要有关 1940 年法案的法律意见。然而，这是非常少见的。

发行者和投资银行也需要通过他们的法律顾问来说明其是否因与美国税收有关的目的而将非美国公司组建成一个被动外国投资公司（PFIC）。在美国，根据美国国税局（IRS）有关被动外国投资公司税则的规定，美国投资者对于从被动外国投资公司获得的收益或股息具有额外纳税义务。控股公司、持大量现金的公司或创业公司有时会被

---

① CLM Associates（2005）, *Corporate Treasurers' Seminar Slides on the Investment Company Act of 1940.*

归为被动外国投资公司，虽然后两类公司最不可能有资格在首次公开发行中上市。①

2.10 承销

承销（尤其是硬承销）是投资银行在推进股权资本市场交易时经常会出现的热议问题。重点不在于发行是否需要承销，因为所有的交易都会在某一阶段以承销的形式完成——实际上通常是管理机构或者证券交易所要求发行必须完全被承销——而在于在什么时点交易被承销。

2.10.1 什么是承销?

签署了承销协议就证明承销已经开始，此时一个或者多个投资银行会以固定的价格买入发行者发行的股票和/或献售股东手中的股票。承销委员会作出承销决定，将风险和资本委托给了银行。承销委员会由来自于银行和业务市场方的高级成员构成，这些成员都是风险专家和合规专家。

因为通常会涉及较大的金额，加上市场的波动性，所以投资银行通常会不惜成本地避免承销股票，但是短期承销除外。因为这个短期时间过去之后，拥有股票的风险就会转移给其他方，例如承担分销的银行（为获得费用）或机构投资者。除了极少数情况，首次公开发行早期的承销承诺，通常有许多的条件。实际上，它除了能够就最终价值的实现提供一定程度的担保外，没有什么其他的条件要求。

2.10.2 硬承销

在例如大宗股票交易这样的二级市场交易中，都存有股票交易历史，并且资深交易商通常对价格水平非常敏感，他们知道在什么价格水平可以出清发行的股份。因此，有时在开始时这类交易就以一种“全额包销”的形式被“硬承销”，以确保银行成功获得承销的资格。但这并不是首次公开发行所通常使用的承销形式。

2.10.3 软承销或结算承销

虽然股票发行者和献售股东比较喜欢无保留承诺，想在最终确定

---

① Testa, Hurwits & Thibeault (2002), “PIFC Means Taxes on Foreign Investments”, Alt Assets Knowledge Bank.

发行价之前就能够将股份发行，但实际上大多数 IPO 是在最终发行价确定后承销的。这表明从投资者那里收集到的投资者认购需求已经达到了（理想状态是超过）需求账簿所规定的股份数额。因此被有效承销的是机构投资者在结算过程中违约的风险，这实际上极少发生。因此有“软承销”或结算承销的说法。软承销有时也称为“最大努力承销”。

2.10.4 零售部分

与之相反，零售部分的承销通常先于对公众发行的部分。然而，因为首发零售部分通常很小，并且零售投资者一般都是付款在先以获得股份，而且在下一阶段如果支付价格与实际发行价格有任何出入或申请的份额与配额之间存在差距，他们都将获得赔偿。因此对于银行来说实际承销风险是非常小的。

机构投资（或私募）的部分或者整个 IPO 的全部股份在初始阶段全部硬承销并不是完全不可能。但是，由于发行者的股份明显没有以前交易的历史，因此在很多情况下，为了硬承销而进行的大额折扣和费用将使其变得相当没有吸引力。另外，任何硬承销 IPO 的银行都将试图尽快出售，也许会不考虑需求账簿中投资者的质量。最后，在 IPO 被硬承销的情况下，如果只有很少或很有限的投资者提出购买需求，那么能否继续推进发行是值得怀疑的，因为这可能满足不了证券市场对持股者数量及公众持股量的相关要求。

因此，一般在 IPO 初期所能提供的最终发行价格仅仅是基于当时市场条件下的理论评估值（通常包括可比公司的数据）。随着尽职调查的进展、研究分析师在他们的交易前研究报告中提供的评估指引、投资者在流通前的反馈整理以及在建立投资者购股意愿档案的过程中对投资者需求的收集，这一评估值将会渐趋完善。

有时，投资银行会把评估值完全搞错。在营销过程中可能评估过高，这只会使银行（及相当不满的发行者）意识到市场并没有准备好为这项业务买单。在此情况下，为了确保后市能有健康的市场表现，在建立投资者购股意愿档案时有必要降低价格区间，或者是建议减小发行规模。有时，当收集的投资者认购需求不足时，可以撤回或推迟 IPO。投资者的认购需求不足可能源自一系列原因，从投资项目不具吸引力到估价高得不合理或发行量太大等等。简单说来，就是因为市场条件的变化或某些事件的发生超出了发行者及牵头投资银行的控制。

在附录 1 中有一个关于 2010 年爱莎能源在伦敦证券交易所进行 IPO 的案例，其最高的价格低于在建立购股意愿档案过程中所指示的初始价格区间。

然而有时在发行的初始阶段，市场表现出很高的热情，为了满足被抑制的要求，通常会提高价格区间或通过之前披露过的增发权向投资者发行更多股票。然而，在作出这样的决定前，牵头银行应该进行详细的评估。在附录 1 中还包含了一个研究案例，即盛大游戏公司 2009 年在纳斯达克证券交易所的 IPO，那是一个在市场的早期阶段扩大发行规模的例子。

有一件事情可以确定，即在不考虑 IPO 的结果的情况下，一个公司的价值是多少只有市场说了算。

2.11 估值

显然，估值对所有发行者来说都很重要，因为这是最终拉动需求和提高发行价格的手段。评估一项业务有很多方式。评估将依据公司所在的行业领域、IPO 的规模（通常规模较小的发行使用较简便的方法进行评估）和发行时流行的市场惯例来进行。

有时会同时运用几种评估方法。这可能因为投资者处于独特的业务领域，对此需要分别运用不同的评估技术。也可能是先使用一种方法评估，然后用其他技术进行交叉检验来完善已经得出的初始价值范围或确认文前所作的假设。

例如，运营香港公共运输铁路系统的香港铁路有限公司，2000 年 IPO 中 14 亿美元的私募股份是由研究分析师通过一种名为分类加总估值法估值出来的，同时还辅助使用了很多其他方法。其铁路运营的价值是应用现金流折现估值法进行评估的。该公司拥有大量的不动产资产，包括坐落于城市火车站附近的办公室、商务区、住宅区等资产，对于这些不动产业务则是根据招股说明书中物业评估师公布的公开市场资产评估数据，单独利用资产净值法进行估值的。另外，还有许多用于评估外围资产的其他技术——例如，该公司拥有香港广大市民用于乘坐火车和公共汽车的智能卡的多数运营所有权，同时其外围资产也包括与电信运营商分享在地铁系统中所获得的营业收入。

可以对公司进行单独评估，也可以进行比较评估。进行比较评估时，通常是选择那些已经上市的公司作为标杆，因为市场已经对上市公司有了相对准确的价格判断。大多数情况下，当使用多个可比公司进行比较时，仅选择预期销售、预期现金流、预期收入或红利进行比较，而不是那些历史项目，市场通常向前看。

2.11.1 市盈率

最常用的估值技术是市盈率（P/E 或 PER），其定义为每股价格除以每股收益（EPS），也可表示为预期的市值除以预期收益。这一指标很容易计算且不需要进行深入分析，并为金融领域所广泛理解。通常，计算市盈率要使用下一个财务年度的指标（而不是使用过去12个月的滞后指标）。假定可随时获得公司或研究分析师作出的预测分析，那么也可使用下 2 个财务年度的指标计算出综合的市盈率。市盈率越高，公司价值就越高。然而，使用市盈率进行估值是有明显局限性的。例如，当比较不同司法管辖区的各公司的市盈率时，不会考虑税收上的差别，而税收差别却是很重要的影响因素。再比如，当公司之间在会计政策或资产、资本结构上存在巨大的差异时，会导致出现不同的净利息、折旧和摊销（包括善意的摊销），这同样会扭曲公司之间市盈率的比较。

2.11.2 销售及现金流乘数

根据业务的性质还可以使用其他指标进行估值，如股价现金流比率、企业价值/主营业务收入比率（EV/sales），这两个指标让投资者了解购买某公司业务需要的成本是多少；企业价值/息税折旧摊销前利润（EV/EBITDA）主要用于评估以现金为基础的业务；较少使用的企业价值/息税前利润（EV/EBIT）指标，可以在更广泛的基础上（可论证）对公司进行比较分析。

股价现金流比率是指每股价格除以每股现金流。EV 代表企业价值，等于企业的股权价值和净负债之和。在资产负债表中出现的净现金，应从股权价值中扣除。然后用企业价值除以主营业务营业额或除以企业未计利息、税项、折旧及摊销（有效的现金流）前的利润，有时也用企业价值除以企业未计利息、税项前利润来进行评估。例如，对于生产商品的周期性公司而言，可以企业价值/主营业务收入比率为基础进行评估，这一指标会忽略受影响最严重时期的盈利能力。移动通讯公司经常以企业价值/息税折旧摊销前利润为基础，估计其生成现金的能力，这一指标会忽视不同资本投资项目的区别以及早期业务缺少净盈利能力的问题。至于市盈率，其比率越高，公司的估值就越高。

2.11.3 成长乘数

在其他经常用到的乘数中，价格成长（PEG）乘数等于市盈率除以每股收益的增长，可用来考察收入的增长而不是仅简单考虑收入本身。

2.11.4 规范化乘数

当投资银行在 IPO 的初始阶段（或针对 IPO 的一部分），正在进行一项理论上的评估，或当市场正处于特别的低潮但预期不久将会有所改善时，用长时期内的乘数平均值作为“规范化乘数”，可为企业在更稳定的市场环境中能够获得的价值提供相应的指示。

2.11.5 市价与账面价格比率或市价与资产净值（NAV）比率

市价与账面价格比率是指股票价格除以公司的股权价值，或除以不含无形资产及债务的总资产，这也是经常使用的评估公司的一个比率。它通常用于金融领域评估，尤其是银行。它也经常用于物业资产及房地产业中的财产评估。在物业领域，由物业评估师在发行期间提供的独立评估报告，通常包含一个关于物业资产的净资产价值的良好指标，并且市价与账面价格比率或市价与资产净值（NAV）比率能进行同类公司之间的比较。

当市场不稳定时——例如最近的次贷危机——以公司的收入作为基础评估公司价值变得更困难，此时投资者更倾向于市价与账面价格比率，即便对于那些不从事金融或不动产领域的公司也是如此。

此外，与多数其他财务比率一样，市价与账面价格比率越高公司价值越大。

2.11.6 单个客户评估

对于处于特定领域的公司，有时会设计独特的评估方法。例如，“单个客户”评估方法，即把正规市场中的价格分配给每个单个客户或使用者，该方法经常用于评估网络或移动通讯公司，这是根据其业务的成熟度利用现金流折现估值法（DCF）对企业进行估值。此方法考虑到了市场深度、每个订购者的预算、业务评估的边界、现金流乘数及折扣率。

2.11.7　股息收益率和分配收益率

股息收益率或分配收益率是指每股或每单位收益除以每股或每单位股价，并用百分比表示，是一种流行的用于房地产投资信托基金（REITs）或从事房地产、物业及基础设施领域的公司价值评估方法。在无风险利率之上的分配收益率，通常是基于标准政府债券的收益，也会经常用到。

2.11.8　现金流折现估值法和内含价值法

现金流折现估值法（DCF）可用于对能预测现金流且有良好长期业绩的公司进行估值，其中包括矿业、运输或基础设施领域的公司。他们多数会从招股说明书中专家顾问的报告中受益。

现金流折现估值法计算出的公司价值会依其所使用的前提假设不同而存在较大的差异，因此可靠的财务预测是很重要的。这种方法是使企业的价值等于未来产生的自由现金流的折现值的总和，其中使用的折现率反映的是未来现金流的风险因素。考虑到企业的资本结构，这就需要将加权平均资本成本（WACC）考虑进折现率当中。例如，当考虑公司股权资本与负债资本之间的比例时，在这些资产与负债已经被定价时，还要考虑公司的未偿债务额以及公司的税率状况。

有种用来估算人寿保险公司价值的相关方法。人寿保险业务的"内含价值"的计算既包括公司的资产净值（使用目前的货币市场价格估算投资项目），也包括现在发生效力的人寿保单（即已经销售出去并有公司盖章的保单）衍生出来的未来现金流的现值。按此法计算的人寿保险公司的价值通常是内含价值的很多倍，因为这种方法不考虑未来几年将出售的保单。

2.11.9　股价及股份数

一旦确定了合适的估值方法，下一个重要步骤就是通过股票分割或反向股票分割（如果要求如此的话）来确定公司的总计股份数，从而与已在同一证券交易所上市的那些公司的股票价格保持一致。例如，同一交易所的上市公司的股价通常位于同一个区间，如 10 美元到 20 美元。对于据此确定的股价绝对面值，机构投资者往往不太在乎，但当在发行结构中包含零售发行时，这却很重要。因为这样做可以使散户对公司“价值”的认知与那些为人熟知的已经上市交易的股票保持一致。类似地，要避免股价设定太低（及开始时的价格区间）。此外，这样做也可以避免股票被认为是“低价股”，即股票的低面值是因为其价值很低、前景不好所导致的结果。

总之，用于评估公司价值的方法很多。研究分析师经常创造出新方法，而且都声称比其他方法更公平和精确。理论上，任何一种方法都没有必要比其他方法更好。而且事实上，在任何给定时间对给定业务的最好的评估方法肯定是为市场参与者最广泛接受和使用的方法。同时，有必要切记，不管所用的评估方法究竟是什么，投资者如果认定某项业务不值那么多钱，他们就一定不会买单。

2.12. 机构投资者

机构投资者有很多种，而且其中很多都瞄准 IPO。他们可能是广泛投资，也可能只专注于特定区域、国家、行业领域、公司类型（中小资本规模）或某些主题。他们可能管理主权基金、保险公司资产、其他机构的基金、养老金、慈善捐赠、高净值个人投资，或者是他们自己所有的投资组合。他们可能要遵守严格的准则和程序来作出投资决定，也可能拥有完全的投资决定权，能自如地应对市场发展变化，例如对冲基金。某些机构可能横跨各种金融资产和产品，而另一些机构则更专注于股票或现金股权。一些只作“长线投资”，而其他机构采用“长线/短线”结合战略。他们可能管理总收益基金，其目标是使“阿尔法值”（这是资本资产定价模型（CAPM）的一个组成部分，也是对投资有效回报的风险调节指标）最大化，他们也可能确定其他标杆指标，并努力实现。一些机构投资者看重成长而另一些看重产出收益。一些机构投资者喜欢参与 IPO，或介入上市前投资，甚至接受锁定以获得相当大的分配额，而另一些则倾向于在二级市场作投资。一些机构持有证券种类少但占有很高的份额，而另一些则喜欢分散投资。

每个首次公开发行的需求账簿都是不一样的。而需求账簿中股权资本市场团队所起的作用就是帮助发行者理清大量投资者的类型，确定哪些区域及哪些投资者更愿意参与首次公开发行。

在成熟市场中，诸如美国、英国和澳大利亚，许多养老基金或老年退休基金的目标都是为退休金计划融资。尽管它们大多倾向于固定收益，但它们也通常是股票发行需求的重要来源。

共同基金或集合投资计划以及封闭式信托公司，也是机构投资者资金的主要来源。对冲基金出现得较晚，最近十几年才开始盛行，就在很短时间内，他们已经成为 IPO 的主要参与者，并且能偶尔占到 50% 或更高的机构投资需求的份额。

2.12.1 主权财富基金

相比之下，主权财富基金（SWFs）已经存在了相当长的时间（1953 年始于科威特），但最近以来，特别是主权财富基金在 2007 年至 2009 年信用紧缩时对美国和欧洲投资银行进行投资以后，主权财富基金才开始成为热点话题。2007 年到 2009 年主权财富基金的投资活动包括：由科威特投资局（KIA）在花旗银行投资 30 亿美元、在美林证券公司投资 20 亿美元；由阿布扎比投资局（ADIA）在花旗投资 75 亿美元；由新加坡政府投资公司（GIC）在瑞士联合银行集团投资 97.5 亿美元等。

主权财富基金包括为调和收入波动的影响（如石油和天然气的收入）而设计的收入稳定基金（诸如科威特投资局运营的 2600 亿美元的储备基金）；控股基金（如控制 1200 亿美元的资产的新加坡淡马锡控股公司及马来西亚国家投资机构国库控股）管理政府对于国有或私营领域公司的控股或直接投资；储蓄基金，一般致力于为未来的养老金进行融资（如挪威的政府养老基金或法国的退休储备基金）。其他主权财富基金创立的目的可能是为管理过多的外汇储备：如控制了 2000 亿美元的中国投资有限责任公司（CIC）；韩国投资有限责任公司（KIC）；控制 8000 亿美元的阿布扎比投资局；控制 500 亿美元的卡塔尔投资局等。[①] 根据这些投资的目的不同，主权财富基金的投资风格也不同，其中一些是为人所熟知的在股权资本市场中十分重要的高质量投资者。关于欧洲、中东和亚洲的主权财富基金（或事实上的主权财富基金）的例子列于表 6 中。

除了地理位置，通常根据投资风格和质量对以股权资本市场交易为目的的机构投资者进行分类。

---

① JP Morgan（2008），*Sovereign Wealth Funds：A Bottom-Up Primer.*

表 6　　欧洲、中东和亚洲的主权财富基金

欧洲主权财富基金	中东主权财富基金	亚洲主权财富基金
信托投资局（法国） 退休储备基金（法国） 战略投资基金（法国） 政府养老基金（挪威）	阿布扎比投资局 ADIA（阿拉伯联合酋长国） 迪拜国际资本公司（阿拉伯联合酋长国） 阿联酋投资局 EIA（阿拉伯联合酋长国） 迪拜投资公司（阿拉伯联合酋长国） 伊斯提斯马世界（阿拉伯联合酋长国） 阿布扎比穆巴达拉发展公司（阿拉伯联合酋长国） 科威特投资局 KIA（科威特） 利比亚投资局（利比亚） 阿曼国家总储备基金（阿曼） 卡塔尔投资局 QIA（卡塔尔） 王国控股公司（沙特阿拉伯） 公共投资基金（沙特阿拉伯） 沙特阿拉伯金融管理局 SAMA（沙特阿拉伯）	文莱投资局 BIA（文莱） 中国投资有限责任公司 CIC（中国大陆） 香港外汇基金（中国香港） 韩国投资公司 KIC（韩国） 国库控股（马来西亚） 新加坡政府投资有限公司 GIC（新加坡） 淡马锡控股公司（新加坡） 国安基金（中国台湾）

2.12.2　收益型投资者和价值型投资者

首先看看投资风格，“收入”或“收入价值”投资者一般寻求分红率高的股票，因而获得巨大的红利收益。这是机构投资者中最保守的投资风格。同样，“收益”投资者侧重于能提供高收益的投资方式，如房地产投资信托基金、基础设施基金或公共事业股票。

相比之下，“深层价值”投资者则投资低价股票，通常例如那些市价与账面价格比率低于 1 的股票或市盈率是一位数的股票。他们使用诸多方法来定位这类投资。他们认为这些股票实际上被低估了，并且它们的价值将会随时间而增长。当这些股票超过市场平均红利股息收益率水平时投资者就将其卖出。

“核心价值”或“价值”投资者通常会投资于具有以下特征的企业：具有高的市值，市盈率、市价与账面价格比率或股价与现金流比率低于平均值，而股息收益率却高于平均值的公司。这类投资者通常对他们买的股票进行内部的基础分析。

总之，价值投资者倾向于将投资持有一段相当长的时间（也许 3 年到 5 年），并且他们的投资决定相对地不受重大背景事件的影响。相反，他们更专注于具体的公司事件及公司在产业周期中创造价值的能力。著名的价值投资者包括资本研究管理公司（Capital Research & Management）、景顺投资管理有限公司（INVESCO）、瑞士联合银行资产管理公司（USB Asset Management）及惠灵顿投资公司（Wellington）等。

2.12.3 指数型投资者

有很多机构投资者是“指数”投资者，例如先锋公司（Vanguard）、道富公司（State Street）、巴克莱银行全球投资公司（Barclays Global Investors）、黑石机构信托公司（BlackRock Institutional Trust）、TD 资产管理公司（TD Asset Management）及 TIAA – CREF 资产管理公司（TIAA – CREF Asset Management）等等。“指数”投资者试图复制用股票指数表示的股票业绩，相应地他们也会是构成指数的股票的重要且被动的购买者。近期，这类投资者随着交易所交易基金（ETFs）的发展获得了相当大的增长。

2.12.4 以合理价格增长型投资者与成长型投资者

像精准管理与研究公司（Fidelity Management & Research）、普信集团（T. Rowe price）、美盛公司（Legg Mason）这样的“以合理价格增长型投资者”（简称“GARP 投资者”），在选择股票时同时注重价值和成长性两方面。他们看重公司的持续成长，但会避开那些表现出过高价值或过高成长特性的股票。

“核心成长型”投资者投资具有潜在的良好收入增长性的股票，而“成长型”投资者则向表现出超过平均增长率的公司进行投资。成长型投资者经常运用一系列方法评估企业，例如对将影响公司成长的关键参数进行自下而上的逐个分析。这些因素包括宏观因素、行业因素和具体的企业因素。与价值投资相反，实际上，一些成长型投资者甚至认为发放红利可能妨碍公司的成长。成长型投资者的有贝利吉福德基金管理公司（Baillie Gifford）、新加坡星展资产管理公司（DBS Asset Management）、高盛资产管理公司（Goldman Sachs Asset Management）、摩根大通资产管理公司（JPMorgan Asset Management）、百能投资（Putnam）、美国 RCM 资产管理公司、宝源投资管理公司（Schroder Investment Management）及永威投资有限公司（TCW）等。

像崔赫斯资本管理公司（Driehaus capital management）和奥布韦斯资产管理公司（Oberweis Asset Management）等“激进型投资者”或“大势”投资者，则侧重于投资呈现快速增长的股票，快速增长的原因可能是因为公司生产具有革命性的产品或公司正处于“炙热的”或极快的发展阶段。

2.12.5 专题型基金、定量投资者及对冲基金

专题型基金侧重于特定投资主题（例如周期性的股票、商品或 IPO），并且有效地填补了多元化投资者和行业投资者之间的空白。专题型基金包括因注重新兴市场而为人所熟知的由马克·墨比尔斯（Mark Mobius）领导的邓普顿资产管理公司（Templeton Asset Management）和韩国的未来资产管理公司（Mirae Asset Management），以及特别关注包括农业、食品、清洁能源和金属与矿业等自然资源领域的黑河资产管理公司（Black River Asset Management），它是嘉吉公司（Cargill）的子公司。

相比之下，定量投资者则侧重于交易统计、股票发展趋势和几乎与公司业务无关的股票数量。根据定义，定量投资者（或“金融工程师”）不是 IPO 的主要买主，因为进行首次公开发行的公司在市场上还没有交易历史。

最后，世界上有很多著名的对冲基金（如布莱文·霍华德资产管理公司（Brevan Howard）、布里奇沃特投资公司（Bridgewater）、大本营投资集团（Citadel）、德劭基金（D. E. Shaw）、法拉龙基金（Farallon）、伦敦对冲基金公司 GLG Partners、对冲基金 Jabre Partners、英国曼氏金融集团（Man Group）、欧洲最大的对冲基金 Marshall Wace、对冲基金（Och－Ziff）、对冲基金 Polygon、萨斯奎汉对冲基金（Susquehanna）和美国对冲基金 TPG－Axon）。对冲基金的管理对象包括至少拥有相当于 100 万美元的高净值个人或者是拥有的资产超过 500 万美元（在其他类型投资者中）的投资人，而且对冲基金的锁定期高达几年时间。一些大型机构甚至其他对冲基金也常常是对冲基金的投资者。他们通常侧重于流动性投资并且采用多种投资策略，经常（但不总是）利用卖空或衍生品进行对冲交易。对冲基金是近些年来世界 IPO 的主要买主，常常以激进风格进行大量购买，并且会快速作出投资决定。一些对冲基金以特别“积极的”股东和直言不讳地批评不能创造价值的管理团队而闻名，如克里斯多夫·霍恩的英国儿童投资基金（Chris Hohn's TCI）和美国对冲基金 Steel Partners。对冲基金也称为“另类投资基金”。

2.12.6 逆向投资者

逆向投资者与已有的潮流逆向行事并相信大多数其他投资者的市

场估计是错误的，这种策略偶尔会给他们带来丰厚的价值。著名的逆向投资者包括安东尼·波顿（Anthony Bolton）以及他于 1979 年发起的富达特殊状态基金（Special Situations Funds）；大卫·卓曼（David Dreman）的卓曼价值管理公司（Dreman Value Management）；阿根廷物业市场上早期的投资者埃多尔多·埃尔斯坦；据称预测了 1987 年美国“股灾”及 20 世纪 90 年代日本泡沫破裂的马克·菲博；约翰·内夫（John Neff）的先锋温莎基金（Vanguard Windsor Funds）；在 2007 年和 2008 年对美国房屋次级贷款和美国财务公司下注，赚取了 200 亿美元的约翰·保尔森（John Paulson）；新加坡的“投资骑士”吉姆·罗杰斯（Jim Rogers）以及乔治·索罗斯（George Soros）和他 20 世纪 90 年代与英镑作赌的量子基金（Quantum Funds）。

2.12.7 基石投资者

在 IPO 中，会将需求账簿的最好配额分配给基石投资者，即在 IPO 之前就承诺进行投资的投资者。特别是对亚洲的 IPO 来讲，这是一个普遍的特点。基石投资者通常是声望很高的主权财富基金，如新加坡政府投资有限公司、新加坡淡马锡控股公司、中国投资有限责任公司、阿拉伯联合酋长国的阿布扎比投资局、科威特的科威特投资局及卡塔尔的卡塔尔投资局。基石投资者还可能是大型对冲基金，例如 Och - Ziff。基石投资者也包括地方企业巨头，例如香港的基石投资者有：香港首富李嘉诚，2010 年福布斯排行榜排名亚洲第三，他是长江（控股）有限公司（Cheung Kong（Holdings）Limited）及其子公司和记黄埔公司（Hutchison Whampoa）的控制股东；香港第二富豪李兆基博士，2010 年福布斯排名亚洲第四，是恒基兆业有限公司（Henderson Land Development）的大股东；经营华人置业有限公司（Chinese Estates Holdings Limited）的刘銮雄（Joseph Lau）；香港最大的地产公司之一的新鸿基地产发展有限公司（Sun Hung Kai Properties Limited）的所有者郭氏兄弟（Kwok brothers），名列亚洲富豪榜第五。

不论哪种情况，基石投资者的引进实际上都是对公司基本面和发展前景的肯定，能极大提升交易形象。通过向其他投资者清晰传递交易“背后”有基石投资者的这一信息，可以起到引导和推动市场的作用。基石投资者通常在建立投资者购股意愿档案开始之前就已经承诺以价格范围内的任何价格认购一个确定的额度，由此向市场发出交易价格将被设定在具有吸引力水平上的信号。当基石投资者收到事先约定的以美元计价的大额配额时，他们不享受任何折扣，并且他们持有的股份也将根据锁定期锁定（不总是这样），以便一旦IPO开始交易后能提供有序的后续市场。在香港，分配给基石投资者的事先约定的分配额，如果表示成配售部分（为机构投资者准备的IPO的一部分）的百分比，也会受到保护以防止股份从IPO配售部分再分配到零售部分中。

在开始策划IPO路演的4周到6周之前，会与潜在的基石投资者进行首次接触。如果他们同意成为“局内人”，通常要签署保密协议以获得初步招股说明书的初稿和复印件。他们通常可以与管理层会面并进行交谈，由此他们的潜在利益能够得以确定，他们的承诺（如果有）可以通过签署认购协议得到证实。重要的是，在IPO过程中不会给予基石投资者比提供给后续的其他投资者更多的额外信息，以保证公平。由于他们的高声望以及证券交易所的披露规定，基石投资者的名字、他们承诺的细节、关于他们业务的简短叙述、在董事会上陈述的关于此项目的任何期望内容以及对他们的股份进行锁定的细节，都会出现在招股说明书中，以便所有人都能看到。偶尔会有一些投资者在推荐IPO之前就会直接接触发行者或其顾问，以便在“反向路演”的路演早期阶段表达出这些投资者计划购买相当数量股票的意愿。

一般来说，一些基石投资者承诺向IPO投资时，他们的综合持股量可能会达到配售部分的20%或25%，但是有时在交易规模较小或交易环境困难时，这一比例会大一些。例如，2010年6月，超威动力控股公司（Chaowei Power Holdings，中国电池生产商）9000万美元的中国香港IPO中，马来西亚主权财富基金国库控股持有30%的份额。[①]在同一时间，中国农业银行的120亿美元H股IPO中，基石投资者份额几乎占发行额的50%，[②]这可能是中国香港IPO历史上基石投资者占比最大的案例，这无疑可以理解为是对当时苛刻的市场条件的一种反应和确保交易成功的一种保障。

然而，单一基石投资者持有的一个非常大的控股（或实际上由IPO之前的战略投资者持有）可能会触发强制性收购的门槛，因此应小心地在基础投资者可能带来的积极心理影响和负面影响之间找到平衡点。事实上，即使在基石投资者处于承诺的锁定期时，市场也

① 超威动力控股公司，2010年6月23日。
② IPO招股说明书，2010年6月30日。

常常会预测基石投资者可能抛售股票，越接近锁定期结束就越是如此。这会对股价产生一个“解禁”效应，并且阻碍股价在这部分股票售出前上涨，除非发行者能给出由基石投资者所作的明确的长期持股声明。

表 7 列出香港市场最大的两只 H 股 IPO 中为基石投资者的配额细节。① 另外，在向全世界招股的 A 股 IPO 中，也有分配给中国大陆基石投资者的部分，他们当中许多都是大规模 IPO 中著名的频繁投资者。

表 7　　香港两只最大的 H 股 IPO 中基石投资者的配额

IPO 日期	发行者	H 股 IPO 规模（10 亿美元）（1）	基石投资者	IPO 配额的大概价值（百万美元）
2010 年 7 月	中国农业银行	12	卡塔尔投资局	2800
			科威特投资局	800
			渣打银行	500
			荷兰合作银行	250
			澳七集团（2）	250
			淡马锡控股公司	200
			华润集团	200
			中国旅行社（3）	150
			美国 ADM 公司（4）	100
			长江实业（控股）	100
			大华银行（5）	100
2006 年 10 月	中国工商银行	16	科威特投资局	720
			中国人寿保险	565
			新加坡政府投资公司	360
			中国人寿保险（中国香港）	255
			拿督郑裕彤博士（6）	205
			李兆基博士	205
			卡塔尔投资局	205
			新鸿基地产	205
			大华银行	205

① 与发行者相关的招股说明书信息。

续表

IPO 日期	发行者	H 股 IPO 规模（10 亿美元）（1）	基石投资者	IPO 配额的大概价值（百万美元）
			吴光正先生（7）	205
			郭鹤年先生（8）	205
			陈廷骅先生（9）	185
			长江（控股）	100
			和记黄埔	100
			中信泰富	100
			荣智健先生（10）	100
			陈慧慧女士（11）	20

（1）在超额配售选择实行后。

（2）由澳大利亚巨头克特·斯托克斯控制的重要的多元化经营和投资集团。

（3）中华人民共和国的旅游、旅行代理机构。

（4）美国重要的农业加工和生产公司。

（5）新加坡第二大银行。

（6）周大福公司的所有人，并控制新世界集团。

（7）会德丰有限公司（Wheelock and Company）及九龙仓集团（Wharf）（控股）有限公司的主席。

（8）与陈慧慧女士等是南丰集团的控股股东。

（9）南丰纺织联合有限公司（Nan Fung Textile Consolidated）及南丰发展有限公司的主席。

（10）中信泰富集团主席。

（11）与郭鹤年先生等是南丰集团控股股东。

再举一个最近的案例来说明问题。2010 年 10 月，在友邦保险（AIA）的首次公开发行中，基石投资者份额为 19.2 亿美元（锁定期 6 个月），其中基石投资者的情况如下：科威特投资局投资 10 亿美元；而吴光正（Peter Woo Kwong - ching）的九龙仓集团（Wharf Holdings）承诺购买 2 亿美元股份；郑裕彤（Cheng Yu - tung）透过新世界及周大福各投资了 5000 万美元；来自马来西亚的国浩集团（Guoco Group）据报道承诺了 4.2 亿美元，以及养老基金 Kumpulan Wang Persaraan（Diperbadankan）据说投资了 2 亿美元。①

2.12.8 根据质量对机构投资者进行评级

级别最高的机构投资者和对冲基金有很高的配额，它们一般被归

① 彭博资讯，2010 年 10 月 5 日。

到基石投资者中，他们在建立投资者购股意愿档案过程中在需求账簿中下达订单。但这些所谓一级投资者的锚定投资者与基石投资者不同，他们的名字不会出现在招股说明书中，他们也不用遵守锁定期的规定。他们经常（但不总是）进行长线投资并且数额巨大，在具有一定规模的 IPO 中，订单通常是在 3000 万美元到 6000 万美元之间，有些甚至更多。他们通常在路演中与管理层进行一对一会谈。他们除与研究分析师直接对话之外，也因进行有效的内部研究和基础分析而被人们所熟知。他们是二级市场上最为活跃的机构之一，也是向投资银行支付最高佣金的投资者，并享受着由股票销售团队提供的高级服务。

二级投资者包括较小的资产管理公司、保险公司和对冲基金。他们一般管理较小规模资产，进行较短期的投资并给人们以较活跃的印象。他们不一定必须与管理层进行一对一会谈，但可能与其他投资者一起参与小型会议或集体展示。由于他们投资较活跃的特点，他们得到的分配比例会较少。这类投资者的投资通常具有“常态”形象，可能不具备像大型投资机构那样详尽的买方内部研究能力。他们接受专家型销售人员的服务，大多数情况下他们的订购不会超过 1000 万美元。

三级投资者（或更低级）包括更小的资产管理者、经纪人、私有银行和投资银行的交易或物业账户。他们的投资期限相对较短并且更注重大势驱动而不是看重成长或价值，因此他们的配额比例通常也很低，尽管他们的介入有时能对后续市场的流动性产生有用的作用。在超额认购交易中，这些投资者中的大部分将不会得到任何配额。他们的认购规模一般是几百万美元，并且他们的认购在建立投资者购股意愿档案过程中经常发生变化，尤其是出现关于超额认购的正面消息时更是如此，其中表现最突出的就是私有银行和高净值个人。

实际上，当按照需求账簿进行配额的时候，账簿管理人也可能选择对投资者进行 4 到 5 级的分类而不是 3 级分类，尽管超过 3 级没有什么实际意义。

2. 12. 9 自下而上的需求评估和自上而下的需求评估

在 IPO 中，有很多种是指对机构投资者的需求进行预测或是评估的方法，最常用的方法就是“自下而上”或“自上而下”的需求评估方法。自下而上的分析是指编制一个在发行中最可能进行投资的机构投资者的名单，然后在收集到的可比的发行前需求的基础之上，对每一个投资者的以金额计的需求水平进行评估。最后，将每一个投资者的需求进行累加以提供整体的需求评估。

相反，自上而下的方法更侧重于理论方面，通常要使用市场指数来进行评估。如果发行公司和发行规模都足够大，那么该发行者将会被包含在最常见的股票指数当中（例如，附录 1 中的印度爱莎能源在伦敦证券交易所进行首次公开发行的案例）。通过评估公司在一国指数中的权重，再考虑国家在全球投资组合中的权重（例如采用全球机构投资者最广泛接受的摩根士丹利国家资本指数 MSCI），我们就可以对股票的非被动的以指数为基础的需求量进行评估。只要适用，我们也可以将自下而上和自上而下两种需求评估的方法综合起来以评估投资者的需求。很显然，这主要是发行时的市场条件决定的。

2.13 散户投资者

散户投资者即普通公众不仅活跃在新股票发行的市场中，同时在股票交易的二级市场上也占有很大的比重。中国香港、韩国、中国台湾、日本和澳大利亚等国家和地区的散户投资者在证券市场上更是表现活跃。

2.13.1 固定价格发行和预付款

在首次公开发行中，假定募股人数一定，除了极个别的情况以外，一般而言很难记录散户投资者购买股票的需求，因为订单总是包含了价格区间内的很多不同价格。一个比较少见的例子是印度，有一个专门为公开发行而设置的拍卖系统；还有法国，有一个类似建立投资者购股意愿档案的不限价格发行系统（OPO），可以让散户投资者购买股票时给出不同价格。正是由于这一原因，公开发行通常都是在固定价格的基础上进行的。

在首次公开发行中，销售机构确定了股票发行的价格区间，通常来说散户投资者会不计利息地提前支付最高价格，如果几天或者几周后确定的发行价低于最高价格，预付款会被偿还。他们申请的股票份额和实际配售到的（如果可能的话）股票份额之差也会被偿还。预付款可以阻止因为想要获得更多的配售股票而引致的需求膨胀，还有一些其他的技术手段可以防止同一批散户投资者通过多种方式申请购买股票的投机行为。

在首次公开发行的市场上，有着众多的散户投资者，很多投资者为了获得大额配售而从银行借款来下大订单，即用保证金借款来购买股票。由于进行申购的时候通常收款银行不会支付利息，这就要求投资者在后继市场上快速获得资本收益。这样才能使借款申购行为有吸引力，因此，这一行为也是一种风险策略。

在大多数情况下，散户投资者的规模会影响股票发行确定的价格区间，同时也会对股权登记处通过抽签确定的最终股票分配产生影响。具体细节可参考附录 1 中新加坡首次公开发行的凯德商业产业（the CapitaMalls IPO）的案例。

如前所述，在大规模发行或私有化中，散户投资者有时可以获得激励收益来增强参与的积极性，例如分红股。首次公开发行中很少有类似的激励机制。

2.13.2　申购方式

在首次公开发行中，散户投资者有很多申购股份的方式。最传统的一种申购方式是投资者填写申请表，并把申购金存入收款银行。这种方式依然存在：例如在中国香港，申购人在银行外排长队表明对股票的正常需求，同时意味着首次公开发行将会很“火”，开盘后股价会迅速飙升。在韩国，国内投资者的申请表会被装在一个非常正式的信封中，并在定价结束后被拆开。这是一个非常不灵活而且有很大不确定性的过程，因此，韩国的零售经纪人经常要求承销公开发行，以避免在首次公开发行的最后一分钟出现意外。自 21 世纪初以来，在政策允许的条件下，大多数扮演着收款银行角色的银行会提供互联网平台以供公众参与新股发行。在这种情况下，银行一般会公布免责声明，同时要求申购者阅读招股说明书，了解在资本市场上投资是有风险的。

然而，最有新意的系统存在于新加坡。在新加坡，首次公开发行中的零售发行对象或者公开发行的其他股权资本市场交易对象，可以通过自动提款机（ATMs）来申购股票。这一申购方式已经成为新加坡公众参与发行的最流行的方式。大多数情况下，零售份额在一小时之内就可以覆盖整个国家。使用自动提款机的申购者甚至可以通过自动提款机将存在中央公积金（CPF）中的一部分养老金用来参与新股发行。这种先进技术之所以能够在新加坡得到普及，一方面可能是因为新加坡国土面积小，另一方面，新加坡的公开发行与其他国家和地区不同也是这种先进技术普及的原因。一般来说，新加坡的公开发行规模较小（占首次公开发行的5%—10%），而机构投资者是公开发行中流动性的主导者。

2.14 确定发行结构

一般来说，影响首次公开发行的发行结构的因素包括上市国家的惯例和交易规模。

2.14.1 机构投资者部分和散户投资者部分

一般来说，首次公开发行的发行结构包括向机构投资者发行的部分和向上市地区公众发行的部分。前者即国内或国际上通常所说的“私募部分”。

比较容易引起混淆的是，这些份额和实际承销的份额是不一样的，我们将承销的份额定义为需要法律意见书或者安慰函的份额。正如我们前面所述，出于承销或者“安慰”的目的，私募部分的习惯做法通常是分成美国的发行（例如，美国《1933 年 证券法》144A 规则中规定的发行结构）和非美国的发行（包括美国《1933 年证券法》的 S 条例规定的海外美国投资者）两部分。这一习惯做法也适用于非美国公司和不在美国进行的国际发行。此外，仅仅出于方便的目的，有时将面向国际投资者的发行和面向散户投资者的国内发行这两部分视为一种发行，例如 SAS 72 格式的安慰函的递送。

国内发行很容易理解，很显然国内发行不包括在发行国家以外的市场股份。在国内和国际同时发行股票（或其他金融工具），会大大拓宽投资者范围。与此同时，也会增加信息披露的地域范围，并且要求其必须能到达所有可能涉及的全球投资界。

在过去，国际发行的机构发行部分通常会根据区域分为不同的分部发行：例如，当地机构投资者部分、英国投资者部分、欧洲大陆投资者部分、美国投资者部分和世界其他地区投资者部分（参见本书 1.8.2 区域银团发行的例子）。现在，除了双重上市以外，大多数机构发行都根据他们所有的执照所赋予的权限自由访问全球投资者，以形成一个由银团成员组成的单一的全球性的配售对象。相关案例可以参考附录 1 所展示的六个关于全球银团发行的介绍。

2.14.2 股票份额的分配、再分配和增发选择权

分配股份通常是在账簿管理人的指导下进行的。然而如前所述，在某些国家，机构和散户（或公众）发行中会因为回拨机制的激发而自动重新分配股份数量。在规模较大的交易中，放弃条款的存在可以使以美元计数的公开发行数额不会太大，以避免因散户投资者持有股票的短期性而造成过于频繁和剧烈的股价波动的负面影响。

在银团内部协议中，不仅包括回拨机制，还包括超额分配机制：当股东数量满足证券交易所的上市要求时，股票需求正常的情况下，如果公众投资者认购不足，则可以将股份重新分配给机构投资者。回拨机制和超额分配机制仅适用于公司股份，不适用于有超额分配选择权的股份。这是因为超额配售选择权的使用是为在交易初期稳定股价，且只适用于机构发行或者私募。超额配售选择权是在股票数量已在全球发行的投资者中再分配之后执行的。当进行投资时，机构投资者会从长远角度考虑，而普通公众通常（尽管不总是）更热衷于赚快钱。在很多国家，散户投资者都喜欢在交易之初股价大涨时卖出股份以保证收益。尽管以往的交易向市场提供了机构投资者和散户投资者的股票数量的分配基准，但是在有些国家，机构投资者和散户投资者的股票数量还是由银行来决定的。

在首次公开发行中也可能包括增发选择权，即发行者可以根据投资者的需求选择按照一个固定的、事前披露的比例来扩大发行规模。例如，2010 年 10 月友邦保险在中国香港首次公开发行的案例中增发了 20% 的股份，达到了 178 亿美元（在使用增发选择权之前）。这成为当时中国香港规模最大的首次公开发行，同时也是上市保险公司中最大的首次公开发行。在这个特殊的案例中，增发选择权仅在机构投资者中使用，公开发行部分占 10%，这一比例是超额认购的大概十倍，但是并没有引发回拨机制的发生。在交易的第一天，超额配售选择权的使用使得友邦保险的首次公开发行增加到 204 亿美元，成为世界上第三大首次公开发行。

2.14.3 进军美国市场

如前所述，公司的规模和首次公开发行通常会影响到一个重要的决定，即如何接近美国市场和美国投资者。因为向美国投资者出售股

份会由于信息披露或安慰函等产生额外的成本，尤其是需要通过第三方顾问进行披露时更是如此，特别是律师事务所和会计师事务所。此外，如果不仅仅是出售股份，而是选择在美国上市，那么，除了规模巨大的发行外，通常需要支付比其他地区更高的首次公开发行费用。比起在其他市场中2%—3.5%的发行费用，有些发行案例在美国总的发行费用会高达6.5%—7%。附录1中给出了不同地区的首次公开发行中，发行者支付给承销商的总费用情况。

对于规模较小的国际公开发行而言，即规模在7500万美元以下的发行，那么适用美国《1933年证券法》的S条例。根据此条例，这样的发行除了发行国家的散户投资者和机构投资者以及国际机构投资者之外，仅会面向美国离岸机构投资者。这是因为，很多案例表明，这种规模的首次公开发行中源于美国投资者而增加的股份需求不能弥补额外的费用、增加的披露工作和潜在的流动性风险。同时，这也意味着研究分析师将不会在投资者教育中巡回访问美国——在任何情况下，都不会在美国公布研究报告。同时，也不会在美国的城市进行路演。

早在20世纪90年代，如果要突破10亿美元或15亿美元大关，那就一定要在美国证券交易委员会注册且在美国上市。1996年瑞典卡车制造商斯堪尼亚公司（Swedish truck manufacture Scania）首次公开发行募集了30亿美元就是一个例子。该公司在瑞银华宝（SBC Warburg）、摩根士丹利和北欧斯安证券（Enskilda Securities）的引导下，分别在斯德哥尔摩和纽约证券交易所上市。在欧洲的众多私有化也存在同样的情形，如法国、意大利、西班牙和其他国家。尽管在2010年，德国的德国电信公司（Deutsche Telekom）在纽约证券交易所和东京证券交易所退市，但是在1996年该公司在法兰克福、纽约证券交易所和东京证券交易所（TSE）上市首次公开发行时募集了高达132亿美元的资金。然而，在很多欧洲国家（尤其是在英国）的私有化中，大量的当地零售发行的到位宣传和众多的散户激励策略也能吸收大量的股票。事实上，在20世纪80年代末到90年代初期，零售发行部分在众多的英国早期的私有化中有着重要的地位，达到了数十亿英镑。其中包括1988年英国钢铁公司（British Steel）25亿英镑的首次公开发行，英国水利部门52亿英镑的首次公开发行以及英国电信的两次发行（1991 年的 BTⅡ和 1993 年的 BT3）[①]，其中第二次发行额达到了 54 亿英镑。

在美国上市意味着上市公司要严格遵守美国证券交易委员会、纽约证券交易所和美国其他交易所的规定，进行严格的初始和持续信息披露，满足报告的要求等，这是一个耗费财力的艰巨过程。因此，1991 年美国修正了《1933 年证券法》144A 规则，允许外国发行者向合格的机构投资者进行私募而无需在美国证券交易委员会注册。这是由于美国机构投资者已经相当成熟，他们活跃在全球市场当中，能够充分获得发行人所在市场的信息披露和报告，只是新股发行的招股说明书中有关美国投资者利益的额外信息涉及的不多而已。

现在，众多的数十亿美元的发行（包括近年来中国银行业的大型首次公开发行）都是根据 144A 规则中私募规定部分进行的，而且对在美国上市的国外发行者不再有限制，尤其是规模巨大的首次公开发行更是如此。当美国投资者还只能购买在美国证券交易委员会登记的证券时，144A 规则就向大量合格机构投资者提供购买证券的机会，其中机构投资者必须拥有至少 1 亿美元，银行和储贷业要有至少 2500 万美元经审计的净资产，注册经纪人或交易商必须以全权委托形式拥有 1000 万美元资产。这一规定已经涵盖了理论上会对国际股票发行感兴趣的为数众多的投资者（几千个）。在这种情况下，信息披露将是较为苛刻的。例如，尽管在欧盟的运营与财务评述（OFR）中披露的信息和管理讨论与分析方面内容相近，但是在招股说明书中还是必须包括管理讨论与分析和法律师事务所出具的 10 - b - 5 信件；研究分析师需要进行美国投资者教育；必须至少要在纽约和波士顿举行路演，也可能再到美国的其他一两个城市进行路演。

在美国，还有比 144A 规则有更大注册豁免范围的法规，即在"《1933 年证券法》的 D 条例下的发行"。这一条例规定了受信投资者，较合格机构投资者的范围要广泛得多，而该条例要求投资者比较老练。该豁免一般只适用于后继交易和大宗股票交易。图 4 给出了在股权资本市场上不同层级的美国投资者的范围。

---

① Freud D（2006），*Freud in the City*，Bene Factum Publishing.

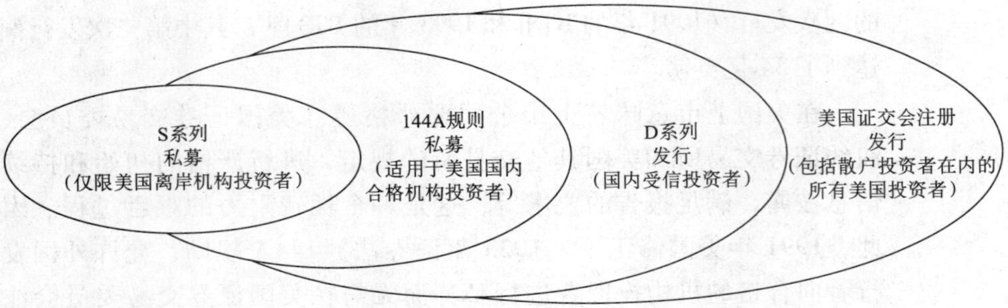

图4　接触美国投资者

2.14.4　走近欧洲投资者和重点市场

任何大中型的国际首次公开发行都希望获得英国或者苏格兰投资者的青睐，因为这些国家有很多养老基金。所有的亚洲新股发行都喜欢中国香港和新加坡的投资者。然而，欧洲大陆机构投资者的需求主要受发行者的背景和投资故事的影响。

例如，法国机构投资者的主要资金目前实际上是由英国来管理。瑞士和德国投资者进行投资时主要受发行者所从事的行业影响。瑞士投资者最感兴趣的是有关健康医疗行业的国际首次公开发行，因为瑞士国内的制药行业非常强大，制药业在国内有着很大的影响力。

澳大利亚有大量的比较规范的包含散户投资者和高净值投资者的首次公开发行活动。直到最近，在作为当地国际股权投资领导者的白金资产管理公司（Platinum Asset Management）的引导下，一直关注于国内股票发行的澳大利亚的投资者开始将目光转向海外投资活动。澳大利亚的投资者同时也购买自然资源、基础设施建设和物业等行业发行的股票。

2.14.5　销售给日本投资者

日本的首次公开发行是最典型的专门面向个人投资者和高净值投资者的发行。相对于小规模发行而言，日本投资者更倾向于大型知名公司发行的新股票。如果不在日本上市，那么按照法律规定面向机构投资者的私募可以利用最高不超过49个机构投资者。对于大型国际首次公开发行来说，还可以通过名为非上市公开发行（POWL）机制来进行募股。在日本进行上市需要向日本财务省的分支机构关东财务局（KLFB）提交股票上市申请书，而在非上市公开发行的机制下，发行人无需此申请即可向日本公众出售证券。然而，非上市公开发行需要额外的尽职调查和日语章程的起草工作，还需要日语的持续性信息披露，信息披露中要包括日本会计师出具的公司财务方面的信息。同时，在非上市公开发行机制下，针对首次公开发行的其他内容，还需要处理一些行政事务，包括提供全球发行结构等资料，这会使首次公开发行向后拖延几周进行。此外，关于非上市公开发行还有一个正式要求，即一旦全球募股的发行价确定了以后，就要按照固定价格方式进行股票发行。因此，强劲的募股势头是由早期阶段的预期需求（非实际需求）导致的，还是因为非上市公开发行机制“助推”全球购股需求，这就值得商榷了。尽管如此，准确来说，日本的实际需求还是比较大的。2010 年 7 月，中国农业银行 H 股的首次公开发行募集了 120 亿美元。由野村证券和大和证券负责中国农业银行在日本进行非上市公开发行，报告称由国际对冲基金、长线投资者、公司投资者和个人财富投资者组成的较低投资份额来说，此举吸引机构投资者购买中国农业银行股票的需求高出了 40%。最后，按照顺序进行分配之后，日本投资者只获得了总分配中相当低的一位数百分比的股份。[①]类似的情形也出现在 2010 年 10 月友邦保险公司在中国香港进行首次公开发行中。友邦保险公司募集到了 204 亿美元（包括超额分配选择权），据报道在日本的非上市公开发行中股票投资需求为 55 亿美元，而日本投资者只获得了 3 亿 - 4 亿美元的股份[②]。

2.14.6　美国存托凭证和全球存托凭证

对于在美国上市的外国发行者或国际发行者，尤其是来自于新兴市场国家的发行者而言，除了以发行股票的方式募集资金以外，还可以选择存托凭证。存托凭证（通常）是在美国证券市场上以美元计价进行交易的一种可转让证明。

发行人可以使用的存托凭证有两种，其中最典型的是美国存托凭证。根据进入美国资本市场的程度不同，例如是否是美国的上市公司、是否近期在其他证券交易所上市等，美国存托凭证可以分为几个不同的级别。另一种是全球存托凭证（GDRs），一般在伦敦、卢森堡和新加坡上市交易。

当同时发行存托凭证和普通股票，而且当所用货币在股票结算时

---

① 作者和一些账簿管理人银行的谈话。

② FinanceAsia. com，2010 年 10 月 25 日。

不受限制时，投资者通常都会选择购买股票而不是存托凭证。极端的情形就是如果参与发行的所有机构投资者在交易结束后全都选择持有股票而不是存托凭证，那么存托凭证将不会再存在于发行当中。然而，在有些国家或地区当中，存托凭证是国际投资者唯一可以用来投资的金融工具。尽管现在国际机构投资者可以以外商投资者的身份在印度等国家进行投资，但是存托凭证历来是国际机构投资者进入印度、中国台湾和韩国主要股票市场的唯一途径。投资者还有很多机会将存托凭证转换为普通股票。事实上，存托凭证在流通一段时间之后，通常就会回流，被换成普通股票，尤其当对于股票流动性很强的中盘股更是如此。

能在国际上主要的证券交易所上市的公司很少会发行存托凭证，在美国上市的国际公司是一个明显的例外。这些公司在初次发行普通股票时，有时会包括美国存托凭证，而全球存托凭证通常都是独立发行的。

发行在外的存款凭证既可能上市交易，也可能进行柜台交易；考虑汇率波动的因素，存托凭证的价值可以通过普通股票价值的溢价或折价来表示。存托凭证以溢价进行交易表明投资者出于各种理由想要持有这种金融工具，而最普遍的理由就是因为存托凭证比普通股票更容易进行交易。相反，存托凭证以折价进行交易表明投资者更愿意持有普通股票而对存托凭证不太感兴趣。有关存托凭证的更多内容将在下一节详细叙述。

在美国《1933 年证券法》144A 规则下进行私募，可以包括众多层级的投资者，这些投资者组成了不同的发行结构，如图 5 所示。基石投资者会出现在美国《1933 年证券法》S 条例或 144A 规则的发行中，也可能出现在高净值投资者中。在这个例子中，存托凭证部分（如果有）是在 144A 规则下进行私募发行的美国存托凭证。

2.15 存托凭证和存托股

存托凭证是一种代表基础股份所有权和收益的证券。存托凭证代表一个公司一定数量的股份。例如一份存托凭证代表两份股票。这些股票可以通过在证券交易所发行时买到或在二级市场上交易得到，由存托银行所在地的保管人持有。存托银行将会发行代表这些股票的存托凭证。之后，存托凭证的持有人可以要求存托银行将存托凭证兑换

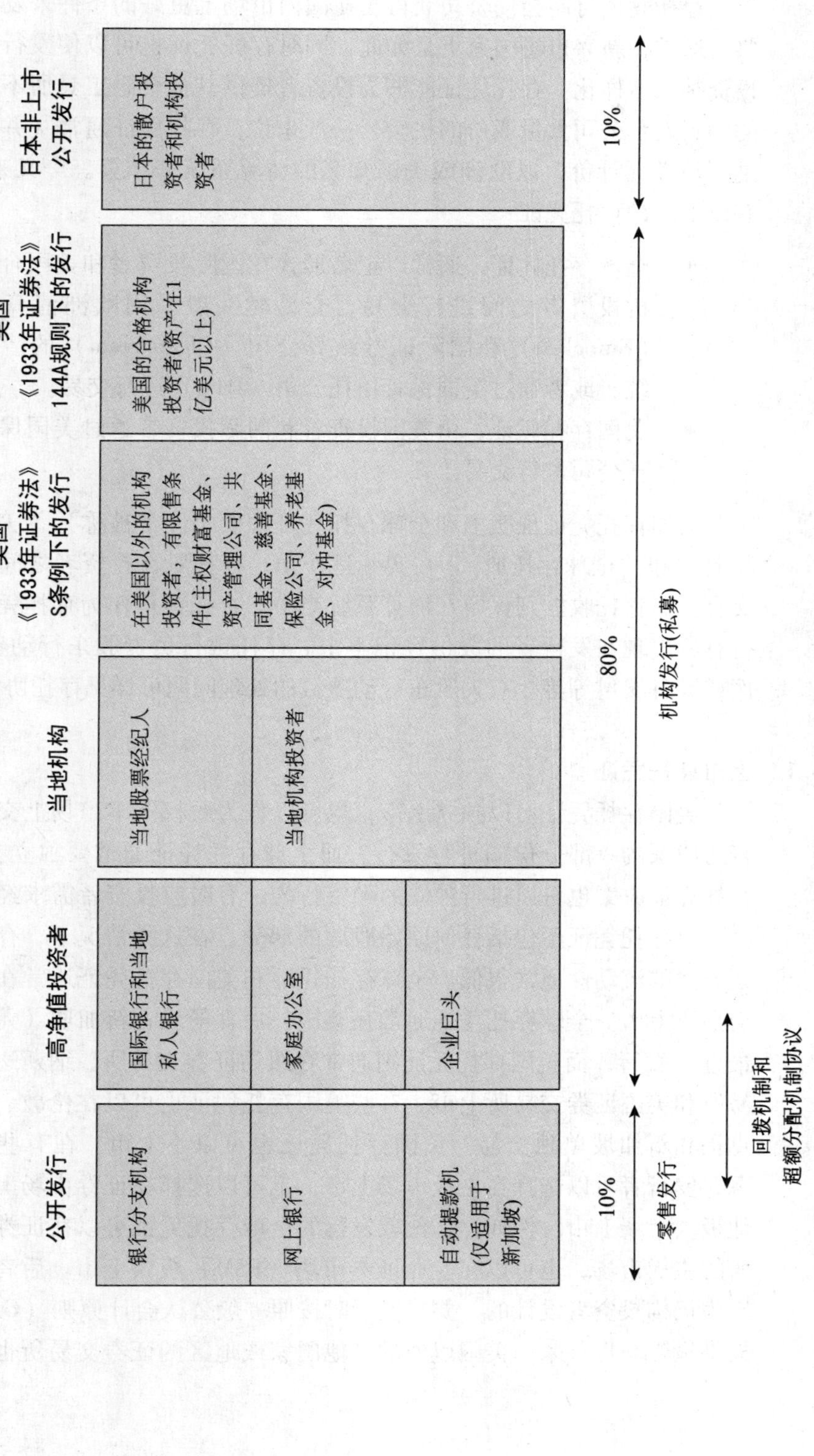

图 5 发行结构的组成部分

为其所代表的股票。

存托凭证可能会使公司获得比在国内市场上更好的条件来发行股票，通常在新兴市场国家更是如此。同时存托凭证也可以使发行者的投资结构多样化。存托凭证能够为投资者提供其他金融工具所不具备的购买发行公司大量股份的机会。一般来说，存托凭证通常（并非总是）以美元计价，以欧洲或美国知名的清算系统来结算。广义来讲，有以下两种存托凭证：

- 全球存托凭证，通常以记名形式在国际投资者和美国合格机构投资者之间进行交易，交易时一般采用欧洲清算中心（Euroclear）和国际证券结算公司（Clearstream）的清算系统，或者通过美国保管信托公司（DTC）进行交易。
- 美国存托凭证，由美国投资者和国际投资者通过美国保管信托公司进行交易。

美国存托凭证证明书和全球存托凭证证明书经常被称为“美国存托股”和“全球存托股”。在实际运作中，存托股在投资者之间进行交易，而存托收据则保留在清算系统当中。存托银行作为存托凭证的持有者出现在发行者的股份登记本中。存托银行负责股东行动项目，例如股息支付等等。有关股东行动项目的处理问题可详见存托协议。

2.15.1 上市存托凭证

美国存托凭证可以独立上市，也可以作为股权资本市场上交易的普通股票的一部分份额进行发行。而全球存托凭证通常要独立上市。存托凭证方案也可以进行独立的融资行为，有时应投资者需求经纪人会要求存托凭证不包括任何原始股票的部分。在这种情况下，存托凭证方案的流动性通常很低。全球存托凭证和美国存托凭证通常在证券交易所上市。全球存托凭证通常在英国、卢森堡或者新加坡（尤其在最近）发行，而美国存托凭证则通常在纽约证券交易所、纳斯达克交易所和美国证券交易所上市。有些美国存托凭证也可以在伦敦、法兰克福和新加坡单独交易。美国存托凭证也可以不上市。在有些情况下，发行者可以选择在主板市场上市，也可以选择在证券市场上的其他板块市场上市。例如，在伦敦发行的全球存托凭证可以在证券交易所的主板市场，也可以在专业证券市场（PSM）板块上市。后者是特别为机构投资者设计的，要求发行时按照一般公认会计原则（GAAP）提供报告。近年来，美国以外的其他国家或地区的证券交易所也引进了存托凭证方案，有时以当地货币计价发行，例如中国香港（香港存托凭证 HDR）、新加坡（新加坡存托凭证 SDR）、印度存托凭证（例如 2010 年 5 月渣打银行发行的印度存托凭证 IDR）[①]、中国台湾（例如，2010 年中国大陆公司扬子江船业发行的台湾存托凭证 TDR）[②] 和日本（日本存托凭证 JDR）等。有关这些国家的存托凭证的详细信息可参见词汇表。

2.15.2　全球存托凭证（GDR）

执行全球存托凭证方案，比起一般的首次公开发行还需要指定的存托机构和托管银行参与进来。存托机构与公司指定的首席投资银行及律师事务所进行协调，以便按步骤实施全球存托凭证方案。保管人也需负责准备和发行全球存托凭证证书。托管银行对原始股票进行托管，按照存托机构的指令分发股息。因此，发行人有必要准备和签订一份存托协议，协议包括发行存托凭证中涉及的基本法律文书，也包括一份与招股说明书一致的说明。需要特别指出的是，托管协议是在存托机构和托管银行之间直接签署的。全球存托凭证发行中包括的其他的文件与首次公开发行中涉及的文件基本一致。存托银行一般不向发行人收取费用（如果有费用产生的话），而是向投资者收取存托凭证的发行费用与赎回费用、利息支付的费用和代表发行人所承担的任何其他工作的费用。存托银行通常会资助（有时是全部资助）法律费用和其他为了获得发行人的业务而准备的相关文件资料的成本（见 2.1.8 节）。存托银行（而不是存托凭证的最后持有人）是存托凭证上市时注册登记的持有人。一般来说，可以有很多种方法通过存托银行来证明存托凭证所代表的真正持有人。

2.15.3　美国存托凭证（ADR）

美国存托凭证和全球存托凭证基本上是一样的，不一样的是美国存托凭证通常只是在美国市场上发行交易。和全球存托凭证一样，美国存托凭证也是以美元计价代表原始股票所有权和收益的金融工具。因此，美国存托凭证可以使美国（以及欧洲和亚洲）的投资者获得和交易非美国证券，从而避免某些市场尤其是新兴市场中的交易带来的

---

① 渣打银行公布的信息，2010 年 5 月 13 日。
② 台湾证券交易所公布的信息，2010 年 9 月 8 日。

结算方面的难题。同时，美国存托凭证可以提高非美国企业在美国的知名度，为这些企业提供了另外一种进入美国股票市场的方法。美国存托凭证除了结算和清算是通过保管信托公司在美国进行的以外，有关存托机构等问题与全球存托凭证基本相同。有些美国存托凭证除了可以在美国交易以外，还可以在欧洲的德意志证券及衍生工具交易所、伦敦证券交易所或新加坡进行交易。在新加坡进行交易时，需要强调是要按照亚洲交易时间进行，并且投资者只能交易由亚洲公司发行的美国存托凭证。

美国存托凭证有四种类型：非参与型的美国存托凭证、一级美国存托凭证、二级美国存托凭证、三级美国存托凭证。后三种是部分参与型或参与型美国存托凭证。此外，当按照美国《1933 年证券法》144A 规则在美国进行私募时，也可以发行美国存托凭证。

2.15.3.1 非参与型美国存托凭证

非参与型美国存托凭证是应美国投资者的需求，经纪人与存托银行合作发行的金融工具，整个过程中发行股票的公司并不介入（或控制）。存托银行只需以名为 F－6 的注册登记表向美国证券交易委员会注册登记。大多数的非参与型美国存托凭证是不流动的，并且以“粉红报价单”形式进行柜台交易（OTC）。之所以叫粉红报价单，是因为非参与型美国存托凭证的所有原始文件都是印在粉色的单子上的。由于发行股票的公司不参与这种类型的美国存托凭证的发行，因此，有时会有不止一个存托银行可以发行这种凭证而无需得到该公司的同意。将其转换成参与型美国存托凭证可以增强公司的控制权。然而对于发行在外的非参与型美国存托凭证而言，注销费用将会是一笔巨额支出。

2.15.3.2 参与型美国存托凭证

相比之下，等级 1 的（部分参与型）美国存托凭证是由发行公司参与发行的。同样需要以 F－6 表向美国证券交易委员会注册登记，但是可以提出向每个美国投资者提供基于本国市场的信息披露的豁免。可根据 12g 3－2（b）条款的规定，提出对完全注册要求的豁免，而仅向美国证券交易委员会提交基于本国市场的信息。等级 1 的美国存托凭证要求发行公司与存托银行签订存托协议，可以柜台交易的粉红色报价单形式进行交易，而不能在美国交易市场中上市。

这种存托凭证的最大特点就是发行公司仅与一个存托银行进行合作，而该银行一般都具有准确的在外发行的美国存托凭证及其持有者的记录。等级 1 的美国存托凭证并不可以在美国交易市场中进行融资活动。然而由等级 1 转换成等级 2 的美国存托凭证并不需要注销费用。

相比之下，等级 2 的美国存托凭证需要向美国证券交易委员会进行全面的信息披露。在需要提交 F－6 注册登记表的基础之上，发行公司还需要填写一份注册登记——实际上就是一份标准的美国年度报告——并且公司的财务报表必须符合美国一般公认会计原则或按此原则进行了对账，或者发行人已经按照国际会计准则理事会的国际财务报告准则进行了报告，向美国证券交易委员会提交了 F－20 注册登记表。等级 2 的美国存托凭证可以根据美国投资者的股票需求在纽约证券交易所、美国股票交易所和纳斯达克证券交易所上市。

等级 2 和等级 3 的参与型美国存托凭证的主要区别在于，等级 3 的美国存托凭证可以进行公开发行。这就要求等级 3 的美国存托凭证进行标准的美国招股章程的信息披露，以扩展版的 F－20 注册登记表进行信息披露，同时公司的财务报表需要按照美国一般公认会计原则进行对账或者调整。如果发行人按照国际会计准则理事会的国际财务报告准则（IASB IFRS）要求进行报告，向美国证券交易委员会提交了 F－1 注册登记表也是可行的。例如，2002 年中国台湾电信巨头中华电信（Chunghwa Telecom）在纽约证券交易所上市发行美国存托股份，并募集了 20 亿美元的资金。尽管从技术层面来看，这不是一种首次公开发行——该公司之前已经在台北证券交易所（Taibei stock exchange）上市——但实际交易是以 IPO 的形式有效营销的，该次发行的价格浮动区间较小（单位数），由于公开发行的范围较小且只在地区内上市，所以股票的流动性较小。另一个关于等级 3 的美国存托凭证的案例是 2009 年巴西桑坦德银行（Banco Santander Brasil）在美国证券交易所进行的上市，在附录 1 中有详细介绍。

2.15.3.3　144A 法则下发行的美国存托凭证（PADR）

当一个公司想通过美国《1933 年证券法》144A 规则下的私募活动进入美国市场时，通常会将其与在其他国家进行的国内发行以及在 S 条例下的面向美国境外机构投资者的私募结合起来，选择在发行普通股票的同时，发行144A规则下的美国存托凭证（或称RADR）。对于其他类型的美国存托凭证来讲，都需要指定存托银行并签订存托协议，但是RADR无需向美国证券交易委员会注册登记。只需向美国证券交易委员会提交一份招股说明书的复印件即可，无需审查相关的文件。具体的程序类似于在美国《1933年证券法》144A规则下进行首次公开发行，但是发行美国存托凭证需要在招股书明书中说明投资者需求，美国存托凭证需要和普通股票一起发行，发行对象是首次公开发行中的投资者（包括合格机构投资者）。

如前所述，在很多情况下，除了新兴市场国家发行者发行的美国存托凭证外，投资者通常会喜欢投资流动性大的股票而不是美国存托凭证。因此，RADR并不普及。RADR通常由做市商和合格机构投资者在所谓的PORTAL（Private Offerings, Resale and Trading Through Automated Linkages）平台上进行交易，该系统是由美国全国证券交易商协会（NASD，现在被称为美国金融业监管局FINRA）在1990年建立的。144A规则下的美国存托凭证（RADR）和其他类型的美国存托凭证一样，是通过保管信托公司进行清算的。

2.16 房地产投资信托基金和基建基金

房地产投资信托基金（REIT）是通过首次公开发行将不动产资产货币化及进行资本融资的最流行的金融工具。在房地产投资信托基金中，物业资产的所有者被称为“发起人”（不同于首次公开发行中的发行人），能够通过包含物业部分所有权的新上市产品将不动产的所有权转移给机构投资者或者公众投资者。

发起人可以建立房地产投资信托基金管理机构，管理机构可以按照房地产投资信托基金所拥有的存托资产价值的一定比例收取管理费用，也可以按照物业净收益或者房地产投资信托基金的每单位市场价格收取绩效费用（房地产投资信托基金是按单位发放而不是按股份发放的）。可以按照新物业的收购价值收取收购费用，还可以收取剥离物业的剥离费用。

尽管受到了过去几年信贷紧缩的负面影响[1]，房地产投资信托基金市场在过去十年里还是获得了飞速发展：从2002年到2007年间，

---

① Whitmore. J (2010), “REITs ‘Destroy’ £ 24bn of Value”, *Property Week*.

亚洲该市场资本融资量增加了 80%（在本书写作时超过了 700 亿美元）。房地产投资信托基金起源于美国和澳大利亚，却迅速扩展至其他国家，发展神速，尤其是日本和新加坡：在 2007 年，日本和新加坡的房地产投资信托基金占各自上市的不动产市场价值的大约 45% 和 20%[①]。在亚洲市场上，中国香港和马来西亚都拥有上市的房地产投资信托基金。在欧洲，房地产投资信托基金在 2003 年通过 SIIC 模式（法国上市房地产投资信托模式）首次被引入法国，到 2007 年迅速扩展至英国、德国、意大利和荷兰[②]。在比利时、加拿大、新西兰、南非和土耳其也出现了房地产投资信托基金。房地产投资信托基金涉及了大多数的物业资产，包括办公楼、混合型物业、工业厂房、宾馆、医院、零售商店和住宅物业等等。

基建基金和新加坡商业信托与房地产投资信托基金类似，但是，它们包括收费公路、机场、油库（专门存储大罐散装油的地方）、桥梁、收费高速公路和风电场等基础设施资产。其范围还可以进一步扩展到“社会性”基础设施，例如老年公寓、学生宿舍甚至监狱等等。

2.16.1　组织形式

上市房地产投资信托基金有公司型和契约型信托两种组织形式。对于公司型房地产投资信托基金而言，上市需要遵守所选择的上市地点的监管者或交易所提出的要求。投资不动产，既可以通过直接所有人进行，也可以通过特殊目的机构（SPV）来运作。房地产投资信托基金由管理公司运作，受托人代表投资者持有资产，物业管理公司提供常规的物业管理服务。受托人与物业管理公司必须是相互独立的。

通常来说，房地产投资信托基金有很多限制。例如，在新加坡和马来西亚，规定总资产的一定比例（至少 70%）必须由不动产或相关资产构成。通常不能从事房地产发展活动（在马来西亚是禁止从事的），除非持有房地产的目的是为了建成物业。房地产投资信托基金通常不能投资空置土地和抵押土地，对于投资到个别证券的金额占总资产的比例也有额度限制。每年需要做至少一次的资产评估。房地产投资信托基金是一种有效的税收工具，但是其中绝大部分（通常至少 90%）的税前收入要分配给投资者。对房地产投资信托基金的负债水

---

① 彭博资讯，2007 年 11 月。

② Marchal G（2010），“Les REITs respirent à nouveau après avoir subi la crise de plein fouet”，*L'Agefi Hebdo.*

平和信用评级也都有相应的限制要求。

2.16.2 集中化和多样化

房地产投资信托基金可以对投资对象进行集中投资，也就是说，一个房地产投资信托基金可以仅投资于购物中心，这样可以节约管理和交易成本，形成更高的股息分派。这种类型的房地产投资信托基金更容易被投资者接受，越成熟的市场越是如此。然而，集中化的房地产投资信托基金仅限于某些特定的物业资产类型。与此相反，多样化的房地产投资信托基金可以更好地进行风险分散化，可以获得更稳定的投资组合收益。正如在一个完整的经济周期中，多样化的物业资产比单一的资产类型表现更突出一样。因此，多样化的房地产投资信托基金需要的运作成本更高，价值更难评估，在几种不同类型物业资产动态化的条件下，更难向投资者推广。在新兴市场以外的市场上有几个多样化的房地产投资信托基金的先例。

具有“挥发性”的资产在经济衰退时期更易受到影响（例如宾馆），在这种情况下房地产投资信托基金的结构可能是这样的：在租赁协议下，资产出租给承租人，承租人支付房地产投资信托基金的地租。作为经营这些资产的回报，承租人可能还要支付与这些资产盈利能力挂钩的额外的业绩绩效。这就将房地产投资信托基金与直接的物业资产运营隔离起来了。在这种情况下，承租人对维护物业资产负主要责任，同时承租人也可以作为一个独立的经理人管理资产，例如宾馆管理公司。

2.16.3 基金管理

设立房地产投资信托基金或者基建基金时，对于投资者而言，聘请可信任的基金经理是非常重要的。同时要任命著名的房屋鉴定人、资产评估师或专家来检查资产的相关情况，以确保不动产资产符合建筑法或其他法规，并出具权威的评估报告。房地产投资信托基金发起人（即实体资产注入者）通常保有一个显著水平的所有权，一般是35%的比例。这样一来，发起人不仅能和公众单位持有人保持利益一致，同时还能保留一定的管理控制权。有时这一比例远远低于基建基金发起人持有的比例。

对于投资者来说，投资于房地产投资信托基金或基建基金的主要原因在于可以分配到的收益，这些收益和相同资产类型下的其他基金的收益水平相当，而高于相关的无风险利率下的政府债券。从这个角度来看，房地产投资信托基金可以视为固定收入金融工具。尽管房地产投资信托基金中仍具有上市公司的某些特点。作为上市公司，房地产投资信托基金会因资产增值、租金上升（针对于物业资产而言）而存在发展的潜力。

2.16.4 金融工程和基金的成长

在有些国家和地区，尤其是中国香港，房地产投资信托基金经理运用了大量金融工程来设计收益加强型房地产投资信托基金，以提高每单位股息收益（DPU）。其中包括对冲房地产投资信托基金中负债利率风险的利率掉期、可转换证券、放弃发起人的每单位股息收益以提供更高的股息收益、减免费用和特定时期内的租赁担保以及一次性特别股息分配等等。这些在“裸收益”基础上再增加收益的措施在市场上通常被认为是有负面影响的，因为人们一般认为金融工程对金融工具的产出质量和长期稳定性都是不利的。

同样重要的是，要记住这些基金是上市的股权工具，和资产货币化是不一样的，要求其价值会随着时间的推移而不断增值。要获得每单位股息收益的固定增长、资产价值的长期增长，就必须重点考虑物业的增值性、租金的提升或者更高的市场占有率这些因素。同时也要注意通过负债水平对资本结构进行管理，进行有效成本控制。无论该基金是集中化还是多样化，通过收购来提高多样化水平和价值增加型资产比例都是重要的。图 6 展示了一个房地产投资信托基金的基本结构。

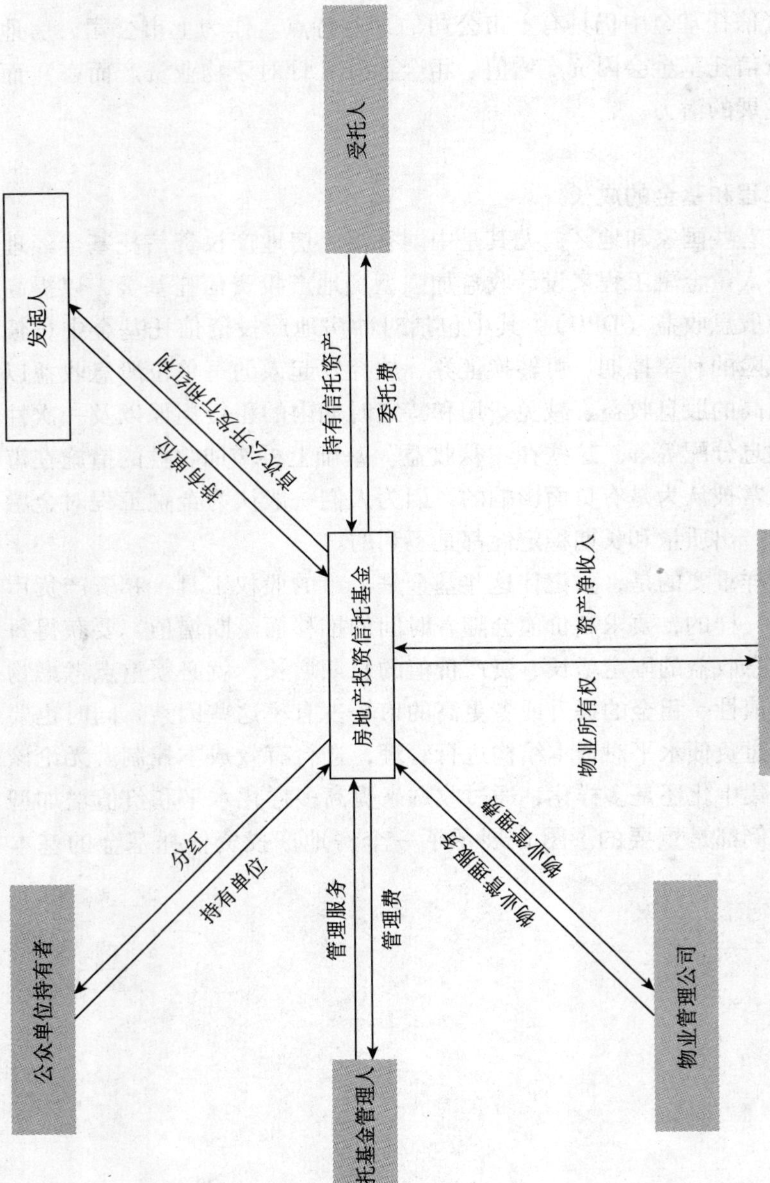

图 6 房地产投资信托基金基本结构图

第三部分
交易营销

3.1 卖方研究的重要性

所有大型投资银行都有活跃且规模庞大的研究部门。这些部门主要发挥着支持本公司销售以及协助不同类型证券在二级市场中进行交易的作用。在很多国家，研究部门在首次公开发行营销过程中，也同样发挥着协助投资银行向投资者进行推销的职责。

3.1.1 分析师类型

从宏观层面来看，机构投资者一般拥有经济学家和投资策略师，其中经济学家为机构投资者提供关于宏观市场信息的建议；而投资策略师主要通过对市场趋势及市场发展水平进行分析并以相关分析结果为基础，为机构投资者提供资产配置建议。此外，各投资银行也拥有研究分析师，其主要研究范围包括货币、商品、固定收益证券以及权益类证券。就权益类证券而言，分析师又按照地域和行业等标准分为地区或国家分析师以及不同行业部门的分析师。例如，有的分析师可能仅研究欧洲电信公司的相关情况，而有的分析师可能主要负责西班牙股票市场，此外还有的分析师可能主要负责亚洲及太平洋地区的矿业企业分析。

就单个分析师而言，平均要负责十几家公司的研究工作，研究内容主要包括：持续报告各公司重大事件，并以其分析结果为基础，在必要的时候提出买入、卖出或中性的投资建议。公司研究报告会按照国家和地区定期发布（最短周期为每天发布），且其长短各有不同，最长的多达数百页而短的仅有几页。如今机构投资者拥有便利的电子渠道，可以查阅此类报告。

3.1.2 分析师排名

分析师的预测、意见的正确性以及其在投资者中的声望，一般是通过对投资者进行调查评估得出的。例如英国著名的调查 Extel survey、区域调查、由《机构投资者》（*Institutional Investor*）杂志以及《亚洲货币》（*Asiamoney*）所发起的投票等。通过以上调查，分析师中的明星会脱颖而出，而拥有较高排名的分析师更受到市场的追捧并能获得丰厚的回报。

3.1.3 首次公开发行的交易前研究报告

尽管被限定在一个严格的范围内，但是首次公开发行的交易前研究报告仍然被广泛使用。这是因为招股说明书是唯一可以帮助机构投资者及个人投资者在首次公开发行过程中进行投资决策的法律依据文件。一般由法律顾问起草一份研究提纲，并在首次公开发行过程中分发给分析师，在提纲中包含地方法律以及市场惯例中的有关限制。需要特别提醒的是，交易前研究报告仅可以提供给机构投资者而非普通公众使用。这主要是因为，一方面，普通公众的金融知识比较匮乏；另一方面，他们一般不能完全理解招股说明书中的真正含义。此外，与二级市场市股票的研究报告不同，招股说明书并不提供有关投资建议（例如，买入，持有或卖出）。首次公开发行交易前研究报告中，分析师提出的对于企业盈利或损失的任何预测，除非在估计过程中使用现金流折现分析法（discount cash flow，DCF），否则必须在结果中标注该预测的适用范围限定在未来某一特定期间内。此外，需要注意的是在某些特殊情况下，不允许在报告中体现未来盈利或损失的预测。一般来说，研究指导需要明确研究中实际使用的几种估值方法以及估值的大体范围（每种方法不进行单独估值）。同时，首次公开发行交易前研究需要在封面和/或扉页以及报告的每一页标注免责声明，并且在法令禁止发布此类报告的地区，如美国、加拿大、日本，不得向普通公众发布。对于初级股权资本市场银行家而言，或者更一般的对于合规专员来讲，必须检查首次公开发行研究报告的发送清单，以确定该报告的最终实际传播范围。

首次公开发行交易前研究报告需要由交易过程中的法律顾问（一般由承销商的法律顾问承担相应职责）以及投资银行合规部门在“控制室”内对其内容的正确性进行检查。在过去，投资银行参与起草、检查以及修订交易前研究报告的行为并不鲜见。曾就职于华宝公司（S. G. Warburg）的大卫·弗洛伊德（现在是弗洛伊德爵士）就十分幽默地回忆起从二十世纪 80 年代末一直到 2003 年他作为投资银行工作人员的有关事情。在他的书中，特别回忆了作为一个投行从业人员值得纪念的“尤里卡时刻”（Eureka moments），例如在欧洲隧道集团、欧洲迪斯尼以及英国轨道公司等重要首次公开发行过程中，投行是如何通过对上市企业进行“包装”，并借助有关交易前研究报告向投资者推销上市企业。[①] 然而，在后互联网时代，这一惯例被严格禁止，分析师被严格要求必须在独立且不受本公司其他业务部门干扰的情况下完成相关研究报告工作。

3.1.4 为什么需要交易前研究报告？

既然交易前研究报告与招股说明书的内容一致，为什么还需要它呢？原因非常简单：招股说明书作为所有法律文件的汇总包含很多用于限定发行人义务的条款，但是并不一定提供简明易懂的投资信息总结。而机构投资人一般工作较为繁忙，往往需要在较短时间内审查很多可能的潜在投资机会。交易前研究报告正是以他们认可并可以理解的形式向机构投资人提供相关信息（因为交易前研究报告涉及的股票都是已经上市的），并通过这一形式使潜在投资人迅速发现并易于搜集其所需要的信息。与之相反，招股说明书可能多达数百页，而且其中大部分涉及风险因素以及财务报告的讨论。

然而，在投资决策过程中，机构投资者应仅依赖招股说明书所提供内容决定投资与否。关于这一点在交易前研究报告中应有明确的文字说明，有时会要求投资者通过返回签名文件以证明其认可上述声明。此后，交易前研究报告一般会统一编号且会对每一份发出的交易前研究报告进行记录。通过以上方法可以追查可能存在的信息外泄行为。

由于交易前研究报告会在首次公开发行前向数以百计（甚至数以千计）的全球投资者进行发放，因此有关内容被泄露并不稀奇。所以一旦交易前研究报告发表，必须在尽可能短的时间内进行相应交易，且从某种程度上讲，如果后续交易并未及时执行，可能会因为媒体参与导致进一步泄漏，也可能会导致市场参与者的进一步投机行为。

一旦交易前研究报告发布，则所有银团成员的其他研究报告不得再继续公布，并且各成员进入封锁期，但此项要求并不适用于投资银行，也不适用于首次公开发行的其他参与方。

---

① Freud D（2006），*Freud in the City*，Bene Factum.

3.2 向研究分析师介绍情况

如果允许公开卖方研究报告，则首次公开发行的关键步骤就是向分析师介绍公司状况。这一过程在招股说明书准备阶段接近最终成型时进行，并且主要以发行方管理层（通常包括董事会主席、首席执行官、财务总监以及其他关键成员）和参与项目的银团研究分析师共同参加的会议方式进行。一般来讲，上述过程参与者相对较少，但是在大型首次公开发行的过程中，特别是公司业务较为复杂并且分散的情况下，或者是委派多名分析师进行分析的条件下，上述过程可能会涉及数量众多的参与人员。

3.2.1 向研究分析师提供研究指导和进行公司情况说明

向分析师介绍公司情况时，一般以对法律顾问审查后的投行拟定工作时间表进行解释或提供交易前研究报告作为开场。上述文件同时也明确阐述了在首次公开发行过程中，发布研究报告所要遵循的种种限制。除去介绍管理层以及解释研究发布时间表外，如果有“中国墙”内的投行人员参加介绍活动，他们在余下的时间内基本不参与讨论。一般也会在此时将研究指导分发给分析师，此外如果分析师允许，在以后阶段也可以通过投行工作人员或合规审查部门将有关资料转交分析师。招股说明书草案副本此时也会提交给分析师，同时管理层会在其公司情况介绍中准备75至100页的幻灯片：幻灯片的内容完全与招股说明书一致，主要包括总结公司主要业务特征、公司历史、公司行业竞争状况、公司策略、主要市场、主要客户、主要供货商以及发行人财务状况等信息。按照一般惯例，发行方会将上述幻灯片在开始展示前提供给分析师，并在会议结束后收回。最终只有发行说明草案会留给分析师作为投资决策参考。这往往会导致部分与会者疯狂地作会议笔记。

在向分析师进行情况说明时，分析师有权询问其感兴趣的相关问题，或就现有公司管理层如何有效运营公司提出疑问。这一过程实际也是在为路演作准备，因为发行方管理层需要在第一时间从市场角度说服分析师，同样分析师也要说服投资人进行投资。向分析师介绍情况时一般并不涉及任何投资人，因此往往会在友好和保密的环境中进行。在此过程中，有关观点及建议可以在发行方及分析师之间进行自由交流。然而，发行方管理层仍然需要尽力说服分析师该公司是一个具有吸引力的投资机会。为了达到这一效果，在正式向分析师介绍公司情况前，公司管理层会在其所雇用的投行人员的协助下进行公司情况介绍的预演。

3.2.2　起草交易前研究报告

在多数情况下，在参加公司情况说明会后，研究分析师会有数周时间撰写研究报告草案，同时也有机会与管理层进行额外会议，以澄清有关未明事项。同时，投行工作人员也会将分析师提出的问题转交给公司管理层，管理层可以通过会议或电话沟通等方式对上述问题进行解答。有时，在不理想的情况下，发行时间表可能会在向分析师进行完情况介绍后就被临时公开。这时管理层往往需要进行后续交流，从而使财务信息包含在分析报告中以便公布。此外，这些中期账目的信息也将体现在招股说明书中。完成后的研究报告草案会交给公司的法律顾问及合规审查人员，上述人员会对事实及必要的免责声明等进行审核，以确保其与研究提纲一致。在审核无误后，研究报告将会公开发表。

从本质上讲，分析师是具有创造性的职业。因此，有时分析师向投资者提交的研究报告中可能会包含一份经法律顾问审查的 VCD 或 DVD 作为补充。

3.2.3　封锁期

一旦交易前研究报告最终发布，企业将进入封锁期或冷静期。一般来讲，封锁期为交易前报告正式发布后的 40 天。在封锁期开始后，任何成员不得再发布交易前研究报告。同时，直至封锁期结束，关于发行方的任何形式的其他报告也不得进行发布。

3.3　银团简述

在向分析师介绍公司情况后（有时是介绍情况前），由代表银团各成员利益的账簿管理人主持有关银团情况说明会。过去这一程序可能相当繁琐，需要召开大型会议，但是现在已经得到了很大程度的简化，甚至可能并不实质进行，仅仅通过电子邮件向参与首次公开发行的银团代表提交数十页幻灯片即宣告完成。如果还有有关发行的问题需要进行澄清，可以随时给牵头银行打电话进行解决。

3.3.1 契约规则

关于银团的情况说明一般是在契约规则基础上，简要介绍发行过程中的银团主要成员（级别低于账簿管理人）。其一般内容包括：

- 综述首次公开发行结构，定义发行方及发行方股东；参与发行的牵头银行及各自职责；招股说明书明细；首次公开发行时，发行方持有股票数量以及公开发行数量，同时需要区分普通股以及优先股；超额配售选择权规模（如果有的话）；
- 综述发行结构，包含各类分支；股票交易的基本交易单位；股票发行锁定期，回拨机制/超额分配机制以及再分配条款明细；募集资金的实际用途（一级市场发行过程中）；相应股票条款（如果已知）；参与首次公开发行的各类顾问的详细情况；
- 全部银团结构明细；
- 从封锁期一直到发行结束的时间表；
- 文档的时间表，特别是与牵头银行有关的授权书的期限；
- 交易的明细信息（总费用、管理费用、承销佣金、销售折让、代理费、额外酬金、超额配售选择权费用明细、委托及拆分订单规则及费用支付时间表）；
- 研究及发布限制明细；
- 预推销的时间表、职责说明及投资人回执表；
- 机构投资人路演明细，包含临时计划、参与企业情况介绍的联系人名单、邀请机构投资人规则以及互联网路演明细；
- 需求及分配明细，包括投资者购股意愿及投资者需求的时间表；明确说明如何定义需求——货币形式、股票形式还是存托凭证（如果有）；提供给投资组合经理人信息的明细；私募发行订单处理过程、委托代理订单处理过程；股票分配过程以及股票分配标准；
- 销售及交易限制，例如主要司法管辖权限制——如日本的49个机构投资者的名单；关于首次公开发行过程中不得通过灰色市场或使用衍生品进行交易的禁令；
- 牵头银行关于公司金融、投行业务、银团。清算以及路演协作等团队的合同明细；

- 在全球发行过程中，每一个分支机构所使用的预期认购单、给客户的每种类型的申请表（如果相关）以及这些表格的发放区域。

3.3.2 广告名称及法律名称

投资银行需要在招股说明书中，就如何进行广告宣传及使用何种公司法律名称进行说明。所谓广告名称是指出现在招股说明书首页或更多的其他与发行有关的广告中（因为现在很少将初级银团成员的名字写在招股说明书的封面上了）的缩略版公司名称，例如“德意志银行(Deutsche Bank)”。在各种协议中，能够表明是首次公开发行承销相关的内容，如招股说明书中“承销人”以及“发售计划”部分的法律名称需要使用全名，例如“摩根大通证券（亚太）有限公司（J. P Morgan securities（Asia Pacific）Limited)”。一般而言，交易的广告宣传文案作为档案的重要组成部分，需要记录在证券发行的“墓碑广告”上(也就是说，仅从记录的角度来看，事实上的广告清单是权益类证券发行的“基本框架”)，并需要接受发行人和主承销商的控制。

3.3.3 邀请电函

银团对公司情况的说明活动如今已经从很大程度上替代了邀请电函这种方式。所谓邀请电函是指在以前所使用的由发行方或银团发给有关银行用以邀请其参与交易的文件。然而，在某些情况下，除了对公司情况的一般说明之外仍然还要使用邀请电函（现在是通过email)，但通常比一般说明来得晚，基本上都是在进行发行推介之前发送，有时甚至会在发行推介之后才发送邀请电函。

3.4 投资者教育及设定价格区间

投资者教育，有时也称为预推销，最早在20世纪80年代首次引入英国。该项措施的目的是为了保证研究分析师可以当面和机构投资人进行交流，并通过这种方式陈述其对于投资价值的分析以及有关投资的建议。如果实际条例允许，机构投资人可以获得一份交易前研究报告副本。预推销通常是在非排他的基础上按照不变的形式举行的，因此在实际操作过程中，参与首次公开发行的投资银行往往会分别将他们各自的研究报告提交给相同的投资组合经理。因为这些投资者与基石投资者不同，他们不会在这一阶段锁定目标。事实上，在上述过程中，很多投资组合经理会同时与多位研究分析师讨论上市公司特征，以期更加全面的了解公司的相关业务。一般地，在收到牵头银行发出的通知后，会由全体银团成员参加并召开投资者教育大会。

3.4.1 预推销的开展

根据有关法律规定，在预推销过程中，牵头银行可以派遣一位或多位研究分析师与投资者会面，进行简短的公司情况说明，对交易前研究报告进行总结，明确投资建议等关键问题并就投资者的有关疑问进行及时的解答。这一过程实际上是一种密集的营销活动，因为对每个分析师而言，在大约两周的时间里，可能要在跨时区的多个城市与8至12名投资者会面并进行讨论。可能是与大客户的单独会面，也可能是小型团体见面会，而时间很可能会选择在就餐时间与客户见面。如果有多个分析师及两个及以上的牵头银行参与这样的会面，则意味着此次预推销覆盖了更加广泛的潜在客户。这样的预推销会提供更加准确的相关信息，例如投资者对首次公开发行的估值以及市场总体反映等重要信息。

更重要的是，投资分析师定期（经常是每日）与投行工作人员和银团代表处联系会面，收集与会投资者反馈的信息表。这些反馈的信息表中既包括各投资组合经理对于发行估值的反馈意见，也包括路演时有关主题和发行中公司管理层应注意的相关问题。

例如，2009年底麦格里集团和花旗银行共同为南戈壁资源有限公司（South Gobi Energy Resource，该公司为蒙古国最大的煤矿开采企业）约4.43亿美元首次公开发行进行的预推销，此次发行包括两个部分：一部分涉及在香港证券交易所挂牌上市，另一部分则为在加拿大股票交易所的二次发行。在预推销过程中，两个主权财富基金中国投资有限责任公司以及新加坡淡马锡控股分别承诺投资5000万美元。其中一个账簿管理人在圣诞节及新年假期中，派出了3个分析师与总计约60个投资者进行了见面会，其中包括十几个美国投资者见面会、12个英国投资者见面会、25个或更多的香港投资者见面会以及约15个新加坡投资者见面会。考虑到此次发行规模和账簿管理人所拥有的分析师数量，这大约六十位的投资者仅仅是全部被访问投资者中很小的一部分。毫无疑问，发行中拥有的基石投资者的数量以及公司上市交易时间等都会受到分析师调查范围的限制。在这个案例中，预推销中涉及的机构投资者数量比传统投资者教育中涉及的机构投资者的人数可能要多得多，特别是考虑到还有其他的账簿管理人也会在预推销中接触到更多的投资者，情况更是如此。

在更复杂或更具挑战的市场环境中，预推销可能需要接触更广泛的投资者，从而不留死角地最大化接触潜在交易人。甚至在有些时候，当银行进行市场推广遇到困难时，会与选定的小规模机构投资人进行所谓的“俱乐部交易”。

在美国股票市场上市过程中，法律不允许进行交易前研究报告的发布，因此研究分析师通常会在注册文件后以附注方式开展投资者教育工作（F－1 表，S－1 表）。这样一来，就导致了在美国预推销周期相对较短或者预推销与路演和建立购股意愿档案同时进行的情况。

3.4.2　非研究分析师进行的预推销

显然，在首次公开发行过程中，分析师不能亲自登门拜访所有潜在的投资人。因此，股票销售团队往往会通过电话方式与主要投资人进行联系并安排预推销的计划表。同时，也会通过电话沟通方式进行全球范围内的投资者教育（此行为取决于首次公开发行结构）并为事前交易研究报告收集这些投资者对于股票发行的看法。在此之前，直至研究报告正式发布，投资分析师会经常通过会议、电话会议等方式与投资银行内部的销售团队进行宣讲和指导，并强调在销售过程中需要为投资者重点指出的内容。此外，投行销售团队在与客户进行沟通时，需要准备记有发行过程中主要问题及发行方主要财务指标的必要便签，以便可以有效地进行预推销并回答相关问题。由于销售人员往往仅有几分钟的时间向某一机构投资人说明交易内容，因此能否在尽量短的时间内向投资者表明上市公司重要特征以及为何此次交易对投资人具有吸引力等方面内容，对于销售人员来讲是至关重要的。

3.4.3　信息反馈表

在银团中低级成员一般不需要派遣其分析师在全球范围内参与投资者见面活动，特别是如果此类成员无法通过发行补偿自身费用时，更不会派遣分析师。但是为了保证来自市场的信息数量，还是会要求这些成员收集到最低数量的投资者反馈信息表，例如，副主承销商需要收集 20 份，副承销商需要收集 10 份。此外，这些级别的银团成员还需要与自己所在城市中的投资者进行一对一会议。例如，在伦敦的副主承销商会与当地众多机构投资者进行交流。一般来说，信息反馈表会以电子文档方式向所有签订合同的机构投资人发放。在表格中，主要包括投资者对于以下问题的观点：

- 地区或当地资本市场状况；
- 发行方所处行业评价；
- 与发行方具有可比性的企业情况；
- 对发行方评估参数的选择；
- 对公司的估值（也称为“定价谈判”，price talk），对公司成长性、潜在价值以及管理层团队等的看法；
- 是否对发行方业务感兴趣，以及明确发行方可能存在的问题；
- 投资者是否愿意参与和管理层的会面（一对一会议或者集体会议）；
- 在投资者购股意愿档案中记录的潜在认购机会明细信息，其中包括认购数量和价格限制等；

具体的预推销反馈信息表样本见附表6。

按照惯例在为期两周的预推销结束后，所有信息反馈表都将以统一的格式进行收集，并提交给发行方高级管理层。在收到表格后，发行方管理层可以借助其所提供的信息，在实际路演展示以前，将未能注意到的信息进行补充或者修改，以达到预期效果。

到此时，发行方基本可以就估值得出一个明确结论，并且还可以在投资者购股意愿档案中建立一个正式的首次公开发行价格区间。

3.4.4 设定定价区间

在设定定价区间时，要尽量确保该区间不要过宽，使其可以为投资者提供明确的价格引导。但也要保证在存在较大超额认购的情况下交易价格能够定在较高水平，以便为发行方最终定价提供一定灵活性。一般来说，价格区间的宽度被定在15%以内。对于20%的价格区间，市场一般认为该定价过宽，而超过20%的价格区间通常被认定是价格引导作用缺失。价格区间的下限一般会定在一个具有吸引力的价格水平，以便其可以对投资者起到沉锚定价作用；与之相反，价格区间的上限则反映了一个较为激进的价格水平。

建立投资者购股意愿档案的目标之一就是要确定价格区间的上半部分，一般为上四分之一。最高价格本身不是一定要十分客观，但因为很难确定超额认购水平能高到什么程度，所以也不是很容易确定最高价。附录 1 新加坡凯德商用公司首次公开发行案例就提供了发行方及卖方股东如何在存在较大超额认购的情况下，不以价格上限为最终发行价格的案例。

一旦价格区间最终确定，则招股说明书——可以包含或者不包含价格区间（有时发行价格可以留空）——将被打印并向潜在投资者发放。同时需要注意的是，在上文所提到的耦合交易过程中，直到机构投资者与管理层在路演中举行正式会面后才最终敲定价格区间。

3.4.5　固定价格发行

现如今只有很少的国际首次公开发行会以事先确定的价格进行交易，更为流行的方式为两步定价法，即先确定价格区间，再确定发行价格。对于固定价格发行这一方式，一般更多被共同基金公司或基金的基金（Fund of fund，FOF）所采用。例如，麦格理国际基建基金（Macquarie international infrastructure fund，一个在百慕大注册的共同基金）于 2005 年在新加坡挂牌上市筹集 4.8 亿美元的首次公开发行就是固定价格发行的一个典型案例。在此次发行中，发行方以事先确定的每股 1 美元的价格向机构投资人和个人投资者进行发售。在这个特例中，麦格理国际基建基金的业务范围非常广泛，包括投资上市公司及非上市公司的多种业务，且公司遍布多个不同司法管辖区域，还有为期 10 年的总收益掉期（TRS）等等。

以下几种情况适合使用固定价格发行的方式：第一，投资案例或估值十分复杂；第二，以一个非常有创意的首次公开发行的方式进入市场；第三，不考虑公司估值，而只看重公司与众不同的特点进行发行，例如公司的销售产品是独一无二的。

在固定价格发行过程中，尽管投资者教育不再起到明确价格区间的作用，但是仍然是必要的营销过程。因为投资者教育此时更多地发挥着在交易早期引起投资者对公开发行的兴趣、寻找可能参与首次公开发行（以及与发行方管理层进行一对一会议）的潜在投资者的功能。

可能会发生这样的情况，即在预推销结束之后，市场并不认可企业所提出的固定发行价格。这一情况首次出现在 2001 年新加坡房地产投资信托基金的发行过程中。此时，发行方需要重新组织相关发行事宜，并再次进行发行尝试。

3.5 管理层路演

管理层路演（又称投资者路演）是指发行方管理层的高级成员，而非研究分析师，进行的全球范围内商务拜访，向投资者说明公司情况。此时，发行方经常会在开始阶段要求明确路演日程以及走访城市安排。而实际上，除了主要金融中心外，投资银行很难在预推销完成前确定日程。例如，如果在投资者教育阶段，德国机构投资人对于首次公开发行普遍显现出负面态度，那么很可能在此后的路演过程中不会将德国作为重点。因为时间有限，管理层相对有限的精力往往会被安排在那些更具潜力，并且可能会获得更多关注的地区或国家。

有时对于大型交易或者拥有较多管理团队的公司而言，会派出两组管理层团队同时进行路演，从而使拜访投资者的数量增加一倍。此时需要注意的是高级管理人员应该在两组间平均分配。同时，为了避免混淆并激发团队士气，通常会采用例如红队和蓝队等具有明显对抗性的命名方式，而非 1 队 2 队或 A 队 B 队等。

在首次公开发行路演过程中，发行方主要采取以下四种方式向投资者介绍公司情况。

3.5.1 大规模企业情况介绍会

大规模舞台式企业情况介绍会一般会在主要金融中心举行，这样的路演活动具有一定“标志性”。而所谓金融中心一般是指股票可能最终挂牌的证券交易所所在城市，例如伦敦、爱丁堡、纽约和波士顿等（适用于在美国上市的公司以及《1933 年证券法》的 144A 规则下的私募配售交易）。对于亚洲公司而言，除了在当地市场举行此类路演外，通常还会选择在中国香港、新加坡举行大规模公司情况说明会。对于非日本公司来说，如果是采用非上市公开发行（POWL），或者是采用更少见的 49 个投资者的私募方式，很可能还会选择在东京进行大规模公司情况说明会。

一般企业情况说明会都经过精心排练，在会议过程中由其中一个牵头银行的高级投资银行家将管理层人员介绍给投资者，并由管理层向投资者介绍公司情况。如果在首次公开发行过程中有超过一个账簿管理人参与其中，则各银行间通常会事先决定其在路演中所扮演的角色。在路演开始时，一般会播放 3 分钟的视频，该视频主要介绍发行方基本情况及其主要经营状况信息。此后，2 到 3 个发行方高级管理层成员会利用大约 25 分钟的时间，将由牵头银行起草的 20 - 25 张幻灯片展示给投资者，概要说明其业务的主要特征。此类企业情况说明的过程已基本上形成定式，通常以发行股票数量、发行股票结构以及首次公开发行的时间作为开场白，之后对公司的历史、公司策略、公司主要业务及未来预期等方面的要点进行介绍，最后对于情况说明会的重点作一个简短、精准的总结。在上述过程中，一般由公司的首席执行官开始对公司的业务情况进行介绍，之后公司的财务总监对公司的财务状况进行说明，最后再由首席执行官对上述介绍过程中的要点进行总结，最终进入自由问答时间。在一般情况下，投资银行会事先预测投资者可能提出的问题，并准备较为圆满的相应答案和幻灯片（通常为 25 页，但是在极端情况下幻灯片数量可能众多，例如西班牙莱普索尔公司（Repsol）首次公开发行时，为应对投资者提问所准备的幻灯片就多达 100 多页）。

管理层在对幻灯片进行讲解时，一般采用根据原稿宣讲的方式进行。宣讲原稿通常会由牵头投资银行及公司法律顾问进行审查，并在实际使用前几周进行预演。在对公司情况进行宣讲以及回答投资者问题后，管理层成员一般会在会议地与投资者一起吃个快午餐。在餐桌排序中，一般投资银行会安排“他们的”主要客户在公司高级管理层人员身边就座，其他人依据其在投资者购股意愿登记中的地位依次排序。在准备路演材料以及宣讲稿时，最好是先准备好宣讲材料，然后再根据讲演稿的有关内容制作反映宣讲材料要点的幻灯片。然而，大多数情况下幻灯片要先于讲演稿制作完成，然后才完成有时会让人感到枯燥和机械化的宣讲稿。

在有些情况下，由于管理层英语水平相对有限，因此在路演的国际部分可能需要同声传译。通常，公司会举行一次或多次单独的情况说明会，对牵头银行所在地的整体（或者单个的）销售力量进行简单介绍，有时也会利用视频介绍其他时区的销售团队。

大规模企业情况介绍一般选择在主要商务区酒店的会议中心进行，以方便投资者出席且更有利于鼓励投资者参与。会后一般会安排与会人员进行正式午餐。在伦敦，此类介绍会一般会在宴会大厅举行。

参会邀请一般会在开会前一周左右由牵头银行联名向投资者发出，账簿管理人会进行协助并收集确认出席回执。如前所述，活动中所需的物流准备有时会由专门的顾问负责安排。

在美洲、欧洲、中东地区以及亚洲—太平洋地区进行路演的主要以及备选目的地见表8。

表8　国际首次公开发行过程中管理层进行路演的主要及备选城市名单

美洲主要城市	欧洲、中东地区及非洲主要城市	亚洲—太平洋主要城市
纽约	伦敦	香港
波士顿	爱丁堡	新加坡
	法兰克福	东京
	巴黎	
	苏黎世	
美洲备选城市	**欧洲、中东地区及非洲备选城市**	**亚洲—太平洋备选城市**
亚特兰大	阿姆斯特丹	北京
巴尔的摩	海牙	首尔
芝加哥	鹿特丹	台北
达拉斯		墨尔本
丹佛	布鲁塞尔	悉尼
休斯顿	都柏林	
堪萨斯城	格拉斯哥	
洛杉矶	日内瓦	
迈阿密	卢森堡	
密尔沃基	马德里	
明尼阿波利斯和圣保罗	米兰	
费城	莫斯科	
圣地亚哥	慕尼黑	
旧金山	斯德哥尔摩	
多伦多	阿布扎比	
	迪拜	
	多哈（卡塔尔）	
	科威特城	
	麦纳麦（巴林）	

3.5.2　小规模企业情况介绍会

除了在大城市举行的企业情况介绍会外，有时也会举行小规模的情况介绍会。与预推销过程类似，此类活动一般会安排在早餐、午餐或晚餐时间进行，并且投资者参与人数较少（一位数），一般会被控制在4—5人。此类活动实际上是一种非正式的宣讲行为，其间一般不会使用视频投影等，但管理层可能会准备一些A3格式的幻灯片来展示某些重要信息。在上述过程中，管理层会将更多的时间投入到回答投资者疑问方面，而不是像在大规模公司情况介绍一样进行长篇演讲。

3.5.3　一对一会议

主要机构投资人一般不参加上述两种公司情况介绍活动，他们更希望在自己的办公室中通过一对一会议方式听取管理层对公司情况的说明。此类会面一般由账簿管理人负责安排，时间一般会控制在45分钟至1小时内，然后会有专车将管理层成员送到下一个会面地点进行活动。一对一会议的形式十分多样，一些投资人会要求管理层对公司情况进行全面的说明（而非简短的视频介绍），之后再针对其所叙述内容进行提问；另一些更喜欢在会议时间内通过向管理层提出准备好的问题来了解其感兴趣的内容。此外，有些投资人可能会令人讨厌地坚决要求在会面过程中只允许管理层人员单独参与其中，而不允许其他投行人员参会。机构投资者喜好不一，因此高级销售人员或者投行工作人员应在对投资者的介绍文件中对此分别作出介绍说明。

由于一般仅安排与规模最大及最具声誉的投资者进行一对一会议，并且此类投资者可能会在听取公司情况介绍后，最终确定数额巨大的订单，因此在进行大量协商后，各投资银行会分别确定各自的一对一会议安排。每个账簿管理人会提供一份候选人清单，而投资银行将以抽签或者按顺序的方式来选择投资者，直至清单中的候选人全部被合理安排为止。此外，用一般逻辑观点看，为了节省时间，一对一会面同样也需要进行分组，以便在相同地区的投资者可以安排在相近的时间段与公司管理层会面。例如，一次典型的伦敦路演活动可能包括：在早餐的时间举行的小型公司情况说明会，此后在伦敦西区安排3－4个会面，之后在宴会大厅举行大规模企业情况介绍会，然后再安排3－4个会面，最后在晚餐时间在相同地点或者另外的地点再安排一个小型的公司情况说明会。

对于牵头银行来讲，最重要的是安排一对一会议以说服投资者对公司进行投资，获取最高的订单转换率（又称命中率）。与具有相同地位的被指定的银行相比，案例研究中的牵头银行表现出了非常高的命中率。

如果条件不允许进行实际一对一会议，则可以通过视频会议或电话会议方式解决。例如，如果未安排在中东地区或澳大利亚进行路演，管理层无法亲自走访当地重要投资人，则可以安排与此地区投资人进行电话或视频会议。就中东地区而言，有关会议可能会安排在周日进行，因为根据当地习俗周日为工作日。

电话及视频会议最著名的案例就是新加坡邮政（Singapore Post）2003 年 7 月首次公开发行中 4.6 亿美元的私募。由于在亚洲地区禽流感病毒的爆发，致使世界各地的管理层无法走访该地区投资人，故此期间全部路演工作都是通过视频或电话会议方式进行。[①]

就管理层如何在较短期间内走访较大范围的投资者，一个最具代表的例子就是中国农业银行 2010 年 6 月的 120 亿美元 H 股香港市场首次公开发行路演。据报道，在路演期间整个公司管理层被划分为两个团队，在 10 天的时间里走访 10 个城市，安排超过 90 场一对一会议，并通过分组或小规模公司情况介绍方式与约 400 位其他类型投资者会面。根据报道，仅针对机构投资者进行的路演（除了在日本的非上市公开发行外）就走访了阿布扎比、波士顿、迪拜、爱丁堡、法兰克福、香港、伦敦、纽约、旧金山以及新加坡等城市。

同年早些时候的俄罗斯铝业联合公司在 2010 年 1 月在香港进行的筹集了 220 亿美元首次公开发行中，两个管理团队据说在 9 天的时间里接触了 640 个投资者，其中包括将近 90 场的一对一会议以及通过分组或小规模公司情况介绍接触到的总数超过 550 个其他类型投资者。进行路演的城市超过了十个：波士顿、爱丁堡、法兰克福、日内瓦、香港、伦敦、莫斯科、纽约、巴黎、新加坡以及苏黎世。

此外，我们选择一个规模相对较小的首次公开发行（前面提到过）路演进行比较，蒙古国的南戈壁资源有限公司 4.43 亿美元首次公开发行路演过程中，据报道其管理层在 8 天的时间里，通过一对一会议方式走访了约 45 位投资者，此外通过分组或其他方式还接触了

---

① FinanceAsia. com，2010 年 6 月 11 日。

160 位北美、欧洲以及亚洲的投资者。

3.5.4 网络路演

除去管理层亲自与投资者见面外，大多数首次公开发行还包括虚拟或网络路演。这种方式可以使投资者通过输入其账号及密码登录路演网站，观看管理层准备的幻灯片（不能下载），同时听取管理层对公司情况的说明。同时，此类网站在某些国家，例如美国，一般会进行免责声明并会受到一定的限制，在实际应用中会受到美国证券交易委员会（SEC）的监控（例如 netroadshow. com）。

综上所述，路演会令公司管理层异常忙碌。实际上，路演就是在很短的时间段内高强度及大规模的投资者见面活动。与此同时，招股说明书起草及与承销商签订协议也会与路演活动同步进行。最常见的情况是，发行方的首席执行官以及财务总监在一天的电话会议或公司情况讲演后，还要继续处理大量的发行相关问题。很显然，除此之外他们还要管理公司的日常运营。

3.6 建立投资者购股意愿档案

建立投资者购股意愿档案又称为“公开价格发行”，或叫“价格发现过程”（除固定价格发行以外），一般在耦合交易过程中较多使用，并且同时或者略晚于路演活动进行，一般会持续两周的时间。此后发行方将会确定最终发行价格。关于建立投资者购股意愿档案，一个最简单的形式就是，通过收集机构投资者所提供的报价区间，编辑出一个总账目，以便未来进行分析及向投资者进行配售。

建立投资者购股意愿是当前被市场广泛接受的一种方式，与固定价格发行相比其主要优势在于可以促进投资者间的竞争，进而使发行方获得更加有利的报价。对于发行方及账簿管理人银行而言，这种方法更加透明和富有弹性。此外，这种方法也比股东收购方式要好，因为在这一制度下最终价格是浮动的，并且出价高于开标价格的投资人将获得其所希望申购的股份。这一方式也使得发行方及账簿管理人在进行分配决策前可以对投资者质量进行评估。

从理论上讲，投资者购股意愿档案中既包括账簿管理人收集和编辑的机构投资人订单，也包含银团中初级银行收集并在账簿管理人处登记的订单。由于整个系统被设计为鼓励投资人直接与账簿管理人进行联系登记订单，所以将由账簿管理人（多数情况下只由他们）决定股票的分配，因此初级银团成员基本很少再收集订单。如前文所述，银团初级成员主要进行交易前研究和投资者教育工作，并以此为依据获得固定比例的报酬。

在账簿管理人之间达成协议，且其向银团其他成员发出通知后，投资者购股意愿档案才能正式开始登记。而在有些情况下，某些银团成员为了尽早与机构投资人进行接触，会试图进行“抢跑”。如今银团的成员可以自由地在全球范围内与投资者进行接洽，不存在有关的投资者免除清单——也就是说不存在某些投资者因为处于某一特定地区，而被限制只能与特定银行进行接触。

3.6.1 订单种类以及订单登记

金融数据提供商 Dealogic 已经建立了叫 DealManager ECM ®的电子系统（以前该系统叫 Bookbuilder），几乎全世界的账簿管理人以及银团中的其他成员都采用该系统中专业的在线连接终端，以方便对机构投资人的订单进行收集和编译。可以将机构投资人的订单统一以事先设定的价格区间内的某一确定价格报出，此类交易叫“限价订单”；也可以将不同数量的订单以不同的限价表示，此类交易叫分级订单或分布报价；此外某些订单并没有价格限制，投资者以首次公开发行后确定的价格获得股票——这被称为“空袭订单”。

需求登记簿一般记录了每个订单的日期、时间、购股数量、存托凭证明细（如果有此类信息）、标价货币（一般为报价者所在国货币或美元）、确定订单时的限定价格（如果有此类信息）、投资者名称、国籍、类别以及收集订单的销售人员信息。在最终确定分配方案后，系统会通知有关销售人员每个投资人的具体分配金额。

有时私人银行或高净值个人投资者订单规模相对较小，因此，在此类情况下会将有关订单进行汇总并且仅为私人银行提供每个限定价格水平上的总体数量。而在其他情况下，要对超过某一特定金额的订单进行披露，通常为 250000 美元，且对于所有提交的订单仍然需要保持一定的“透明度”。关于需求登记簿的例子见图 7。

每个账簿管理人都要建立自己的需求登记簿。一般来说在每个工作日结束后的一个商定时间内，各账簿管理人会通过电子系统交换各自的登记簿并对记载的信息进行汇总。

日期	时间	投资者	国籍	类型	股份	美国存托凭证	当地货币总量（百万）	美元（百万）	限定价格	销售人员
2月3日	11：15	施罗德AM	英国	基金经理	250000	0	0	25	100	AC
2月3日	11：22	DWS	德国	基金经理	100000	0	20	26	空袭	TM
2月4日	09：30	大本营	美国	对冲基金	400000	0				
2月4日	09：35									

图7 账簿管理人手中机构需求登记簿的一部分

3.6.2 手写需求登记表

如果存在来自于副主承销商或副承销商的订单，则一般通过 Dealogic 系统、传真或电子邮件发出，具体形式为由账簿管理人向银团成员发出的包含在企业介绍说明中的表格。在收到此表格后，账簿管理人会将该表格手工录入系统。虽然，如今由于电子表格的应用已经使得“手写”需求登记表不再广泛采用，但是在一定范围内，它仍然是一个重要的工具。表格具体内容包括：

- 每个银团成员的合同明细；
- 订单日期；
- 投资者名称，一般还包括下订单的基金名称（或基金经理名称）；
- 投资者类型，包括银行、证券经纪人、公司、保险公司、投资经理、退休基金、散户投资者、对冲基金以及其他类型投资者；
- 投资者国籍；
- 订单种类，例如首次公开发行由新投资者订立的新订单，或者是对原有订单进行的增加、减少、修改或取消；
- 订单是否以股票、当地货币、美元或其他国家货币计价；
- 订单的限定价格，如果有必要，还包括是否以当地货币购买或以美元计价的存托凭证方式购买；
- 任何其他银团成员希望加入的注释。

此类需求登记表格的例子见附录 7。

3.6.3 折扣指令包括及分割订单

购股意愿的备注一般包括承销折扣指令组成，所谓承销折扣是指投资者与某一银行签订订单时，需要向一家或多家银行支付的佣金。投资者愿意支付这笔佣金，因为承销折扣可以更有效地激励银行提供更好的事前研究报告。如前所述，美国的股票发行就存在这样的激励机制。在有些情况下，为了促使初级银行“争取”投资者的这一折扣指令，协议条款会规定有关折让许诺截至登记簿结束后 48 小时之内仍然有效。此外，需要在公开发行过程中明确说明是否允许分割订单（即机构投资人通过超过一个以上的银行订立订单，参见 1.11.3 节）。

3.6.4 需求曲线

一段时间后，通过对机构投资者的认购情况及需求登记簿中所记载的价格敏感度水平的分析，发行方可以得出需求的基本模式。在通常情况下，超额认购水平会在达到价格区间内的某一点后出现大幅下降，借此发行方可以更加容易地确定最终发行价格。需求登记簿图示见图8。在这个例子中，发行数量（包括超额分配选择权）超过了价格区间的中位数。

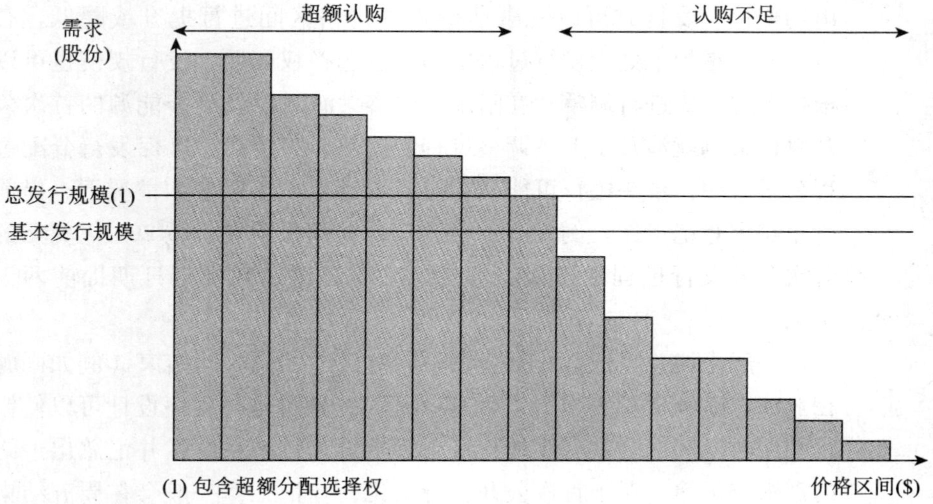

图8 典型的需求登记状况

3.6.5 管理需求登记簿

需求登记簿所记载的超额申购水平一般不向普通公众公开，此类信息仅提供给特定投行工作人员以及银团成员（例如，对于投行销售团队中的某些工作人员来说，上述信息绝对保密；而销售团队中的负责合规检查的高级销售经理可以获得相关信息）。然而，交易进行过程的相关信息需要由牵头银行向市场进行公开。例如，在发行过程开始后很短时间内报价就超过了价格区间的最低水平，此时牵头银行可能会向市场发布相关信息，以便向投资者说明为什么最终在投资者购股意愿档案建立过程中实际报价会有所提升，同时也可以借助这一理由说服投资者，如果其希望获得所申购的全部数量股份，必须在原报价的基础上适当提高报价水平。同样，在投资者购股意愿档案建立过程中，如果向市场公布超额认购水平，实际上是在向投资者发出明确的信号，即如果其想获得任何申购股份则需要对其申购数量以及条款进行适当的调整。

在某些情况下，发行方也会根据地方法律要求向市场公布其在资者购股意愿档案建立过程中的股票需求状况。

3.6.6 调整价格区间或发行规模

根据上文所述，尽管此类情况较少发生而且会受到当地有关法律的限制，但考虑到投资者在发行过程中的反应以及不能提前预测到的市场变化，发行方可以就事前确定的价格区间进行提升或降低。有时，尤其是为了处理发行过程中的增发选择权问题，发行规模也可以根据上述方式进行调整。在附录 1 中盛大游戏以及爱莎能源的首次公开发行案例就涉及了上述调整过程。此外，为了能够确保发行分配过程公平有序，牵头银行可能会在投资者订单需求过多的情况下，提前终止需求登记工作。例如 2010 年 10 月友邦保险在香港 204 亿美元的首次公开发行过程中，其需求登记工作就比计划规定日期提前两天结束。

一般来说，登记截止日会在不同时区的相同时间结束（例如同时在亚洲、欧洲以及美国下午 5:00 结束），通过这一程序设计可以使银行利用时区间的时差有序地将订单逐笔输入订单系统，并汇总出最终的需求登记簿。对于首次公开发行来说，登记工作一般会在周五结束（这仅仅是一种惯例，因此并非所有发行都必须遵循），然后管理层会结束其路演工作，并在周末返回准备上市地点的时区出席定价、承销以及股权分配等工作会议。这一惯例同时也使得银团有足够的时间决定如何进行股份分配。与之相反，定价会议（尽管没有固定的地点）往往会在结束路演的城市进行，考虑到时差以及一些首次公开发行的私募部分会在美国进行，因此定价会议地点通常选择在纽约。

考虑到市场风险和在全球市场中进行奔波对于交易的影响，银行可以在周四结束需求登记工作，以使对投资者的配售工作在周五得到确定。

3.7 公开发行

在首次公开发行过程中，尽管并非所有国家的发行方式全部相同，但大多数都包括向公众（散户）投资者和向机构投资者发行两个部分。与为机构投资者建立购股意愿档案所用的时间相比，散户或公众投资者建档时间相对较短，一般不会超过 2 – 3 天，但是通常都有具体的最短时间要求。比较特殊的例外是澳大利亚，其登记时间相对较长，需要几周时间（一般需要 4 周）。尽管某些国家（例如法国和印度）使用拍卖或公开报价系统进行公开发行，但是大部分国家对于散户投资者都采用固定价格方式发行。而就固定价格发行而言，又包括同时发行以及序贯发行两种方式（见图 9）。根据某些国家法律规定，例如新加坡，上述方式可以同时使用。在多数国家，关于首次公开发行的广告或者通告是在进行公开发行工作时开始的，发行方会在公共媒体上进行相关宣传。广告宣传必须附带相关的法律免责声明。

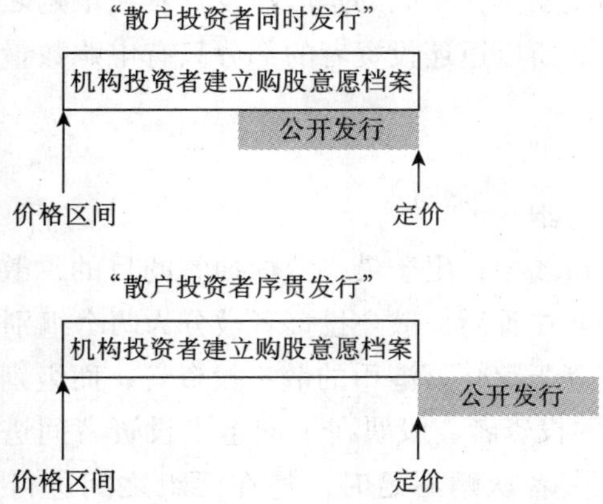

图 9　针对散户投资者的同时发行及序贯发行示意图

3.7.1　同时发行

对散户投资者的同时发行一般会在机构投资建立购股意愿档案的最后几天进行，此时机构投资者出价成功（或失败）的信息可以为散户投资者就股票上市后可能的表现提供一个较为准确的认识。在此种发行方式中，由于发行价格无法在申购时得以确认，因此投资者一般会被要求以发行价格区间的最高价格进行支付（提前），此后如果最终发行价格低于最高价格，则发行方将会把申购款差额部分退还给投资者（不含利息）。在同时发行过程中，除非有特殊规定，否则在撮合过程结束前，账簿管理人有决定如何在普通公众和机构投资者之间进行分配的灵活性。与序贯发行不同，同时发行过程中，机构投资者可以使用快速解决机制，因此同时发行更受到投资者的青睐。在这一机制中，机构投资者可以在观察散户投资者对发行的反应后，最终确定订单规模。在同时发行过程中，与序贯发行一样，投资者也会在发行结束后收到实际申购股票数量与最终获得股票数量间差额的补偿。

3.7.2 序贯发行

在序贯发行过程中，对散户投资者的发行工作一般会在机构投资者发行价格已经确定后才开始进行。也就是说，散户投资者实际申购股票的时间为机构投资者进行股票交割的日期。此种方式在波兰首次公开发行过程中较多使用，尽管在波兰发行结构中包含着最高申购价格的发行条款。对于序贯发行而言，仍然存在着固定价格发行以及提前支付等制度安排，不同的是散户投资者在申购之初就已经知道了具体发行价格。所以返还投资者的部分只有申购数量以及实际获得数量之间的差额。

3.7.3 散户投资者分组

在很多市场中，出于最终分配抽签的目的，散户投资者被分成不同组别。例如在香港，散户投资者被分为两个组别，组别 A 包含申购金额少于或等于 500 万港币的散户投资者，而组别 B 为申购金额高于 500 万港币的投资者。股票在不同组别投资者间进行公平分配，而当其中一组投资者认购不足时，将在两组之间进行股份的再分配。此外，禁止投资者在同组或组间提交多份申请，同时投资者申购金额不得超过事前分配给不同组别的最大数量限制。

如上文所述，在回拨机制和超额分配机制下，散户投资者与机构投资者之间可以在超额认购或申购不足的情况下进行再分配。以上过程可以由账簿管理人自行决定，或根据特定地区的首次公开发行文件中的相关规定进行再分配。

3.7.4 其他类型散户投资者

在澳大利亚，散户投资者通常有几种类型。例如公众散户投资者和企业雇员（和大多数其他市场的分类一样）。此外，往往还存在具有优先申购权的投资者（例如一个或多个与现有股东有关联的公司）以及经纪发行公司。经纪公司发行制度是一种在澳大利亚十分普遍的发行制度，仅对澳大利亚及新西兰居民开放，这一制度，使投资者可以通过经纪人获得公司发行的股票。在澳大利亚，首次公开发行一般会在“曝光期”（向澳大利亚证券监管部门澳大利亚证券及投资委员会（ASIC）提交申请文件（招股说明书），以便在发行者可以接受申购之前，公众及 ASIC 对文件的有关材料进行信息核实）。

在美国，针对“朋友和家人”的发行，可以在首次公开发行之前进行，也可以在发行中将这部分直接保留下来，但是根据规定，这部分发行一般有大概 6 个月的封锁期。

3.7.5　散户激励措施

在 20 世纪 80 年代至 90 年代，发行方普遍采取激励措施以鼓励国内散户投资者参与首次公开发行及其他发行活动，这一行为在私募发行过程中更为普遍。一般激励措施以分红股、散户折扣或混合使用上述两种方式进行。

所谓分红股是指投资者在首次公开发行后如果仍然在规定时间内持有公司股份，则发行方会给予投资者一定数量的股份奖励。一般为投资者在首次公开发行后持有时间超过 18 个月，则每 10 股获得 1 股奖励。这一措施的目的是防止投资者在获得所分配股票后立即卖出股份。股份奖励措施在 1984 年，由英国人本森在英国电信 40 亿英镑的首次公开发行（当时世界范围内最大规模的首次公开发行）中首次采用。此后，在欧洲、亚洲以及世界其他国家的私募发行过程中，这一措施被广泛使用。

散户折扣是指散户的发行价格一般是在机构投资者发行价格基础上给予一定折扣比例。这一激励方式被广泛应用，其中最为常用的是与其他折扣混合使用的折让策略。例如，2000 年香港铁路有限公司 14 亿美元的私有化首次公开发行过程中，就包含了以上两种策略，这一过程也是最近几个包含折扣的大规模私有化案例之一。折扣可以在发行结束时进行，也可以和股份奖励一样在最低持有期结束时实施。此处所说的散户折扣，其幅度一般控制在 10% 以下。

此外，过去常用的散户投资者激励措施还包括股票的部分支付。在此方式下，投资者可以在某一时期内分阶段支付申购款项，并且各阶段不向投资者收取利息。部分支付所涉及的股票单独在二级市场内进行交易。和前两种激励措施一样，股票的部分支付也是在 1984 年英国电信公司首次公开发行中被首次采用。

此外，还有一些不常用的散户激励措施。在过去，此类措施包括公共事业股票中附赠的电力或天然气的优惠券，以及在一定时期内如果发行后股票价格低于散户投资者发行价格，上市公司将会保证退款（部分）。同时，较早进行股票申购的散户投资者，则会获得更好的股票分配方案。在1987年欧洲隧道7.7亿英镑的首次公开发行中，激励措施甚至还包括免费旅游项目。

然而如今对散户投资者的这些激励措施已经较少使用，一般数十亿美元的发行往往直接进入市场而并不附带任何对公众投资者的优惠条款。

3.8 员工持股计划（ESOP）

在公司首次公开发行过程中，往往会在上市前或上市同时实施员工持股计划。通常情况下，对公司雇员的发行会与市场公开发行同时进行。尽管员工持股计划条款相对简单，但是在有些情况下此计划可能会十分复杂，特别是对于那些业务分布在不同税收和法律管辖区下的公司而言这一情况更加突出。

3.8.1 目标及规模

员工持股计划的主要目标一般为激励、挽留和吸引员工，既可以针对某一特殊雇员群体也可以对公司全体成员进行。在现代公司中，此类发行极为普遍且已经存在了较长的时间。例如1989年英国的阿比国民银行（Abbey National）通过股份化将主营业务由建筑业转化为银行业（该公司后来被西班牙国家银行收购），在其16亿英镑的首次公开发行中，就包括同时向560万客户免费分配股票的条款。[①] 在通常情况下，发行方会同时实施数个计划，这一惯例取决于受益人所享受利益的优先程度，例如公司高管、公司中层管理人员以及一般雇员等。员工持股计划一般占公司总股本的5%—15%，[②] 且可以通过多种方式实施。在这一过程中，职工可以购买股票（经常在较优惠的条款下），同时员工也有权在部分分红或激励措施的政策下，获得公司直接发放的股票或股票期权。

3.8.2 人力资源以及绩效咨询

在实施员工持股计划过程中，最重要的一点就是在计划实施之初，依据本地区法律及税收规定，确定公司一个或多个计划的预算。

---

① Freud D (2006), *Freud in the City*, Bene Factum.

② Worldbank. org, Labor Tool Kit, “Key Eleweuts of a Labor Program”, June loe.

此时，公司人力资源专员和绩效咨询专员或薪酬顾问会为该预算提供帮助，并提供同类企业类似行为的案例作为公司制订员工持股计划的参考。此外，有关顾问还可以就与该计划相关的税务以及社会保险等方面提出意见。与普通的利润分享计划不同，股票分配计划一般涉及在一定时期内的股票的支付、证券转换以及相关证券的可兑换性问题。并且其中有关利益实际上与公司未来经营情况而非过去业绩挂钩，因此对于公司而言这实际上是一种应计费用。

3.8.3 主要因素

在设计员工持股计划过程中，公司需要考虑以下几个主要因素：①

- 公司规模及行业惯例；
- 确定受益人或受益人群体，以及是否考虑最低合格工龄；
- 确定所用股票来源（是使用现有股份还是新发行股份）；
- 确定相关股份的投票权及分红权；
- 分配及转让的权利；
- 锁定期以及延期支付安排；
- 员工购买公司股份的潜在竞争关系；
- 对于雇员自愿离开公司或从公司退休以及公司解聘员工的相关规定；
- 设立信托以确保计划顺利实施并代表职工利益持有股份；
- 对于股权稀释的考虑。

出于收入批准和税收计划的考虑，大多数国家都有不同类型的员工激励计划。例如英国的股权激励计划（Share Incentive Plans，SIP）、工资扣存（Save as you earn，SAYE）、公司股票期权计划（Company Share Option Plans，CSOP）以及公司管理激励计划（Enterprise Management Incentive，EMI）。②

3.8.4 典型的三层次员工持股计划

最为典型的三层次员工持股计划一般包括以下内容：

- 给予公司高管在首次公开发行价格基础上通过折价方式进行的股票认购权或股票收购权（通常按照面值收购），以及根

① Businesslink. gov. uk，"Practical Advice for Business，Set up Employee Schemes"，2010.

② ibid.

据最低未行使期限的规定给予高管在公司上市后一定时期的（通常是 10 年）可执行期权；
- 公司“中层”以折扣价格购买公司股票的权利；
- 公司其他员工获得的与首次公开发行相关的“免费”股票。

对公司在给予员工股票或期权后，往往会同时对员工进行相应限制。例如，如果员工在规定的时间前离开公司，则须退还获得的股票或期权等。此外，企业也会使用一些其他与股票相关的工具，例如可在未来转换为公司普通股的债券或优先股。同时，如果员工持股计划在公司上市后才得以实施，此时上市公司还需要遵循交易所的有关规定。

成功员工持股计划的例子见附录 1，新加坡凯德商业产业首次公开发行案例。

3.9 定　价

在全部需求登记完成后，首要任务就是通过协议方式确定发行价格。此后，银团中的所有银行以发行价格为基础进行承销（费用较少）。在大多是情况下，只有账簿管理人可以签订承销及其他协议；而银团中的低级成员，会向一个或多个牵头银行签发授权书，将其相关权利委托给牵头银行。

首次公开发行的定价以及股票分配实际上是一门艺术而非科学。在上述过程中，为了鼓励投资者进行投资以及持续提升股票价格——最理想的状态是在上市初期价格保持相对稳定而不是在交易初期价格飞涨，有关各方需要考虑发行方、献售股东以及投资者的优先级等情况。

3.9.1 解密需求登记簿

发行方及其股东一般希望最大化发行价格，并且认为即使当前价格水平已经反映了实际公允价格，最终发行价格还应提升至价格区间的顶部区域。这一想法忽视了部分投资者在报价过程中对于价格的夸大。此时，账簿管理人应通过“解码”或“解密”股权登记簿的方式，确定在实际发行价格区间内超额认购的实际价格。此外，使用过程中也应充分考虑需求登记簿的质量，以确保在实际分配过程中，拥有良好声誉、大型、具有长期投资性质且通过做多市场获取利润的投资账户可以获得最终分配的大多数股份。假设在发行股票被超额认购的情况下，大多数股份被低质量投资者持有且最终交易价格被定在了价格区间的顶部区域，那么最终股票很可能在上市后经历十分糟糕的表现，股票价格破发，大多数此类新股东将会在第一时间退出投资。因此，就如何确定合理的最终发行价格，需要进行大量的讨论。特别是如果首次公开发行过程中公司管理层或股东此前并未有过相关经验的情况下，更需要进行大量的沟通工作。

3.9.2 确定正确价格

假设借助建立投资者购股意愿档案的过程，发行方已经收集了足够的需求意愿，此时最理想的定价应当为价格区间顶部区域的四分位数附近。同时需要注意的是，没有必要将价格定在价格区间的高端部位，而且发行方可能通常会有“留一部分利益在桌面上”的想法，尽管在大量超额认购情况下这一想法难以成行，但是发行方还是很希望如此。“热销”首次公开发行通常表现为在股票刚刚上市时就出现价格飞涨，这一现象引起了众多学者的广泛关注（特别是在美国），他们普遍认为这是由于首次公开发行的抑价所致。[①] 然而，很多经历多次认购的大规模首次公开发行，其股票上市初期的表现却令人失望。这一现象很可能是由于股权登记簿中的需求不足或者是需求质量不高难以维持较高定价水平所导致的。此外，出现令人失望的开局还有可能是因为不利因素的发生超出了上市公司或牵头银行控制范围，导致了市场条件突然恶化。附录1提供了不同国家首次公开发行初始交易情况的统计信息，其中涵盖了美国、英国、欧洲大陆和亚洲市场等。

3.9.3 定价之后

一旦牵头银行和发行方确定了最终价格，那么股票分配过程开始。在此阶段，需求登记簿记载的发行价格（已确定）下的需求数量和发行总数量（包含公司股票数以及超额分配选择权，具体内容将在4.1章节进行讨论）都是已知的了。因此，账簿管理人可以决定哪些投资者可以获得股份、要从多大程度上降低投资者的认购数量。

直至最终确定价格以及签订承销协议、销售与购买协议之前（协

---

① Jenkinson T and Ljungqvist A (2001), *Going Public: The Theory and Evidence on How Companies Raise Equity Finance*, Oxford University Press.

议的签订通常也在商定价格之前），有关各方需要与管理层进行简短的讨论以进行最终的尽职调查工作。牵头银行和法律顾问此后会就是否在过去几天中发生可能会影响公司经营，且需要在招股说明书中加以披露的事项与管理层沟通。类似过程同样也需要在公开发行结束前以及在执行超额分配期权（如果存在）时进行。

最终，牵头银行在授权下将代表银团其他成员与发行方签订承销协议。直至交易结束前，银团都合法拥有股份。同时，还要准备最终的招股说明书（包含发行价格、基于发行价格的统计数据、从发行过程筹集的总（净）款项以及招股书明书公布之后需要进行变更的信息的披露），一般在下一个工作日公布。

3.10 承销协议和其他协议

在首次公开发行过程中直至定价完成，参与各方均有大量的协议需要签署。首先，银行需要签署销售及购买协议，在该协议下银行将股票以发行价销售给投资者，从而从发行方以及售股股东方获得净佣金。尽管这一协议与“国内”散户发行承销协议互为条件，但仍然有区别，后者一般在公开发行之始开始承销。

3.10.1 销售与购买协议的主要条款

销售及购买协议为定价及交易结束期间机构清算承销过程提供证明。因此，银行会向发行人承诺如果有一个或多个投资人出现违约情况时会代为支付。销售及购买协议有关条款需要符合 144A 规则和/或 S 条例下有关国际机构发行的相关规定，因此也包含具体的美国式的陈述和保证。广义上，销售及购买协议一般包括数量众多的先决条件，例如招股说明书注册、首次公开发行价格协议、股票上市许可文件、与国内承销机构所签订的承销协议以及要在特定日期发送给牵头银行的文件（例如，法律意见以及审计师安慰函等文件）。协议中还包括与发行方及献售股东就其股票所有权所作的声明与保证——例如，关于没有将股票让渡给第三方的陈述、关于招股说明书中信息披露的陈述、关于上市维护的陈述以及签订其他协议能力的陈述等等。此外，在协议中还包括发行方股东保证遵守有关锁定期规定的保证条款。

在销售及购买协议中，一般包括支付给承销银团的佣金明细以及有关费用补偿的协议安排。同时，发行方及献售股东还会向银团提供关于在招股说明书中的虚假信息、信息缺失、违反协议条款和违反法律等行为的赔偿规定。

3.10.2 不可抗力条款

在销售及购买协议中，最重要的一点就是要加入不可抗力条款，该条款主要用以确保在某些极端事件发生情况下，银行的承销清算可以及时终止。这些极端事件一般包括战争、恐怖主义、传染病、地震、火灾、海啸以及其他可能影响金融市场、证券交易和其他公司经营性行为的不可控因素。在某些国家，会因为当地市场的运作惯例导致不可抗力条款的具体实施受到一定的限制。例如在西班牙，一旦股票分配方案被录入到股票交易所使用的系统中，则无论不可抗力发生与否，投资者都会收到该股票。由于这一规定，西班牙发行市场中有关的市场惯例以及承销协议都已经有所演变了。数据显示，不可抗力条款在过去很少被实际执行，最近比较著名的就是1990年的海湾战争爆发以及2010年墨西哥湾石油泄露所引发的不可抗力事件。

3.10.3 公开发行承销协议

在多数法律体系中，无论采取同时发行方式还是序贯发行方式，公开发行承销协议都是由双方在公开发行开始时签署，而不是在结束后签署。在上述两种方式下，散户投资者（与机构投资者不同，机构投资者会在认购结束后才实际支付以上款项）需要在认购当时而不是认购结束时就其全部申购股份进行支付。无论是首次公开发行中的国际销售及购买协议还是国内销售及购买协议，承销商都要独立承担承销义务（非连带义务），银团中每个成员都按承诺承销一定比例的股份，但是却不用承销违约承销商应承销的部分。公开发行的承销协议的有关条款类似于销售及购买协议，而两者的最大不同之处就是，前者的发行对象完全为国内投资人，因此并不包含美国式条款。

有时候，尽管发行定价的相关信息可能会包含在销售及购买协议中，但是发行定价自身实际上就是一个简单、独立的定价协议。

3.10.4 银团内部协议

在全球发行过程中，除了需要订立上述协议外，在确定价格的同时，银团内部成员也需要签订一份内部协议。该协议涉及各个承销银行。制定银团内部协议的主要目标就是在各成员之间就可能的股份再分配程序以及佣金如何进行分配进行事先约定。例如在香港，如果针对散户的发行出现了 100 倍的超额认购，那么自动回拨条款被激发，对散户投资者的发行规模将由原来的 10% 增长到 50%（参考附录 8 关于在香港市场首次公开发行中回拨条款被激发的案例）。在银团内部协议中将会对上述情况加以规定，一般条款为，回拨机制被触发后，相应的管理及承销费用将按照发行开始时确定的标准进行分配，但是销售佣金将会根据其实际承担的发行规模在不同成员间进行重新分配。此外，如果在对散户投资者发行过程中存在认购不足的情况，则也同样适用这样的佣金分配方法。在这种情况下，如果机构投资者需求旺盛且股票满足交易所规定的最低股东限制，则未能足额认购部分将会重新分配并提供给机构投资人进行认购（相应的佣金也随之转移）。在某些情况下，如果机构投资者对股票的需求水平也较低，且不能吸收所有公众发行所造成的认购不足数量，此时协议需要明确规定（尽管实际很少出现）承销商是否需要按照承销协议所规定的比例对此部分股票承担相应的承销责任。然而，在出现少见的后市表现不佳或认购不足的情况下，更一般的情况做法是适当调整发行规模、重新确定发行价格或采取以上两种方法的混合方式进行发行。

3.10.5 管理者之间的协议

除去银团内部协议以外，各部分承销人将会在各管理人之间单独签订协议——例如他们各自的责任范围、哪个银行将承担稳定市场的职责以及费用及补偿如何进行分配等。从传统意义上讲，银行管理及承销佣金应当可以足够支付补偿费用以及补偿为了稳定发行而产生的损失。然而，由于在银团中大多数初级成员一般仅仅获得固定的费率，因此上述条款实际上并不适用。此外，需要注意的是银团中的初级成员可以获得的费率一般属于商业机密，并不对外公开。

3.10.6 收款银行协议

这里在国内承销协议之外，在发行人、牵头银行及收款银行间签订的另一个协议。协议范围包括招股说明书发行、公开发行申请表以及如何向收款银行进行相应支付，一般还包括与首次公开发行过程中收集到的由散户投资者支付的认购款所产生的利息相关的条款。[①]

3.10.7 递送法律意见、安慰函以及其他文件

伴随首次公开发行定价及招股说明书最终版本的公开，来自于会计师的安慰函也会随之发出。同时，在发行结束时“后续文件”以及超额配售选择权等文件也会随之发出。安慰函以及法律意见、披露文件、来自于其他顾问的证明文件等组成了发行结束的先决条件——尽管这些文件很明显是在确定发行价格和出版最终版本的招股说明书之时署名（安慰函）或者签订的。法律意见书、披露文件和存托协议实际上也是在发行结束时发出的。

3.11 分配股份

明智的分配策略可以确保投资者并不会足额得到全部的申购股份，以使其可以在此后的市场交易中积极参与提高其持有量。

3.11.1 分配标准

一般来说，在确定分配标准时会考虑以下因素：

- 机构投资者资质；
- 市场中类似交易的相对发行规模；
- 投资者参与营销活动的反馈，例如路演、一对一会议、电话研究会议和投资者教育；
- 在二级市场交易中投资者的预期交易行为；
- 和销售计划相关的投资者订单下单时间（例如，在路演最后一天与发行方管理层进行一对一会议的投资者，不会因下单晚受到发行或分配歧视）；
- 投资者类型；
- 预推销中反馈信息的一致性（例如，在预推销中某投资者对于首次公开发行并未表现出极大的热情，但是在投资者购股意愿登记的最后一天却订了一个大单。这一前后矛盾的行为一般认为是市场情绪影响的结果，因此在最终分配过程中可能并不会得到较大数额的分配）；

---

① Herbert Smith，（2006），*Hong Kong IPO Guide.*

- 短线投资者、投机性买卖投资者以及“迟到”投资者会在股份分配过程中遭到歧视，即相对分配数量较少甚至没有分配。

虽然一般由账簿管理人负责股票分配，但有时发行人也会在其中起到至关重要的作用。例如，在法国私有化过程中，法国财政部花了几年时间对机构投资者账户的相关信息进行了汇总和编译，在此基础上掌握了股权在不同机构投资者之间进行分配的方式。从法律意义上讲，分配过程应该是由发行方自行决定的，而银行一般也会以信件方式告知发行人分配方案是其应尽的职责。管理当局希望发行方对上述过程加以控制，以避免潜在的利益冲突。但是在实际操作中，股份分配工作往往最终由银行确定，此时分配经常采用“发行人建议的方式”进行。

3.11.2 根据需求登记簿信息进行股权分配

股权分配过程实际上是要确定最重要的核心长期投资者。此类投资者一般有较为长远的计划，并且将会在分配过程中获得大约30%至40%的股权。甚至在某些特殊市场条件下，此类投资者可能获得的股份比例更高。因此，分配过程在开始时，一般将注意力主要集中在大额申购意向上。尽管小型投资者以及投机性质的投资者最终实际获得的股份所占比例低于自己申购的比例，但这一分配比例应该以能够保持发行后市场整体的流动性为标准。如果根据需求登记簿信息显示，市场中出现较大数额的超额认购，则此时小型投资者和报价处于价格区间底部的投资者将被“归零”。

在投资者需求登记簿信息处理过程中，账簿管理人会将投资者划分等级。也就是说，他们将根据投资人资质，将其划分为4级或5级。一般来说，投资者越著名，对于发行方而言其账户认可程度越高。此外，最大和最著名的基金经理级别最高，因此会在此后的分配过程中获得最高比例的股份。如果银团代表对某些投资者持保留意见，则相应投资人的认购申请可能会经历更长时间的审查以及更多轮的讨论。实际上分配过程经常是在不同银团成员间进行利益博弈的激烈讨价还价过程。每个成员都有各自的“家庭账户”，它们经常与此类账户在二级市场中进行交易，因此会在发行分配过程中更加倾向“照顾”此类账户。

机构分配过程必须使用公平和一致的方法进行，并且不能以支付给某一特定银行佣金的多少作为基础。由于其账户规模的原因，最大的申购账户往往会在股票上市后成为市场中最活跃的参与者。而这些账户的所有者往往也是大多数投资银行中大的现金资产客户，因此，在实际分配过程中可能会出现“猫腻”。

在最终分配过程中一般会涉及算法问题，在发行价基础上，发行方会进行测试性“分配路演”。例如，分配股份时，1 级订单可以得到45%，2 级订单可以得到25%，3 级订单可以得到15%，4 级订单可以得到3%，5 级订单不给予股份。一旦最终结果接近于全球发行过程中的发行数量，则分配工作将进入逐行手工调整阶段，以确保每个投资者可以分配到基本份额整数倍的股份，就如同交易时也是以基本份额的整数倍进行的一样。例如，若一份申购的最低份额为1000股，则通过手工调解可以确保没有投资者分配到的份额是零头，因此不会出现类似1789 股这样的情况。上述过程将持续到所有发行数量穷尽或者账簿管理人对于最终分配均满意为止。这样的调整过程基本都要花费一个通宵才能完成。

3.11.3　分割订单

当投资者分割订单时——分割订单是指通过多个账簿管理人订立多个订单，这类订单的处理和其他订单一样，也是根据股份在需求中所占比例进行分配。

3.11.4　自由留存股份

在某些情况下，由于某一银行取得大量难以分别进行分配的小订单，此时银行有权通过其所持有的“自由留存”股份自行决定分配顺序。需要注意的是由于最终市场分配明细将汇总上报给监管部门，因此使用“自由留存”股份进行分配的银行需要将其具体分配明细报告给账簿管理人。此外，账簿管理人通常也会持有一定数量的自由留存股份，以便可以对其自由账户进行分配。

3.11.5　确定机构分配数量的其他因素

在最终确定分配方案后，将会向发行方汇报相关信息并由其最终批准。路演过程中某些有成果的一对一会面可能使发行方希望给予某些投资者更优惠的分配，所以管理层此时可能会要求对确定的分配方案进一步进行调整。虽然，从法律意义上讲，管理层对分配方案保留最终决定权，但在实际操作中很少对由银行所制订的方案进行较大范围的修改。在上述过程完成后，将会告知接受订单的各个销售人员最终分配方案，再由其通知机构投资人。这一过程既可以通过电子邮件方式也可以通过投资者意愿登记系统（现在较多使用后者）完成。在这一阶段，由于所有销售人员都希望可以为其所代表的客户争取到尽可能多的分配数量，所以在实际交易时不可避免会出现很多针对最终分配方案的不同意见。此外，部分股份可能会通过“虚假”订单方式以账簿管理人的名义被银团代表留存，以便最后通过此部分进行调整：此方法实际上并不道德而且如今较少使用，取而代之的是以“自由留存”股份方式进行调整。

3.11.6 配售通知

需要通过正式的配售通知告知机构投资者分配情况，最后该通知书会由机构签字并退回给银行清算及运营部门。配售通知书一般包含对销售限制的确认条款——例如，根据 144A 规则，由美国合格机构投资人购买的股份最终只能销售给合格机构投资者。此外，在配售通知书中还会明确注明投资者参与首次公开发行所需支付的佣金。在接到配售通知后、发行结束之前，投资人需要签字并连同其经纪人账户明细一起退还给银行，以便配发最终分配的股份。

3.11.7 散户投资者的分配

对散户投资者而言，通常会通过注册抽签机制进行分配，此时申请数量不同的投资人一般会获得不同的分配比例。在某些情况下，对于申请数量较少的订单，实际无需进行抽签，相应申购将会被全额分配。通过抽签机制，会将一定数量股份分配到每个成功申购的账户中。同机构分配一样，在对散户投资者进行分配时需要注意的是每个投资者的需要必须按照申购单位进行分配不能出现零头。具体案例见附录 1 中 2009 年 11 月凯德商业产业在新加坡进行的首次公开发行。

3.11.8 经纪人佣金、交易费用及税金

除去经纪人佣金（一般为交易金额的 1%），投资者一般还需要向股票交易所以及管理当局缴纳交易费用以及交易税。例如香港证券交易所通常会收取 0.005% 的交易费用（交易双方），作为香港管理当局的证券期货委员会（SFC）通常收取 0.003% 的交易税（交易双方），这一规定同时适用于机构投资者和散户投资者。此外，尽管在

首次公开发行中并不适用，但在香港经纪人需要按每笔交易 0.50 港币向监管当局支付管理费用，同时所有在交易所上市的股票都需要在交易进行时按交易价值的 0.1% 支付印花税。香港政府同时也要求股份注册持有人支付过户契据印花税 5 港币，以及无论实际数量，每个上市公司登记员还须按照每个注册凭证 2.5 港币的标准交纳过户费。

一般来说，对于机构投资者的所有销售都被视为最后总销售，并且不允许对分配给其的股票数量进行重新分配。

最终会由公司的运营和后台管理系统就清算明细、支付及最终分配指示等进行跟进，这一工作十分折磨人，会持续进行数天。

3.12　首次公开发行的结束及上市

结束过程一般发生在首次公开发行的最后阶段。也就是说，投资者已经就其认购的股份对发行方和献售股东股票进行了最后支付，并且也收到了分配到其经纪人账户的股份。在大多数市场中，清算是通过以本币计价和付款交割方式（DVP）进行的，如果清算中使用的是存托凭证则一般会以美元为计价单位（不都是）进行清算。

3.12.1　结算现金流

通常情况下，为了简化清算过程，账簿管理人会同时处理所有机构投资人订单：账簿管理人会根据机构投资者的付款情况实际分配股份，并在扣减所有费用后，将所收到的款项支付给发行方和献售股东(如果存在)。相应费用会在一段时间后支付给银团其他成员。但是销售折让部分会在发行结束后相对迅速地进行支付，一般会在向管理人员以及承销商支付承销佣金后 90 天内完成，以便抵扣未补偿费用、计算稳定利润和损失以及在所有银团成员间分配相应费用。

当指定了不止一个账簿管理人的时候，如果每个账簿管理人都代表一些银团成员的话，那么每个账簿管理人都要参加清算过程。如果众多的账簿管理人中有一个高级账簿管理人，那么这个高级账簿管理人将会代表银团所有成员进行清算。在下折扣指令和分割订单过程中，账簿管理人也将代表机构投资者收款及配发证券。

根据所发行的权益类证券种类以及相应的法律制度，清算过程可能会与其他工作相互交织进行。例如，想要发行新股的韩国发行人可能会考虑到发行美国存托凭证或全球存托凭证的办法，这在清算过程中，首先是收款银行必须收到发行所获得的所有款项，然后才能将相应佣金支付给牵头银行。这是因为为了“创造股份”，账簿管理人需要对全部支付金额进行登记，因此会出现这样的结算程序，尽管实际上两个过程经常同时进行。

3.12.2 后续尽职调查

直到结束阶段为止，尽职调查工作将会一直进行，法律顾问将检验承销协议中所有有关结束首次公开发行的先决条件是否满足。而此后进行的后续尽职调查仅仅是一种形式而已。2004 年全球最大的房地产投资信托基金——香港领汇房地产投资信托基金（Link REIT）进行首次公开发行，涉及私有化金额达到 38 亿美元。发行期间，由于公租屋居民的上诉，导致地方终审法院启动司法程序，发行在最后一刻被推迟。此后，在所有问题最终解决后，由高盛、汇丰银行以及瑞士银行牵头再次启动首次公开发行程序，最终于 2005 年成功发行。

尽职调查完成后，由第三方保管的募集资金将会支付给发行方以及其他受益人。

尽管超额认购水平在发行实际开始时为可能的市场趋势提供了一定参考，但是在实际发行过程中并不总存在灰色市场交易（也就是说某些市场参与者在股票官方发行之前就已经进行了交易。这一行为在英国也被称为受限交易）。事实上，由于很多未参与首次公开发行的研究分析师并不受到锁定期的限制，所以上述现象成为他们评论的主要目标。在美国或英国有时也会发生以“灰色价格”进行交易的情况，比如说在分配和清算过程中股份不足时就存在类似交易。但是在某些国家，例如波兰，灰色市场交易并不存在。

3.12.3 交易之初

在上述工作全部完成后，股票开始在发行方所选定的交易所进行公开交易。在多数情况下，实际股票市场公开交易时间会有所拖延，以便市场参与者可以对股票的实际价值有一个更加清醒的认识。最终，上市交易价格将会通过拍卖（在纽约证券交易所或美国证券交易所使用）或者通过买卖双方的撮合以及订单驱动方式确定。在一段时间之后，最终交易数量将会下降至正常水平。

现阶段，已经有很多学者对首次公开发行抑价现象进行了细致的研究。事实表明价格浮动并不一定会与目标相一致。发行方一般会竭尽全力争取最高发行价格，而市场投资人则会对新发行股票支付尽可能低的价格，并且一般会要求获得与同类股票相比更加优惠的条件（一般首次公开发行抑价会达到10%至15%）。虽然投资银行可能会同时在买卖双方发挥作用，但是由于其最终获取的佣金是以发行筹集的总金额为基础计提，因此从理论上讲，投资银行有动力协助发行方获得尽可能高的发行价格。与固定价格发行相比，在20世纪90年代出现的旨在寻找市场中供需均衡价格水平的动态发行过程的投资者购股意愿登记制度，通常会造成股票价格在首日上市后出现“爆发式”增长。虽然在上述制度中，聘任独立顾问以及两到三家账簿管理人可以有助于“保持银行诚实”，并且可以确保发行价格反映总体市场准备为首次公开发行支付的全部款项，同时可以确保上市后股票有稳定和积极的市场表现。然而在市场中令人吃惊的失败案例仍然屡见不鲜，其最终价格往往被严重高估或低估。首日股票价格的“爆发式”增长而非温和波动，在新兴市场中较为普遍，特别是在那些机构投资者数量相对较少，且相对缺乏新股发行经验的市场中，这一问题更加突出。

3.12.4 结束庆典

在多数情况下，正式的庆典活动通常在股票交易所进行，期间发行方以及牵头银行宣布股票正式开始交易，并“敲钟”、照相以及接受金融媒体的采访。

作为惯例，通常发行方会在发行结束后召开答谢晚宴，并且邀请发行中的各参与方出席。对于大型和复杂的交易过程，这可能意味着一个大型的庆典活动。此外，投资银行也会向发行方以及主要的第三方顾问高级代表提交一份纪念品。纪念品一般是用透明合成树脂或者丙烯酸做成的镇纸，作为交易完成的标志。有时银行会在发行已经进入稳定期的最后阶段才制作这个小纪念品，因为投资银行想要确保所有的股份都被销售或发行出去，尤其是在实施超额配售选择权的情况下更是如此。

第四部分
IPO 之后

4.1 价格稳定措施

在每一个 IPO 之中，当股票在短线的卖家与买家之间进行交易时，后市可能会突发不稳定性，这有时可能会影响股票价格，使其短期内低于发行价。通常发行人都会在账簿管理人中指定一个稳定市场代理（有时也称为稳定市场商）进入股市购买（或出售）股票以稳定股票价格，使其在初期上市后处于正常水平。

4.1.1 稳定市场商及免责安全港

在 IPO 中只能有一个稳定市场商，通常在招股说明书中告知，大多出现在招股说明书的封面上和承销（或分配计划）部分。通常，稳定市场商也是负责结算的银行（因为需要用钱才能稳定股票发行）。最近在欧洲市场实践中该部分已经涉及两家银行——稳定市场商和结算银行，双方在稳定期内的每个交易日结束后都要进行联系和沟通。这种稳定股价的活动通常需要遵守具体的市场规则，以避免因提供“安全港”而被指控操控市场。例如，当执行稳定机制时，在美国、英国、法国、西班牙、中国香港、新加坡、韩国和日本等地都明确规定“安全港”可以免于被指控为操纵市场。相比之下，其他一些国家则没有具体豁免条例，新兴市场国家中大多如此。有关稳定市场的规则涵盖了很多内容，包括稳定方式、时间、对于记录保存的要求和与这些活动相关的价格限制等。监管部门也经常要求在各种文件（主要是招股说明书）中披露可能会采取的稳定价格的市场活动，当实际使用稳定措施时需要时时向公众公布最新情况。

4.1.2 超额配售选择权

在大多数市场中，可以通过使用超额配售选择权来稳定价格。由于超额配售选择权源于美国一家名为波士顿绿鞋制造公司（即现在的美国鞋业集团 Collective Brands）的首次公开发行，因此超额配售选择权又俗称“绿鞋”。大多数时候，绿鞋期权一般要占到基础发行规模约15%的比例。市场上的任何信号都可能使账簿管理人预期到特定交易变动开始。若超额配售选择权比例小于10%，可能使投资者不相信稳定市场商已有足够的股票来确保在 IPO 后第一周内能保持有序的交易。在新加坡等一些市场中法律要求超额配售选择权的最高比例为15%。

在允许使用超额配售选择权的市场上，通常在自公布最终招股说明书之日起30日内，通过以发行价格或低于发行价格的方式购买股票以执行稳定机制。在中国台湾，稳定机制仅可进行5天，因为任何情况下在该市场中的股价每日只允许有7%的波动幅度。此外，价格稳定活动必须通过专用的稳定账户与其他交易例如自营交易活动等分隔开来。

4.1.3 实践中绿鞋期权的运作方式

超额配售选择权在实践中以如下方式工作：在有配售需求的情况下，发行公司超过初始份额（也叫基础份额或稳定份额），在同一时间以相同的优惠价格向机构投资者额外分配一些股票。增发股票的数量通常是原发行规模的15%。为了分配股票而不是卖空股票，这些额外的股份通常从一个或多个公司的主要现有股东手中以零成本借来，虽然此举是出于稳定股价的目的，但是这种销售在某些市场中并不被允许。例如，在美国使用绿鞋期权时，有所谓“失败结算”。借款通常为期30天，也正是稳定价格的时限。借股协议（如果允许的话）无需银行承担任何成本，因为此时的发行人在签订承销与销售和购买协议后正处于锁定期。因此，除了从稳定股价的过程中（由稳定市场商代表发行人执行）获益外，这些股份是禁止变现的。

尽管超额配售选择权与首次股票发行联系在一起，但出于市场惯例，超额配售选择权通常采取的是现有股票（而非新发行的股票）形式。这可能会稀释每股收益或红利，这一影响因素应当被详加考虑，尤其在推销具有较高股息收益率的 IPO（比如房地产投资信托基金或基建基金）时更应如此。

一旦向投资者进行配售（包括超额配售选择权），交易就启动了，稳定市场商将对后市的股价进行监测。如果交易的股价与发行价持平或高于发行价，则无需采取股价稳定措施。稳定市场商可自行行使绿鞋期权，其净效应就是将额外的15%的股票以发行价销售出去。

如果股价低于发行价，稳定市场商将采用一个或多个稳定性出价买入股票以达到稳定股价的目的，有效“吃进”和减少已分配给投资者的股票数量。这种稳定性出价通常在发行价位或发行价位以下时交错出现且规模会不断扩大——例如发行价为1美元，出价时则为1美元100万股，0.99美元200万股，0.98美元300万股。如果股价回升，那么可在30日期限内随时行使超额配售选择权，虽然只能是部分行使。如果为了稳定股价，所有超额配售选择权已行使完，将不能再行使超额配售选择权，且所有借来的已购回的股份应归还出借股东。

虽然在有些情况下，当地法规允许股价稳定市场商“二次行使超额配售选择权”。但通常来讲，利用超额配售选择权买回的股票不能再次出售。

通常情况下，绿鞋期权的启动是在交易开始的一个星期或几天内，或在稳定期结束阶段，而很少在两个阶段之间启动。举例来说，如前所述，筹集了204亿美元的友邦保险在香港首次公开发行，在交易的第一天就行使了绿鞋期权，其股价以超过发行价的17%收市。

4.1.4 惩罚性报价

在美国，除了绿鞋期权外，账簿管理人可以对承销商进行惩罚性报价。当承销商出售给投资者的股份在稳定期内被投资者卖出后，稳定市场商会将已售的股票回购回来。此时，账簿管理人会向该承销商以减少其在IPO中应得的佣金的形式收取罚金。通常这种减少的佣金包含在由账簿管理人从该投资者手中收回的销售折让中。实际上惩罚性报价是用来防止在交易的第一天或第一个星期内投资者股份出现过度波动的手段。

4.1.5 无担保空头

包括美国在内的一些司法管辖区，有可能会允许在绿鞋期权之上分配额外的股份以进一步提供“弹药”来稳定股票发行。这是通过无担保空头来实现的，无担保空头的操作中不会借入股份，当稳定市场商碰到波动特别大的交易后市时，他会卖出超出自己所拥有的股票份额。这在美国以外是很罕见的。实际上，在很多市场上，用无担保空头来稳定 IPO 或者股票发行是被禁止的。偶尔会有一些投资银行当没有必要采取稳定措施时会通过卖空股票来稳定股票发行，因此会导致损失。

关于绿鞋期权和无担保空头的操作见图 10。

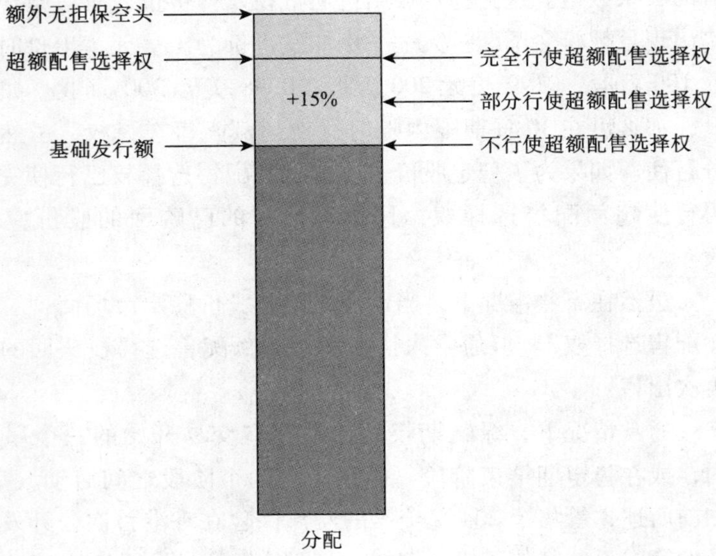

图 10 超额配售选择权和无担保空头

4.1.6 与稳定措施有关的争端

因为行使绿鞋期权时向投资者出售股份的价格高于借入股份时的价格，因此在交易时稳定发行的措施会为牵头银行带来额外收益。这些收益会根据承销商之间签订的协议留存和分发给承销银行。

从技术上来看，绿鞋期权并没有真正地被投资银行承销，而通常是在借股协议的基础上将股份分配给投资者，它本身对于银行来说通常是不付成本的。正因为如此，有时收取超额配售选择权的承销佣金的行为会遭到批评，特别是在私有化的情况下更是如此。然而市场惯例通常是继续根据超额配售选择权的协议来支付全部费用。

4.1.7 其他有关稳定措施的问题

超额配售选择权通常只在私募部分行使，而不会在散户或者公开发行部分行使。在大多数司法管辖区，必须在有意进行稳定发行之初就发表声明并且公布超额配售选择权的行使范围（全部、部分或者根本不行使）。当在稳定活动进行的过程中要更新投资者时也需公布临时公告。在股权资本市场上执行的所有稳定措施也必须要记录备案。

超额配售选择权并非万能，在某些情况下，出售压力可能会变得很极端，以至于需要在稳定市场商再次尝试买入股票之前要先让股价达到一个自然的水平。

在IPO中全部或部分行使超额配售选择权以及完全不行使超额配售选择权的案例可参见附录1。

在相对罕见的情况下，牵头银行可能会在一段时间内阻止银团成员推销、销售、购买或者签订合约来出售或者购买与发行者股票有关的衍生、混合或者综合性产品，以便进一步帮助公司证券安全平稳地进行交易。这对有相当大规模的财富管理和衍生操作的银行来说是个问题，因为这些银行会假定首次公开发行的股票股价具有波动性和较高的交易量（至少在初级阶段如此），因此会经常发行新上市交易股票的认股权证。

4.2　投资者关系

当发行人在完成IPO开始交易以后，还有一系列限制约束条件。

4.2.1　研究封锁期或者“沉默”期

对于那些参与首次上市的投资银行来说还有一个研究封锁期或者“沉默”期，从上市或者成交日起持续40天。在封锁期结束时，银行即可正式自由地发布包括股价目标和是否购买、持有或者售卖股票的建议的报告。毫无疑问，账簿管理人在首次上市之后短时间内就发布建议卖出的报告是不合理的。此外还有一些关于交易前研究报告的限制。没有加入到首次公开发行承销银团中的投资银行是不用遵守封锁期的规定的，但撰写公司详细报告通常需要与管理层进行广泛讨论，而当封锁期对其他人还有效力的时候，后者可能不会参与到这种讨论当中来。

对于任何刚上市的公司来说，拥有一个研究股票的内部核心团队是非常重要的，这有助于有效持续地提升投资者对于投资情况的信心。这是首次公开发行的银团中要包含副主承销商的主要原因之一。很显然投资建议会随时发生变化，如果股价明显上涨或者公司的业务面临困难的时候，研究分析师会建议卖出股票。不管怎样，研究报告对于投资者来说是一个基本的工具，它可以用来维持投资者的投资兴趣并最终随发行者一道使股票交易变得更加活跃。

4.2.2 发行者和股东的锁定期

现有的大股东或者基石投资者都要在 IPO 之后的一段时间遵守锁定期的规定，不能随意出售股票。有关锁定期的限制条件会根据股票上市时的管理机构或交易所的规定不同而不同，也会因为在认购时与账簿管理人的协商或所签订的销售与购买协议的不同而变化。一般来讲，公司会在最终说明书出版之后的半年到一年的时间内取消主要股东必须持有全部或者部分股份的限制。有时候锁定期是交错规定的，此时主要股东或者现有股东可以自由出售部分所持股份，余下股份在一段时间内还必须遵守锁定期的规定。

在锁定期满的数周前，在颇具规模的解禁股会“涌入”市场的假定下，股价经常会受到消极影响。锁定期满后，一些现有股东出售股票的行为经常组成投资银行未来初级股权业务的良好来源，他们会严格监测锁定期满的时机以推动业务发展。IPO 中的账簿管理人通常会具备赢得后市市场业务的优势，因为他们能准确地知道哪些机构在 IPO 中购买了股票，哪些账户特别渴望更多的股票。

承销协议通常规定账簿管理人有权自行决定哪些现有股东可以豁免锁定期规定。这一权利的使用很罕见，但是在 2007 年的一个声名狼藉的案例中就出现了这一情况。当时，瑞士联合银行是中国大陆的煤炭生产商恒鼎实业有限公司（Hidili）首次公开发行的账簿管理人，此次 IPO 筹集了 5.25 亿美元。瑞士联合银行豁免了作为基石投资者之一的霸菱亚洲投资有限公司（Baring Private Equity Asia）的锁定期，该公司在股票上市后不到一个月就出售了 4000 万美元的股票。这次售卖在当时引起了许多争议（另一个原因是其没有将情况预先通报给发行者），但瑞士联合银行却以 IPO 之后的股价猛增（+120%）以及增加股票流动性为由，为自己作了很好的辩护①。

4.2.3 持续披露和持续上市要求

公司一旦上市，必须遵守管理者或者股票交易所规定的持续披露和持续上市要求。通常需要在上年结束的六个月之内公布年报。在美

① FinanceAsia.com，2007 年 10 月 17 日，The Standard，2007 年 12 月 17 日。

国，国际公司需要填写 20 - F 表，而美国公司需要填写 10 - K 表，并上交给证券交易所和美国证券交易委员会。

除此之外，中期（六个月）报告必须在规定的期限内定期归档。在一些情况下也需要公布季报，例如在法兰克福的德意志证交所的黄金标准下上市的公司或者在美国上市的公司都需要公布季报。

最后，大多数管理者或者交易所都要求上市公司填表以披露重大事件的特定报告，比如，在美国上市的非美国公司要填写 6 - K 表并上交给美国证券交易委员会和交易所。通常重要信息的披露有严格的截止日期。在有些情况下，作为继续上市要求的一部分，上市公司也需要公布财务日历甚至召开常规分析会议。

4.2.4 与投资者交流

一旦上市，对管理层来说与金融界中的卖方和买方继续进行关于最新发展状况的交流是很重要的。尤为重要的是，在情况良好和情况不妙的时候都应该展开交流，以便研究分析师和投资者都能了解可能影响股价的事项。其中包括结果公布，结果公布是根据证券交易所的规定发布的信息，但也会包括主要合约的签署、重要客户的盈利或亏损、高级人员雇佣或解雇、兼并、收购、资产处置、债务融资、股本融资以及其他重大事件。

4.2.5 投资关系部及其作用

一个新上市的公司也许会指定一个或多个专职人员来维护投资者关系。这些人也许是从执行 IPO 的公司管理层抽调出来的，他们中的一部分人（高级成员）会被授权代表公司与第三方进行谈判。对这些专家来说，在 IPO 期间被指派这样的角色比在公司上市后再被指派要有意义的多。对于这些专家来说，在参加路演活动中接见可能成为公司股东的投资者以及在发行后立即与投资者开展互动活动等等都是极有意义的。投资者关系部门需要监督股份登记、努力扩宽研究范围、回应信息咨询、回答各种相关问题、帮助准备公司的全体股东大会，并且定期组织全球路演，与分析师和主要的机构投资者见面。

尽管大多数投资者都很想见公司的首席执行官、财务总监和首席运营官，但事实上对于那些拥有公司股份或者有兴趣拥有公司股份的投资者而言，投资者关系部门才是主要的联络站。投资者关系部门将长期与财务总监、媒体部门或公司信息部门合作，以确保持续的信息交流。

根据公司的规模，管理层有时候会发现指定专家顾问或者投资银行的专业部门来帮助投资者关系部门更有效。实际上指定一个或者多个专业经纪人是英国证券交易所的一种要求。投资银行的公司经纪业务部门常常举办公司路演宣传活动以提高他们在二级市场的股票交易，也可能经常邀请各公司参加其在世界范围内举办的一些主题性投资会议。每年在伦敦举办的 UBS 运输年会、香港的瑞士信贷投资者会议（Credit Suisse investor conference，每年在香港以橄榄球赛形式举办以吸引合作伙伴加入），还有在美国、英国及新加坡举办的年度野村亚洲证券论坛，都是这种会议的例子。正如前面所提到的，金融交流机构也能帮助投资者关系部门履行职能，尤其是在非交易路演的组织、研究范围和规划的扩大以及买卖双方关键信息的交流这几方面更是如此。

投资者关系部门通常也和投资银行保持常规联络以密切注意资本市场的发展。此外，他们还常常参与建立和管理员工持股计划。当公司提出了进一步通过借贷、股票或混合资本方式增加资本或者最优化资本结构时，该部门还可能与财务部门一起合作。

4.3 进一步融资和后市交易

理解研究分析师的想法，与投资者搞好关系，都是使一个公司在 IPO 之后成功进入市场的关键。进入市场可以通过提供原始股票的方式，也可以通过提供二手股票的方式，例如通过出售发行者或其子公司所拥有的库存股。还可以通过以下方式进行进一步的融资：控制投资者进行的额外出售、初次或二次股票发行、配股、大宗交易、加速建立投资者购股意愿档案、发行可转换债券或者可换股债券、通过 REITs 货币化物业资产或者通过专门基金或私募来货币化基建资产。后市交易也可能包括不含募集基金或出售有价证券的证券资金市场运作，比如发行红利股或者股票回购等。有各种各样的可能性。

在美国以及欧洲（自欧洲招股说明书指令发布以来），进一步发行证券通过暂搁注册（即美国证券交易委员会第 415 条法则）实施的。所谓暂搁注册是指一个公司可以为其今后三年内所有可预期的证券发行提前到证券交易委员会办理注册手续，公司仅需遵守正常的持续披露要求。

在 IPO 期间出售股票和在后续股权资本市场上出售股票的主要不

同之处在于，作者在大多数情况下都不再使用价格范围（或者至少价格范围不像 IPO 时那么大）而且也会考虑该公司的实时股份价格。在后续交易中，价格水平是通过参考主导的股票价格和交易量来确定的。一般说来，后续交易中的价格都会有折扣。

4.3.1　上市发行

后续交易可以按照 IPO 的形式来进行，发布招股说明书、进行管理层巡回路演。这可以达到宣传发行者和筹集资金的目的，也会降低经常伴随出售股票或股权稀释而来的售股压力。2007 年印度最大的抵押放款公司之一 HDFC 银行在纽约上市，随后其在后续融资中以发行美国存托凭证的方式又募集了 6.07 亿美元。在后续融资过程中，HDFC 银行发布了美国式招股说明书，并由印度最著名的商人之一迪帕克·派尔科主席（Deepak Parekh）所带领的高级管理团队组织了全程全球路演。考虑到接踵而至的全球信贷危机，这次交易的时间是完美无缺的，给投资者带来了极大的收益，使得账簿管理人能够在定价当天根据成交量加权平均价（VWAP）确定了发行价，而发行价基本和收盘价格一致。

4.3.2　配股

一般说来，在英国上市的公司尤其喜欢通过配股的方式来进一步融资。配股是一种固定价格发行，一开始就会由一些银行财团承销并向发行者提供确定性收益。在配股中，一个公司的现有股东有权（但不要求）行使自己的权利，即按各自的持股比例购买公司股份，例如，每持有五股就可购买一股新股票。这可以有效保证他们在股权稀释中免受损失。

股东可以使用自己的优先购买权认购新股票，也可以卖出他们的全部或部分权利股。当面临股票稀释时，股东可以通过出售权利来避免损失。股东出售的权利股不参与配股时，可以在认购期内单独进行“零付款”交易。股东不执行的权利股（从而放弃他们的权利）会自动失效并在配股期的最后一天以“扫尾”的方式由相关部门处理卖出。由此公司的股东结构会变得更为多样化，并能够进一步提高流动性。股东也会参与所谓“吞尾”活动，此时股东出售权利股，购买新发行的股票，以便在不必支付配股相关费用的情况下买到尽可能多的股票。

在配股中，公司可以在不首先向现有股东们发行股份的情况下筹集到一定比例的新资本（大约5%）。但是公司通常可以通过股东大会寻求授权，即现有股东在“一般授权”下放弃优先认购权，以便公司通过其他方式筹集股权资本。配股时的股票通常会比现行的股票有很大的折扣（大约8折或更多）以吸引股东们行使他们的认股权。配股的时间表通常比其他后续交易的时间表更长。比如，在英国和中国香港，配股总共持续21天。这有时会压低股票价格，偶尔会出现股票价格低于配股价格的情况。

在公布配股公告之后、正式发行之前这一段时间的交易价格称为“附带”价格（“cum” price）。股票在发行之后的理论交易价格则被称为“理论除权价”（TERP），此时股票和认股权在市场上分开交易。理论除权价等于旧股票的数量乘以前一天的收盘价，加上认购价格乘以权利股数量，再除以配股之后的所有股票数。

在配股过程的开始就要选择认购价格和贴现率。将权利股价格定在理论除权价的较高折扣水平可以鼓励参与并且可以减少投机倒把的行为，也可以减小股票价格降到比权利股发行价更低的可能性。相反，将权利股价格定在理论除权价的较低折扣水平可能会鼓励投资者将股票脱手。

当在国际范围内配股时会更复杂一些，因为要在多个司法管辖区进行注册，所以可能要排除散户投资者。在这种情况下，散户投资者拥有的认股权常常是在发行期要结束时被简单地卖出。确实，试图在不同市场上校对配股期是一件相当复杂的事情。配股已经在世界范围内普遍采用，最近，特别是在2008年和2009年帮助受信贷危机影响的各种金融机构和其他一些公司调整资本时更是经常使用。很多这样的配股都在很高的折扣下进行，以便鼓励投资者参与。然而，配股在美国等市场上还是很罕见的。

2007年9月份，云顶国际集团（Genting International，马来西亚大型游戏、休闲及房地产集团）在新加坡证券交易所以三比五的比例放弃了大约14.2亿美元的配股权，以偿还借款和应付在剧变市场中的一般项目的融资。此次配股按前一天收盘价的31.8%折扣率发行，是理论除权价的77.4%。这次配股是成功的，获得了现有投资者90%的承兑，并且从私募配售部分获得了30.5%的额外申请。该公司自更名为云顶新加坡（Genting Singapore PLC）后在2009年9月利用股价的强劲表现，宣布并执行进一步按一比五的比例进行11.4亿美元的配股，所得款项净额的60%用来应付未来战略机遇，其余款项留作运营资金。第二次配股按前一天收盘价的32.8%折扣率发行，是理论除权价的71.1%。在那次发行中，获得了现有投资者98.8%的承兑并且从私募配售部分获得了36.3%的额外申请。①

4.3.3 加速建立投资者购股意愿档案和大宗股票交易

在某些情况下，加速建档活动可能会在几天内给投资者创造一种动力和紧迫感以减少市场风险，但是与此同时也减少了有限的营销管理收益。根据交易的规模，并不是总有必要出版一份完整的招股说明书，这些交易通常仅仅针对机构投资者人。

或者就如当前经常出现的情况那样，为了降低市场的波动性，可通过大宗交易很快地完成股票出售或初次发行，常常是一夜间就可完成，而且除了条款文本、简单的合同书和配售通知外不需要招股说明书。当承销比较困难的情况下也可以进行这样的交易。在这两种情形下，关键的因素是股票的流动性，以及市场在短时间内能够吸收多少股票。日平均交易量的倍数越高，交易就越难，贴现率就越大。

加速建立投资者购股意愿档案的例子是2010年7月由瑞士信贷集团和野村证券以及两家韩国投资公司新韩投资公司（Shinhan Investment Corp）和友利投资证券（Woori Investment & Securities）代表韩国海力士半导体公司（Hynix Semiconductor）的债权人股东们处理相当于4.91亿美元的配售。这次配售之前，相同的献售股东和相同的投资公司在2010年3月对其所代表的大约4.1%的流通股进行了一次成功交易，使得献售股东所持股份的比例减少到16.5%。在收市后的几小时内进行了发行，发行的价格范围很窄，在23200韩元到23950韩元之间。价格范围的最低限相当于当天的收盘价折让3.1%，最高限相当于当天收盘价。据报道大约50个投资者参与配售，结果强烈的投资者需求使得交易以市场定价。尽管据报道公司要实施并购交易，但是献售股东们必须要遵守三个月的锁定期不能进一步出售股票。②

4.3.4 先旧后新配售

一种在香港经常使用的技术是，公司现有股份的一个或多个股东

---

① 该集团网站中的各种资料，2010年7月。

② FinanceAsia.com，2010年7月27日。

向独立投资者联合配售，同时公司以先旧后新方式配售新股，以补充这些股东的所持股份。新股发行的价格必须不低于向投资者的配售价格，且发行数量不能超过配售数量。新股发行通常都是依据一般授权进行。这使得发行者能够比仅进行首次公开发行更快地筹集资金，而且这也是说服股东们同意和获得新股发行的优先认股权的方法。比如，在2010 年 7 月，在香港上市的中国大陆供油公司光汇石油(Brightoil Petroleum)，通过中银国际以先旧后新的方式配售筹集了大约1.35 亿美元，大约25 个投资者按收市价的91%获得了该项投资。[①]

4.3.5 可转换债券和可换股债券

可转换债券（CB）和可换股债券（EB）是很有趣的两个备选方案，它们可以使公司以相对吸引人的利率借债和发行，或者在可换股债券方案下以高于票面价格出售股票而不是在现行股票价格上进行折让出售。可转换债券最终可以使公司发行他们自己的股票，而通过可换股债券公司能够售出另一家公司股票，或者出售库存股（见后面 4.3.8 部分）。因此，可换股债券的执行和披露一般比可转换债券的执行和披露要复杂，因为可换股债券的披露通常涉及两个公司而不是一个公司。

实际上，可转换债券是一种嵌入式股票看涨期权的债务证券。然而，债券能否转换成普通股在很大程度上取决于股票价格的表现。在一些情况下，会出现有利于投资者持有人的价格重新调整情况，即所谓的价格重置。这在亚洲发行的可转换债券中尤其普遍。举例来说，如果股票价格没有达到期望的价格，那就会重新调整转换价格。

在可转换债券或者可换股债券中，发行者常常有一个看涨期权，在设定日期后任何时间，债券持有者都有权在到期日前将债券转换成或交换为公司的股票；在可换股债券的情况下，可以出售其持有的原始股票。可转换债券发行后的两到三年的时期通常称为“困难无看涨时期”。这之后，一般只有在公司股票价格超过约定的界限（通常是达到票面价值或者债券赎回价格的120%或130%）时才会进行强制转换。在极少数的相反情况下，投资者得利于看跌期权，在约定日期，通过债券发行者按票面价格或赎回价格回购而获利。

当进一步发行股票以改善资产负债表时，会带来价值稀释，从长

---

① IFR Asia，2010 年7 月29 日。

远来看这将成为一个问题，尤其是对家族企业而言更是如此。多年以来，投资银行一直努力从信用评级机构和研究分析师那里获得股权资产负债表的处理方案，尝试设计复杂的混合结构产品，以其将债务和权益资本各自的优势结合在一起，以减轻价值稀释的忧虑。然而，这样的产品常常只有很窄的发布基础，并不是面向每个发行者。而且这也需要对投资者抱有极大的信任，因为一旦事情偏离预期，就有可能产生麻烦。

2007 年 6 月，作为同时在印度和纽约证券交易所（NYSE）上市的塔塔集团（Tata Group）成员之一的印度塔塔汽车公司（Tata Motors），通过花旗银行作为账簿管理人、摩根大通作为联合账簿管理人发行了可转换选择性替换证券（Convertible Alternative Reference Securities，CARS），筹集到了 4.5 亿美元。可转换选择性替换证券（CARS）采取的是零息债券的形式，在 4 年半后可按照证券发行者股票收盘价的 40% 溢价转换为还未上市的股票（有望在到期日或到期日之前上市），股票持有者享有不同的投票权。尽管这种富于创新的新股刚开始推出时很受欢迎，但从长远看，印度塔塔汽车公司的成功在很大程度上是取决于其能否如新股发行的投资条款和招股说明书所描述的那样成功发行原始证券。如果没有进行转换，或者转换不能进行，证券发行人需在到期日以 31.8% 的本金额溢价赎回未偿付债券，并要支付应计利息。①

4.3.6 私人投资公募股权（PIPE）

私人投资公募股权（PIPE）包括向私人投资者出售公开交易的股权，或者出售普通股，其价格通常是在市场价格基础上进行了很大程度的折让。此外交易的对象还包括优先股，更普遍的是可转换债券。在美国和日本，私人投资公募股权的技术相对普遍，其主要目标通常被锁定为不能在公开市场上进行融资的公司。这种股票的条款通常会倾向于投资者，而且会涉及防止市价下跌的措施，例如额外股权保险。这通常会导致股份的显著稀释，因此也常称作“死亡漩涡”。

4.3.7 优先股

优先股是一种混合式股票，通常是无期限的，同时具有债务和股

---

① 塔塔集团发布的材料，2007 年 6 月 21 日。

权特征。在进行清算时，它们要先于其他股票，但位于债券、贷款和其他债权人之后。一般来说优先股是一种无表决权股权，通常享受按固定收益率支付的股息。尽管偶尔会出现浮动利率股息，但都是在支付给普通股持有人股息之前进行支付。若在给定年度内没有支付股息的时候可以累积到下一年度支付，就称为累积性优先股，相反则称为非累积优先股。当发行人的控股发生了变化时，它们可以转换或交换为普通股。有时，一个公司会发行好几个系列的优先股，它们各自有各自的特点。优先股在美国和加拿大非常普遍，在巴西、德国、南非和英国也有发行。

4.3.8 股票回购

股票回购与融资活动相反。在近年来，股票回购变得非常普遍，更为普遍的是将股票回购与同时募集新资金结合起来，这是最近的信贷紧缩和流动性危机发生前的一种比较流行的机制。例如在股票回购的同时发行可转换债券。顾名思义，股票回购就是公司依照股东授权购买或者回购本公司的股票，该公司可将这部分股票作为“库存股”(在法语术语里面也被称为“自动控制”（autocontrôle））保留起来以供后期销售，而更普遍的做法是将股票注销。

股票回购计划的一个主要好处就是通过减少未偿付股票的数量来增加每股收益（EPS）。股票回购通常深受管理团队的欢迎，因为管理者的薪酬与每股收益或市盈率相挂钩。股票回购也可以方便地将对EV/EBITDA（企业价值/息税折旧摊销前利润）评估产生负面影响的多余现金利用起来。股票回购也可以用来收购资产。

股票回购有许多种方式。通常是通过比较简单的自由市场购买方式，依据事先达成的协议或监管限制进行交易，这通常要持续一段时间。此外，股票回购也可以通过更为正式的固定价格方式进行，或者通过荷兰式拍卖招标的方式进行。选择性的股票回购针对的是某些股东，其目的是通过回购以修正某些股东的权利。此外，由于股票回购是买回在市场上流通的股票，因此可以在一定程度上避免恶意收购。

股票回购的主要弊端在于只有当公司业绩较好时才有可用于回购的闲钱，通常此时公司的估价更高。因此，对于股东来说，股票回购可能并不是对资本的最好利用方式。通过对公司的股票进行再投资从而为股东支付特别股息，有时可能是一种更好的选择。最近，一些进行了大量股票回购的公司（包括许多金融机构）被迫以低于他们回购价格的股价发行新股，这就明显地表现出了股票回购的无效性。

通常，绝大多数管理者要求申请进行股票回购的公司必须公开他们对于那些回购股票的使用计划。这可能包括注销、用于收购资产、员工福利计划等等。管理者也要求那些公司在对回购股票进行了有效使用后作出明确的汇报。同时，已经实施了一些严格规定，以避免滥用回购股票。目前，绝大多数管理者将回购股票的数量限制在已发行股票数量的10%，并且这种股票的发行不需要公司全体会议的投票表决。

4.4 总结：什么促成了成功的 IPO？

只有进入市场、完成交易并且市场稳定之后才能评判一个 IPO 的成败。财经媒体和金融界会对成功的高规格交易进行大量的报道，行业杂志甚至会对 IPO 及其相关的投资银行进行颁奖。但是促成了一次成功交易的因素到底是什么呢?

4.4.1 源于一个故事

每一个成功的 IPO 背后都必定有一个动人的故事。当把一些“边缘”业务和平平常常的投资案例带向市场的时候，只有那些拥有强大业务能力的大公司才能达成大型的交易。证券发行者抓住了买卖双方及普通大众的心理。在某个特定行业板块具有领导地位的独特的商业模式或者“专营公司”更易于被了解、评估和引起重视，更有可能受到投资委员会和管理者的青睐。

4.4.2 一个强大的管理团队

在每个伟大的故事背后都有一个具备清晰视野的团队引导交易。通常，公司会由一个很有个性的企业家或一个著名的商人领导，他们有能力以清楚、准确的权威方式进行交流。投资者有大量的投资机会，他们对于将自己的资金投资在何处进行着艰难的选择。发行者的股票之所以能在所有股票中脱颖而出，是因为他的管理团队所作的事正是公司所需要的事。路演活动是树立第一印象的好机会。IPO 之后定期进行世界各地的投资者访问，也有助于支持股价和维持市场兴趣。

4.4.3 规模和流动性

规模很重要，但是不是所有受欢迎的公司规模都很大。例如，由一个有魄力的古巴流亡者领导的特乐匹萨公司（Telepizza）。这是一个小规模的匹萨外卖公司，1996年该公司在马德里的IPO为其筹集了7900万美元，在其股价强劲反弹后该公司成为媒体和基金经理追捧的对象，并成为那个时代西班牙最成功的发行案例。尽管如此，大规模的新股发行更容易引起注意，可以引发更多的“讨论”和流动性，并最终得到更多研究分析师和投资者的青睐。首次进入市场的企业需要在促使其增长的资金需求和进入市场后所能获得的整体发展之间进行平衡。仅有专门的研究分析师和投资者跟踪的小型股和微型股通常仅能获得边际投资。

4.4.4 选择正确的时机

市场很不稳定，在正确的时间发行股票可以让一切都变得不同。成功的IPO都是在投资者能赚到钱且情绪积极的呈上升趋势的市场上发行，而不会选择在市场降温时发行。与一个会在一级市场上吸引更多投资者的更大的发行者同时上市是不明智的。在市场能（或好像能）提供更好的前景时，进行投资也可以使股票在其他新股中脱颖而出。

4.4.5 提供更好的价值

进行IPO被看作是代表企业具有很好的价值。这不表示应该压低新股发行价，而是必须有符合逻辑的论据来判别投资者要求的价格是否合理，而投资者通常都寻求难以捉摸的“IPO折扣”。公司是否比其他同行公司增长得快？其边际利润是否持续增高？是否每年都有市场增长？在此情况下，和同等公司等价发行甚至是更高价发行都是合理的。最重要的是，事情必须保持简单。不幸的是很多投资者没有仔细研究新股周期，而是一直依赖销售人员为了推销而打给他们的简短电话以及在路演时得到的简短的管理信息。因此必须用清楚且有说服力的逻辑向投资者表明他们为这一投资支付的价格是值得的，这个投资是个好投资。

4.4.6 投资者分配

成功的IPO要在投资者中进行很好的分配。很多高质量的投资者都会在购股意愿档案中下订单，发行的新股被超额认购，分配程序应使投资者保留足够多的未满足需求，让这些需求在后市得到补足。与此同时，来自于有领导地位的投资者的核心订单会得到股份分配，以锚定交易，并为未来提供稳定的公众持股量。这种锚定投资者显然会在他们的目标价格出现时出售股份，但是他们通常是放长线而不是作短期的投机。通常情况下，这些锚定订单源于基石投资者。在分配过程中，会在建立投资者购股意愿档案时将投机者“归零”。在国际化配售的IPO中，应该按照股票对世界不同市场的吸引力情况进行相对平均的分配。

4.4.7　成功的后市

成功的IPO显然要在后市中能较好地交易。要全部行使超额配售选择权，发行价格稳步上升（虽然不一定发生在引人注目的开始阶段），这是交易被低估了的标志，表示公众投资者可以在一段时间内持有健康增长的收益。即使是在IPO之后的几个月里，股票交易量还是很高，这说明市场对公司历史背景和公司管理的兴趣大大超出对建立投资者购股意愿档案和其直接后果的兴趣。成功的IPO要不断公布有关公司业务的研究报告，大多数内容都是积极的展望，并非IPO银团的研究分析师开始着手进行更大覆盖范围的研究分析。

无论该IPO已经有多成功，不管该公司作为一家上市企业如何发展，保持远见是非常重要的。从长远来看，上市并非是唯一的选择。

附　录

附录 1

案例研究

在附录中，我们用六个世界不同地区主要市场首次公开发行的案例进行分析。其中包括：

- 中国在线游戏开发和运营商盛大游戏有限公司在纳斯达克证券交易所上市，其 IPO 筹集了 10 亿美元；
- 西班牙银行集团桑坦德集团的巴西分支机构（已整体从集团中拆分）巴西桑坦德银行在纽约证券交易所进行 IPO，并筹集了 80 亿美元；
- 印度能源集团爱莎能源在伦敦证券交易所筹集了 19 亿美元的 IPO；
- 法国非食品分销公司 CFAO 集团在纽约泛欧交易所进行首次公开发行，并筹集了 14 亿美元；
- 在卢森堡注册的化妆品公司（始创于法国）欧舒丹在香港进行首次公开发行，并筹集了 7.87 亿美元；
- 新加坡购物中心开发和管理公司凯德商业产业，以 20.5 亿美元在新加坡证券交易所（SGX）进行首次公开发行。

上述案例是 2009 年至 2010 年间，首次公开发行中规模较大的几个案例，并且作为典型的首次公开发行在当时报纸上占据了头版位置。在本书正文部分曾多次提出的很多惯例，在上述六个案例中都有涉及。

从其自身特性来看，案例研究实际上仅仅就交易行为提供了部分和不完全的观点。通过案例研究仅说明了首次公开发行的某些重要特征，而并不能包含所有信息或观点、意见及投资建议。

案例一

纳斯达克首次公开发行：盛大游戏

背景

盛大游戏有限公司是中国领先的在线游戏开发、运营和出版商，其在重组后，于开曼群岛注册登记。盛大游戏有限公司从盛大游戏互动娱乐公司（Shanda Interactive，该公司已经在美国 NASDAQ 上市）剥离并成立。它主要提供多元化的游戏服务项目，其中包括很多中国著名的多用户在线角色扮演游戏（MMORPG），并旨在为大型多元化用户群体提供服务。盛大游戏至 2009 年 12 月 31 日为止的财年财务收入为 7.04 亿美元，同时实现净利润 2.13 亿美元。

该公司最终在 2009 年 9 月于美国 NASDAQ 国际版上市，上市规模为 10 亿美元。标识为“GAME”。CUSIP 代码为 81941U105，ISIN 代码为 US81941U1051。到上市为止，该公司总价值为 36 亿美元，为 2009 年度 NASDAQ 第三大首次公开发行。

银团结构

在此次公开发行过程中，高盛以及摩根大通银行扮演着联合主承销商以及联合账簿管理人的角色。在交易中，高盛作为主要账簿管理人承销此次全球发行的 48%，摩根大通银行承销总发行金额的 28%。野村证券（Nomura）、海纳国际集团（Susquehanna Financial Group）以及奥本海默基金（Oppenheimer）一起组成了 IPO 副承销商，分别承担首次公开发行的 15%、6% 以及 3% 的份额。此外，野村证券除了作为副承销商外，同时还承担着此次发行在日本的非上市公开发行账簿管理人的工作。

法律及其他顾问

发行方法律顾问包括：

1. 美国达维律师事务所（DavisPolk & Wardwell），提供美国联邦法律以及纽约州地方法律问题咨询。

2. 康德明律师事务所（Conyers Dill & Pearman），提供开曼群岛法律问题咨询。

承销方法律顾问包括：

1. 美国盛信律师事务所（Simpson Thacher & Bartlett），提供美国联邦法律以及纽约州地方法律问题咨询。

2. 通商律师事务所（Commerce & Finance Law Offices）提供中国大陆法律问题咨询。

盛大游戏有限公司的审计师为普华永道会计师事务所的周天（音译，Zhong Tian）。摩根大通作为此次发行的存托银行。

发行结构

此次发行实际是通过美国证券交易委员会（SEC）注册的8350万份美国存托股份（ADS）方式进行。每一份美国存托股份实际包含两个等级的盛大公司普通股。在此次发行过程中，针对美国机构及个人投资者发行的规模约占总发行数量的58%，而对国际投资人的发行数量为发行总规模的42%（其中包含POWL，该部分总规模为7500万美元，且仅针对日本机构及个人投资者）。此外，还包括占总规模约15%的超额配售选择权。

约84%的发行为以盛大游戏互动娱乐公司（Shanda Interactive）现有股份为基础的二次增发，同时余下的16%为盛大游戏（Shanda Game）的首次公开发行，募集资金主要用于公司运营，其中包括公司资本性支出、为可能的未来投资提供资金以及为合资及并购融资。发行总规模中约有1.8%的股份为公司董事、管理人员、雇员、商业协会以及相关人员预留。

佣金与费用

费用金额为发行总额的6.25%，按照20∶20∶60的比例在管理费、承销佣金以及销售折让之间进行分配。因此，需要支付给承销商的佣金超过6500万美元。根据首次公开发行招股说明书显示，全球发行费用总额约为470万美元，其中包括证券交易委员会注册费用67000美元，美国金融业监管局登记费7.55万美元，NASDAQ国际版上市费15万美元，印刷费约为50万美元，法律咨询费用约为260万美元，会计费用约为120万美元，路演费用约为10万美元，差旅费及其他费用约为5万美元。承销商同时承诺盛大游戏将会补偿与发行有关费用总计600万美元。

交易重要特征

盛大游戏开始仅计划申报发行规模为6300万美元的美国存托股份（不含

超额配售选择权）。但是据说在进行投资者教育一周后，为了满足投资者需要，发行规模从开始时的7.88亿美元一直提升到10.04亿美元。而价格区间被最终确定在10.25美元至12.5美元之间，且未进行进一步调整，此定价基础实际较为保守。

在发行期间，进行了多次需求登记，而最终发行价格以投资者购股意愿档案上限确定。

然而，在交易开始首日，美国存托股份价格下跌达14%。这一情况暗示交易规模可能并未得到提升或者发行价格应当低于价格区间的最高区域。[①] 与此同时，在投资者购股意愿登记期间一直较稳定的盛大游戏互动娱乐公司（Shanda Interactive）的股价也出现了约11.9%的下跌。在首次公开发行后，盛大游戏（Shanda Game）的股价一路下行，并且在六个月后下跌幅度高达47%。最终，造成超额配售选择权未能全部实际执行。

资料来源：首次公开发行招股说明书、美国证券交易委员会资料以及金融媒体信息。

---

① FinanceAsia.com，2009年9月28日。

案例二

纽约证券交易所首次公开发行：巴西桑坦德银行

背景

巴西桑坦德银行为巴西最重要的提供全范围服务的银行。巴西桑坦德银行运营范围覆盖巴西全境，但是其重点区域集中在巴西南部以及东南部地区，该地区占巴西国民生产总值比例约为四分之三。巴西桑坦德银行也是巴西银行体系中拥有最大网络的银行之一。于巴西本土成立的巴西桑坦德银行，在上市后其股份中有不超过85%被桑坦德集团（Santander Group，已于纽约证券交易所上市）所持有。该集团为西班牙最大的金融集团，按照市值计算同时也是世界范围内最大的金融集团之一。截至2008年12月31日，巴西桑坦德银行的总收入为159.71亿雷亚尔，股东权益为492.18亿雷亚尔。该公司纽约证券交易所上市规模为80亿美元，同年10月，该公司也在巴西成功上市，其标示为“BSBR”。ISIN编码为BRSANBCDAM13。到上市为止，该公司估值约为504亿美元，成为2009年度美国证券交易所最大的首次公开发行，同时也是巴西有史以来最大规模的首次公开发行。据报道，巴西桑坦德银行按市值计算为巴西十大公司之一。

银团结构

由桑坦德集团自己的投资银行分部桑坦德投资以及瑞士信贷集团（Credit Suisse）共同承担此次发行的联合全球协调人工作。此外，美林（“Merrill Lynch”）以及瑞士联合银行集团（UBS）共同承担此次发行在美国部分的联合主承销商及联合账簿管理人角色；美林和百达集团（Banco Pactual），共同承担在巴西部分主承销商的工作。桑坦德投资为此次发行的首席账簿管理人，承销总发行金额的31%，瑞士信贷集团则承销总发行的30%，美林承销26%，UBS承销6%，百达集团承销5%。除去上述各部分外，巴西布拉德斯科银行（Banco Bradesco）、巴克莱银行（Barclays Capital）、东方汇理银行（Calyon）以及德意志银行作为美国发行部分的联合副承销商，分别承销0.3%。同时，Banco de

Investmento、BES Investmento do brazil、Banco Itau 以及摩根士丹利共同负责此次发行在巴西部分的销售（非承销商）。

法律及其他顾问

发行方法律顾问包括：

1. 美国达维律师事务所（DavisPolk & Wardwell），提供美国联邦法律以及纽约州地方法律问题咨询。

2. Pinheriro Neto Advogados 律师事务所，提供巴西法律问题咨询。

承销方法律顾问包括：

1. 谢尔曼·思特灵律师事务所（Shearman & Sterling），提供美国联邦法律以及纽约州地方法律问题咨询。

2. Machado, Meyer, Sendazc e Opice Advogados 律师事务所，提供巴西法律问题咨询。

巴西桑坦德银行的审计师为德勤会计师事务所。摩根大通作为此次发行的存托银行。

发行结构

此次发行实际采取美国证券交易委员会（SEC）注册的美国存托股份（ADS）以及巴西市场同时发行方式进行，发行总规模为5.25亿单位。其中通过美国存托凭证方式发行规模占总规模的57%，余下部分约为43%在巴西市场发行。每个单位代表巴西桑坦德银行55份普通股以及50份优先股，每张美国存托凭证代表一个单位。发行总规模中约有15%的发行单位，为发行方的现有公司董事、管理人员、雇员、商业协会以及相关人员预留。此外还包括超额配售选择权，其总规模约为发行规模的14%。

此次全球发行所得款项首先用以扩展巴西桑坦德银行在巴西的业务，同时增加其基础资产规模。

佣金及费用

发行总费用占发行总金额的比例为1.75%，分为管理费用、承销费用以及销售折让。因此，需要支付给承销商的佣金约为1.4亿美元。根据首次公开发行招股说明书，全球发行费用总额约为1000万美元，其中包括证券交易委员会注册费用41.88万美元，美国金融业监管局登记费7.55万美元，纽约证券交易所上市费25万美元，巴西上市及注册费用4.72万美元，印刷费约170万美元，法律咨询费用约250万美元，会计费用约460万美元，其他费用57万美元。

交易重要特征

尽管此次上市发行被称为首次公开发行，但是在正式发行前已经有1.98%的巴西桑坦德银行股票被少数股东持有。价格区间定在22雷亚尔至25雷亚尔之间，最终发行价格为23.5雷亚尔即13.4美元。尽管巴西桑坦德银行比它的竞争对手资本化更好，但此定价实际是银行有形账面价值的三倍，且被市场普遍认为是完全定价。

尽管据报道称阿联酋政府所有的一家投资公司Aabar总共持有巴西桑坦德银行价值3.28亿美元的美国存托凭证，但是在正式发行中，并未对超额认购水平及发行的地区分布情况进行实际说明。据报道，Aabar在2010年11月就卖出了其所持股份。①

在上市之初首个交易日，巴西桑坦德银行最终在圣保罗证券交易所以下跌3.7%的价格收盘，同时其美国存托股票下跌2.9%。此后，该公司股票有所上升，最终有96%的超额配售选择权被执行。

2009年第四季度，据路透社报道，根据美国监管当局从30家顶级权益类对冲基金获得的信息分析，巴西桑坦德银行成为对冲基金重要的交易品种。直至2009年底，首次公开发行两个月后，该公司股票价格上升约2%。首次公开发行十个月后，股票价格仅下跌3%。

资料来源：首次公开发行招股说明书、美国证券交易委员会资料以及金融媒体信息。

① 《金融时报》，2010年11月17日。

案例三

伦敦证券交易所首次公开发行：爱莎能源

背景

爱莎能源为一家成立于英国的印度能源公司，该公司业务涉及能源、石油以及天然气等多个行业。爱莎能源作为印度多元化发展的集团公司，通过将爱莎集团（Essar Group）原有能源部门进行重组的方式组建。爱莎能源拥有印度上市公司爱莎石油（Essar Oil）86.7%的股份，该公司公众持股比例仅为10%。截至2009年3月31日的财年，爱莎能源收入为84.53亿美元，净亏损为1.67亿美元。截至2010年12月30日的财年，总收入为47.65亿美元，净利润为1.12亿美元。该公司2010年5月已于伦敦证券交易所主板上市，发行规模为12.74亿英镑（约合19亿美元），标识为"ESSR"。ISIN编码为GB00B5SXPF57。至上市为止，爱莎能源估值为83亿美元，成为截至2010年本书写作之时伦敦证券交易所最大的首次公开发行，同时爱莎能源也成为伦敦最大的印度上市公司。

银团结构

此次首次公开发行由摩根大通以及德意志银行承担联合全球协调人以及联合账簿管理人角色。摩根大通同时也是公司唯一的财务顾问。BNP Parisbas、野村证券以及渣打银行共同扮演副承销商角色。摩根大通同时还承担稳定市场商的职责。

法律及其他顾问

发行方法律顾问包括：

1. 英国富尔德律师事务所（Freshfields Bruckhaus Deringer），提供美国以及美国法律问题咨询。

2. Amarchand & Mangaldas & Suresh A shroff & Co律师事务所，提供印度法律问题咨询。

承销方法律顾问为 Linklaters 律师事务所，提供美国以及英国法律问题的咨询。

爱莎能源的审计师为德勤会计师事务所。RPS Energy、Advance Resources International 以及 Netherland，Sewell & Associates 提供对招股说明中关于石油及天然气资产价值方面的专家报告。在计算机股份过户登记处（Computershare Investor Services）进行登记。

发行结构

发行过程中，爱莎能源通过发行新股方式筹集资金，用以为其现有项目进行融资，包括完成现有发电厂建筑计划、并购矿山、石油及天然气开发、增加公司炼油厂业务以及其他公司金融业务，例如为公司石油及天然气业务所需流动性基本提供支持。此外，发行中还包括10%的超额配售选择权。在首次公开发行后，公司将有约24%的股份被公众持有。此外还包括根据S条例向美国境外投资者发行部分以及在144A规则下以私募发行方式对合格机构投资者发行。

佣金及费用

发行总费用占发行总金额的比例为2.25%，分为管理费用、承销费用以及销售折让。此外，1%的激励佣金将会由公司决定支付给全球协调人。在招股说明书中，爱莎能源估计首次公开发行总佣金及费用总计约为6400万英镑。

交易重要特征

据报道，爱莎能源之所以选在伦敦上市是因为与印度股票交易所对于“地板价格”的规定相比，伦敦证券交易所对于发行后的有关规定更加宽松。①

开始时发行规模约为25亿美元，价格区间根据最保守估计定在4.5英镑至5.5英镑之间。据报道，由于其在印度业务的良好增长势头，此次发行市场反应积极。此外，由于爱莎石油相对较低的公众持股比例，投资者也将购买爱莎能源作为间接投资于爱莎石油的一种方法。

然而，由于当时整体市场条件相对较为艰难并且出现认购不足现象。因此，在需求登记结束时，公司宣布将采用低于价格区间的定价发行。最终确定的市场价格为4.2英镑，并且发行在此价格水平成功进行。

在首日市场交易过程中，爱莎能源表现相对较差，下跌约7%，此次发行被市场评论人士认为是伦敦证券交易所以往8年间最差的首次上市表现。然

① FinanceAsia.com，2010年4月14日。

而，最终公司股价得到了修复，使得 1.3% 的超额配售选择权得以执行。爱莎能源股价在一个月之后上涨 1.3%，并且爱莎能源于 2010 年 6 月成为《金融时报》100 指数的成分股之一。

资料来源：首次公开发行招股说明书、美国证券交易委员会资料以及金融媒体信息。

案例四

纽约泛欧交易所首次公开发行：CFAO

背景

CFAO为一家法国公司，该公司主要业务为在非洲（除去南非）以及其他法国海外领地进行工业产品以及服务的分销工作，业务范围包括汽车分销以及医药产品的进口及贸易。同时，其业务还涉及信息及通讯技术的整合与分销和其他消费产品的生产与销售。公司业务区域覆盖非洲31个国家以及法国海外领地，同时还包括越南和毛里求斯。CFAO通过从法国巴黎春天百货集团（法国领先的零售集团，已经在纽约泛欧交易所上市）剥离的方式成立。截至2008年12月31日的财年，CFAO财务收入达到28.64亿欧元，同期净利润为1.28亿欧元。公司于2009年12月在纽约泛欧交易所上市，上市规模为9.26亿欧元，股票简称为“CFAO”。证券ISIN编码为FR0000060501。截至上市该公司总价值为24亿美元，此次公开发行使得该公司成为2009年度纽约泛欧交易所第二大发行。

银团结构

法国巴黎银行（BNP Paris）、东方汇利银行、高盛以及法国兴业银行共同作为此次发行的联合全球协调人、联合账簿管理人和联合主承销商。此外，Lazard – Natixis作为高级副主承销商，荷兰银行（ABN AMRO）、汇丰银行（HSBC）以及瑞士联合银行集团（UBS）作为副主承销商。

法律及其他顾问

发行方法律顾问包括：

1. Cleary Gottlieb，Steen & Hamilton提供法国及美国有关法律问题咨询。
2. Bredin Prat，专门提供法国有关法律问题咨询。

承销方法律顾问为Sullvian & Cromwell律师事务所，提供美国及法国有关法律问题的咨询。

CFRO的首席审计师是德勤会计师事务所，毕马威会计师事务所作为第二审计师，BEAS会计师事务所作为核数师。

发行结构

此次发行主要通过巴黎春天集团将其所持有的超过50%股份向市场公开抛售方式进行。此外还包括15%的超额配售期权，最终使公众所持有的股份数量达到58%。发行方式包括在法国境内的公开发行（公开价格基础上）、对美国境外机构投资者按照S条例的发行以及按照在144A规则下对美国合格机构投资者的私募发行。

佣金及费用

发行总费用占发行总金额的比例为2.25%，分为管理费用、承销费用以及销售折让。其中约两千万美元为承销费用（包含超额配售选择权）。具体发行费用该公司未进行披露。

交易重要特征

最终价格区间被确定在24.8欧元至29欧元之间，实际发行价格为26欧元，略低于投资者购股意愿登记所确定价格的中点。

公司上市路演城市包括巴黎、伦敦、爱丁堡、斯德哥尔摩、法兰克福、鹿特丹、海牙、阿姆斯特丹、日内瓦、苏黎世、布鲁塞尔、波士顿以及纽约。根据市场数据显示，CFAO管理层总计出席了63场一对一会面；在巴黎、伦敦以及纽约，通过大规模公司情况介绍方式与224位机构投资者进行了交流；同时在巴黎、伦敦以及其他欧洲城市，通过小规模见面会方式，与142位机构投资者见面。

来自于基金经理以及保险公司处的订单总计达到240个，其中美国以及欧洲订单在机构订单中占据了最重要的位置，据报告其总量达到7100万股，是其他机构投资者申购数量的两倍。在法国，有15700个散户投资者提交了认购申请，所有申请在最终分配时都是全额分配。最终，超过93%的股票被分配给了机构投资者。

CFAO股票价格在首个交易日上涨4%，超额配售选择权被全部执行。该公司股票在此后持续增长，但是最终于2010年第二季度下跌至发行价格之下。

资料来源：法国金融市场监督局的首次公开发行注册文件、其他参考文件以及金融媒体信息。

案例五

香港首次公开发行：欧舒丹

背景

欧舒丹公司成立于法国普罗旺斯，是一家全球化妆品公司。其产品通过1500家零售商店向80个国家进行销售。该公司仅销售通过统一标准化设计的本公司产品。就市场规模而言，欧舒丹的三个最大市场分别为日本、美国以及法国。该公司工厂位于法国普罗旺斯以及阿尔岱，公司业务则通过由其设在瑞士、法国以及卢森堡的办公室具体执行。截至2009年3月31日的财年，欧舒丹总计获得5.373亿欧元的销售总额，股权持有人可获利润总计5840万欧元。公司2010年5月于香港主板上市，上市规模为61亿港币（折合7.87亿美元），公司简称为“973”。ISIN编码为LU0501835309。至上市为止，欧舒丹总价值为28亿美元。欧舒丹作为首家香港上市的西欧公司，为其他非亚洲发行人在亚洲发行（特别是非中国公司）铺平了道路。

银团结构

UBS作为唯一的首次公开发行全球协调人，与里昂证券（CLSA）和汇丰银行（HSBC）一起承担着联合账簿管理人和主承销商职责。上述账簿管理人和交银国际证券（BOCOM international Securities）、农银证券有限公司（CAF Securities）、国泰君安证券公司（Guotai Junan Securities）以及铂金证券公司（Platinum Securities）共同承销公众发行部分。

法律及其他顾问

发行方法律顾问包括：

1. 英国富尔德律师事务所（Freshfields Bruckhaus Deringer），提供香港以及美国有关法律问题咨询。

2. 卢森堡 Arendt & Medernach 律师事务所，提供卢森堡有关法律问题咨询。

3. 中伦律师事务所，提供中国大陆有关法律问题咨询。

承销方法律顾问为英国年利达律师事务所（Linklater），该律师事务所提供美国及香港有关法律问题的咨询。

欧舒丹的审计工作由普华永道会计师事务所负责进行。Jones Lang LaSalle Sallmans 是资产评估师。汇丰银行以及中国银行（香港分行）作为此次公开发行的存款银行。此次公开发行的主要股份登记人以及交易办公室的职责由卢森堡的罗斯柴尔德银行（Banque Privée Edmond de Rothschild）承担，香港股份在香港中央证券登记有限公司（Computershare Hong Kong Investor Services）负责进行登记。此外，在首次公开发行后，香港汇富金融控股有限公司（Kingsway Capital）将在上市日扮演合规顾问角色。

发行结构

此次全球发行过程中，一半通过由欧舒丹发行新股的方式进行。所募集资金主要用于在全球范围内开设新商铺、扩建及更新现有工厂设备、进行新产品的研究及开发、扩展公司互联网以及电子商务渠道等。余下部分通过发行前的唯一股东欧舒丹控股公司，以抛售其所持有的股份方式完成。此外还包括 15% 的超额配售权。在首次公开发行以及执行所有超额配售权后，公司总资本将有约 27% 被公众持有。

全球发行方式包括向香港的散户投资者发行、在美国以外依据 S 条例对机构投资者发行以及根据 144A 规则对合格机构投资者的私募发行。

佣金及费用

发行总费用占发行总金额的比例为 2.5%，分为管理费用、承销费用以及销售折让。欧舒丹在招股说明书中估计其佣金及费用总额约为 1.96 亿港币。

重要交易特征

据报道，欧舒丹选择在香港上市主要是因为远东市场在其销售中所占的重要地位，同时希望充分享受亚洲及太平洋地区经济的飞速增长。欧舒丹在正式发行之前已经吸引了中国投资有限责任公司作为重要投资人对其进行了 5000 万美元的投资。价格区间根据保守估计，定在 12.88 港币至 15.08 港币之间（8 为中国的吉利数字）。首次公开发行的实际发行价格为定价区间的下限，按照香港市场首次公开发行的惯例，首次公开发行总额中的 90% 用于对机构投资进行发售，余下的 10% 留给散户投资者。由于公开发行收到的申请数量超过预售数量的 160 倍，因此引发了自动回拨机制，机构投资者以及散户投资者所获得的分配数量以 50/50 的比例进行重新分配。

尽管投资者需求旺盛，但欧舒丹股价在首日上市后出现了大幅下跌，收市前其下跌幅度高达8.5%，这一结果很大程度上是由于在定价及交易开始这一期间内，整体市场情况的急剧恶化所致——希腊金融危机。一个月以后，该公司股票价格最终得到修复并获得大幅增长——涨幅高达20%，最终有超过75%的超额配售期权被执行。

资料来源：首次公开发行招股说明书以及金融媒体信息。

案例六

新加坡首次公开发行：凯德商业产业

背景

凯德商业产业有限公司无论是从总资产规模还是从经营区域来看都是亚洲最大的购物中心所有者、开发商以及管理人。成立于新加坡，并且拥有完备的购物中心商业模式，该模式覆盖了房地产投资、开发、购物中心运营、资产管理以及融资等多个方面。该公司主要经营业务为泛太平洋地区 5 个国家（新加坡、中国、马来西亚、日本以及印度）49 个城市 88 个零售店，资产总额为 218 亿新加坡元，总营业面积 6970 万平方英尺。凯德商业产业公司的主要股东为凯德置业公司（CapitaLand），该公司为亚洲最大的房地产开发商之一，总部设在新加坡，并已在新加坡上市。截至 2009 年 12 月 31 日的财年，凯德商业产业公司销售收入为 16. 15 亿新加坡元，息税前利润为 5. 21 亿，税后利润及少数股东权益为 3. 88 亿新加坡元。公司 2009 年 11 月于新加坡主板上市，首次公开发行规模为 28 亿新加坡元（折合约 20. 5 亿美元），公司简称为"JS8"。证券编码为 SG1Z05950543。截至上市，凯德商业产业公司价值为 59 亿新加坡元，是迄今为止新加坡最大的首次公开发行。

银团结构

摩根大通作为首次公开发行的唯一财务顾问，与新加坡星展银行（DBS）一起承担着联合发行管理人职责。摩根大通、星展银行、瑞士信贷集团以及德意志银行为此次发行的联合账簿管理人以及联合承销人。摩根大通承销不超过总发行数量 33% 的股份，星展银行承销数量约为 25%，瑞士信贷集团以及德意志银行分别为 21%。英国嘉诚证券（Cazenove）、里昂证券（CLSA）、华侨银行有限公司（OCBC）以及大华银行（UOB）作为联合副主承销商，但并不承担承销任务。此外，摩根大通同时还承担着稳定市场商的职责。

法律及其他顾问

发行方法律顾问包括：

1. Wang Partnership 律师事务所，提供新加坡法律问题咨询。

2. 英国安理律师事务所（Allen & Overy），提供美国联邦以及纽约州法律问题咨询。

承销方法律顾问包括：

1. 艾伦格禧律师事务所（Allen & Gledhill），提供美国及新加坡有关法律问题咨询。

2. 英国高伟绅律师事务所（Clifford Chance），提供美国联邦以及纽约州法律问题咨询。

凯德商业产业公司的审计工作由普华永道会计师事务所负责进行。星展银行作为新加坡公开发行的存款银行。股权注册以及股权转移登记工作由新加坡的Boardroom Corporate & Advisory Service负责。此外，还有多个资产评估机构负责对凯德商业产业公司的资产进行评估。

发行结构

此次全球发行实际通过由凯德置业公司抛售手中持有的股份进行。此外，还包括占发行总额15%的超额配售选择权。在首次公开发行后，约有34.5%的公司股份由公众持有。

全球发行包括对新加坡散户投资者的发行、依据S条例对美国以外机构投资者的发行以及根据144A规则下对合格机构投资者的私募发行。

费用及佣金

发行总费用占发行总金额的比例为2.2%，分为管理费用、承销费用以及销售折让。全部发行费用约为6240万新加坡元。此外，将由公司决定支付不超过0.8%的激励佣金给联合账簿管理人以及承销商。在招股说明书中，凯德商业产业公司估计，在全部超额配售期权执行的条件下，其发行总费用及佣金总计7750万新加坡元。除上述费用外，公司还需支付其他专业人员及财务费用820万新加坡元、印刷以及广告宣传费用300万新加坡元以及其他与发行相关的费用总计380万新加坡元。

重要交易特征

发行价格区间最终被确定在1.98新加坡元至2.39新加坡元之间。

路演过程中，公司管理人员走访了新加坡、香港、海牙、阿姆斯特丹、伦敦、波士顿以及纽约。根据Market source所提供的信息显示，凯德商业产业公司管理层共安排了64场一对一会面。在新加坡以及香港，以小规模见面会的方式与46个投资者交换了意见。此外，在新加坡、香港、伦敦、纽约以及波士顿还通过大规模公司情况介绍会的方式与 371 个机构投资者进行了接触（新加坡和香港参会人员中投资者为 285 人）。

按照新加坡发行惯例，总发行中需要有超过 90% 的份额分配给机构投资者，余下部分向散户投资者以固定价格方式公开发售。此次发行是新加坡有史以来最大规模的针对散户投资者的发行，最终有效认购数量为分配数量的 4.9 倍（收到散户投资者有效申请 44507 份，其中 36073 份成功中签并获得分配）。公开发行具体分配方案如下：

附表 1　　凯德商业产业公开发行分配方案

适用股票范围	抽签比例	成功申请人获得股票数量	成功申请人数量
1	39:50	1	7593
2 至 9	38:50	2	17148
10 至 19	38:50	3	7400
20 至 49	38:50	6	2356
50 至 99	37:50	9	939
100 至 499	37:50	12	593
500 至 999	37:50	26	28
1000 以上	37:50	30	16

私募认购数量为分配数量的 2.5 倍，共计 3926 份订单获得分配，其中有 98 份订单的分配数量达到 1000000 股。

此外，首次公开发行还包括为董事、管理层、雇员、商业协会、凯德置业公司以及其附属机构预留的股份。针对这部分预留股份的申请达到了 1285 份，申请总金额为 2470 万新加坡元。

最终，发行价格为 2.12 新加坡元，略低于投资者意愿登记过程中确定的价格区间的中点。

也许是由于发行方、献售股东以及账簿管理人在定价时审慎决策，股票上市后表现强劲，最后在上市首日以 8.5% 的涨幅报收。此后一个月的时间内股票价格上涨约 20%，所有超额配售选择权全部得以执行。然而在 2010 年第二季度，该公司股票价格出现了跌破发行价的现象。

资料来源：首次公开发行招股说明书、新加坡证券交易所文件以及金融媒体信息。

附录2

商业及财务尽职调查清单

本书提供下列商业及财务尽职调查清单，该清单适用于一般行业公司尽职调查。对于某些行业企业，例如矿业、能源、航运、医疗保健以及通讯等部门，应在本清单基础上针对行业特殊经营特点进行扩展，以便对公司情况进行更为详尽的调查。

1. 股票资本及分红

— 公司注册资本；

— 股权类别，包括拥有不同投票权的股份（如果存在）；

— 公司当前所有权状况以及预期的所有权变化情况，包括首次公开发行所引发的所有权变化；

— 关于公司股份以及投票权的委托协议及其他协议；

— 关于公司以及其他分支机构（无论是否公开发行）的股东协议及其他协议；

— 与公司股权及其他投票权相关的责任及质押情况；

— 与股份相关的外部合同、权证、期权、转换权等；

— 董事及公司职员持股情况；

— 内部及关联方交易；

— 职工持股计划或员工持股计划；

— 公司及其下属机构在过去三年中的分红情况；

— 分红政策；

— 最近公开发行、配股、可转债发行、期权、权证或类似证券发行等可能会导致公司股权稀释的情况。

2. 行业、业务、竞争者以及政府管理
— 公司历史；
— 公司总部及分支机构结构；
— 公司运营过程中的关键部门；
— 公司经营活动中影响其业务的关键因素；
— 市场规模、历史增长率及未来增长预期；
— 行业发展趋势；
— 行业季节性；
— 行业增长主要驱动因素；
— 主要竞争者；
— 与同业竞争者比较其市场定位；
— 政府规章、政策以及相关法令。

3. 策略、目标、机会及风险因素
— 公司业务总体状况描述；
— 集团公司结构；
— 公司商务策略；
— 以部门为单位的明细商业策略；
— 公司的短期、中期、长期计划；
— 竞争优势；
— SWOT（优势、劣势、机会、挑战）分析；
— 可能的联合、并购、合并及拆分；
— 可能的公司高级管理层变化；
— 管理层移交计划；
— 长期绩效目标；
— 主要风险因素；
— 首次公开发行筹集资金用途（如果有）。

4. 市场、增长、供应商及客户
— 市场规模及过去三年增长率；
— 预期增长率；
— 市场份额、趋势及目标；
— 关键决策制定及购买因素；
— 国内外运营状况；

— 重要或预期发展；
— 营销、广告及其他促销活动；
— 从价值或规模分析公司主要的供应商；
— 从价值或规模分析公司主要的客户。

5. 公司财务信息

— 过去三年经审计的利润表、资产负债表、现金流量表（以及审计师报告及注释）和相关运营信息；
— 尽职调查期间未经审计的期间财务信息；
— 过去十二个月公司内部管理层报告；
— 外部咨询公司提供的关于公司过去三年经营情况的报告；
— 公司主要会计政策，及其与行业规范和GAAP比较的主要差异；
— 公司主要资产的折旧政策；
— 准备提取及摊销；
— 非正常性利润；
— 过去三年的融资行为；
— 过去三年及未来的主要资本性支出；
— 未来融资计划；
— 预算及财务计划；
— 过去十二个月公司实际经营状况与预算比较信息及敏感性分析；
— 未来十二个月预算；
— 未来两年财务状况预测；
— 对公司资本结构、债务—权益比例以及利息保障倍数的回顾；
— 与第三方的互换协议；
— 外部债务及信贷情况；
— 债务清偿计划；
— 与贷款人关系；
— 融资协议，包括现有及潜在协议；
— 规定需要由贷款人批准的协议，特别是与首次公开发行相关的协议；
— 过去及现在借贷违约状况；
— 短期及长期债务综述（信用评级、持有人、利率、到期日、摊销情况以及其他重要信息）；
— 所有实际贷款协议复印件；
— 供应商赊欠；

— 担保及赔偿；
— 公司资产抵押及与资产相关的证券；
— 投资拨款、贷款及从本国政府或国际组织中获得的财务援助和补贴；
— 集团内部实际融资协议；
— 与行业比较的利息覆盖水平；
— 现金及出纳管理；
— 外汇敞口；
— 套期保值协议及衍生品交易；
— 表外债务；
— 实际保险协议；
— 过去三年公司税负综述；
— 结转税收损失；
— 税务审计；
— 公司免税期状况；
— 现存或具有威胁性的税收争议；
— 应收账款情况（已经确认并处理的坏账及潜在债务损失）；
— 无形资产状况（商誉及其他）；
— 主要分支机构；
— 评级机构相关评论；
— 实际协议（包含评级协议）；
— 公司在其他实体的投资情况。

6. 财务政策及审计
— 与当前审计师的关系；
— 与之前审计师关系的明细；
— 当前审计师报告质量；
— 与审计师讨论的公司未在账户中披露的或有债务状况；
— 过去三年及未来会计政策的变化；
— 会计及成本核算系统及管理信息系统（MIS），包含审计师的任何重要发现；
— 资产负债表表外项目。

7. 雇员关系、人力资源以及股东
—以主要类别、国家或部门进行分类的公司雇员信息明细；

— 雇员关系；
— 健康及安全问题；
— 主要雇员合同；
— 公司高级管理人员以及其他重要人员补偿计划的变化；
— 雇员激励措施；
— 员工培训及职业发展；
— 公司董事状况及分支机构状况；
— 董事合同期条款；
— 在与公司或附属机构交易过程中公司董事的利益；
— 公司为董事所提供的跟人担保或其他补偿措施；
— 其他董事情况；
— 股东轮换制度；
— 董事会；
— 养老金协议及精算估值。

8. 环境问题
— 影响公司的重要环境事件；
— 现有或可能的相关环保措施；
— 废物处置；
— 环境影响评估及审计。

9. 其他尽职调查问题
— 未能涉及但与首次公开发行相关的事项；
— 在实施首次公开发行之前或之后的主要公开声明；
— 法律问题、管理过程或政府调查及质询等（实际的、未解决的以及具有威胁性的事件）；
— 公司所参与的贸易协会或类似团体；
— 认证或标准；
— 公司拥有的版权、商标或专利权；
— 与公司或其下属机构有关的网页。

附录3

首次公开发行佣金及费用估算表

分类	最低	最高
承销总费用		
承销商激励费用		
主承销商暂垫费用		
发行方法律顾问（地方法律）		
发行方法律顾问（美国法律）		
承销方法律顾问（地方法律）		
承销方法律顾问（美国法律）		
其他法律顾问		
申报会计师费用		
物业评估师费用		
路演顾问费用		
金融界公共关系顾问费用		
存托银行费用		
专家顾问费用或专家费用		
财务印刷费用		
登记费用		
薪酬顾问费用		
网页顾问费用		
市场研究公司费用		
客服中心费用		
广告代理商费用		
证券交易所初次挂牌费用		
证券交易所持续挂牌费用		

附录4

国际首次公开发行招股说明书目录样本

国际首次公开发行招股说明书的各个版本一般包括以下全部或部分内容。在其公开发布的版本中，一般使用简明英文（例如用“我们的分红政策”或“我们的业务”等作为各部分的标题）

— 国际“包”或美国“包”（“W”页）；
— 封面；
— 声明；
— 综述；
— 公司选择的重要财务信息及运营数据；
— 风险因素；
— 筹集资金的使用说明（针对首次发行）；
— 汇率；
— 分红政策；
— 资本化及债务状况；
— 股权稀释状况（针对首次发行）；
— 管理讨论与分析（MD&A）（如果适用，但往往通过主要投资银行）；
— 行业概况；
— 公司结构；
— 业务状况；
— 管理层以及董事情况；
— 公司股权结构及主要股东；
— 关联方交易及利益冲突；
— 本地区市场描述；
— 股份性质描述；

— 存托凭证描述（在发行存托凭证的情况下）；
— 有关存托银行信息（在发行存托凭证的情况下）；
— 清算及结算；
— 货币兑换控制（如果有）；
— 对国外所有人的限制（如果有）；
— 税收；
— 股权分配计划；
— 转移限制；
— 地方或散户投资者申请过程；
— 与 GAAP、IFRS 以及美国 GAAP 的显著差异的综述（可选）；
— 一般法律信息；
— 合并财务报表索引；
— 财务状况（“F”页）；
— 附录（如果有）（“A”页）；
— 交易相关部分。

附录 5

国际首次公开发行风险因素样本

本书以举例方式对下列风险因素进行说明。该风险因素来自中国大陆某银行通过公开发行 H 股的方式在香港上市时进行的相关披露。该公司在通过 H 股上市的同时，也在中国国内通过 A 股方式在深圳以及上海证券交易所分别上市。需要注意的是此处仅引用了相关部分的标题。在实际公布的招股说明书中，每一个独立风险因素往往都进行了详尽的解释和说明，在招股说明书中关于风险揭示的相关信息总计约 25 至 30 页。

贷款组合的相关风险

- 对某些非经常性不良资产的处置行为的运营及财务状况结果报告；
- 如果我公司无法维持现有贷款组合质量，则我公司财务状况及运营结果将会受到实际性不良影响；
- 我公司对于相关损失所计提的准备可能不足以弥补未来实际发生损失；
- 我公司贷款主要集中在某一区域、某一行业或某一客户，如果该区域或该行业整体经济状况或相关客户财务状况明显恶化，我公司资产质量、财务状况以及运营结果可能会受到实质性不良影响；
- 对我公司贷款所提供的担保以及抵押可能不足，且我公司可能无法及时实现全部抵押或担保物价值；
- 我公司贷款分类及相应条款政策可能在某些方面与其他国家和地区相应银行分类不同；
- 如果我公司无法维持现有贷款组合的增长，则相应业务运营及财务状况将会受到实质性不良影响；
- 如果主要客户债务偿还能力恶化，则我公司资产质量、财务状况以及运营结果将受到不良影响。

业务的相关风险

- 我公司可能面临最近实施运营改革尝试带来的风险；
- 由于我公司业务按照中国行政区划分主要集中在县或县级城市，因此本公司对业绩进行调整的尝试可能会使公司业务暴露于不利环境之下；
- 如果我公司无法有效实施和增强风险管理以及内部控制政策及过程，并引入先进信息系统以协助公司加强风险管理及内部控制，则相关业务及未来预期将受到实质性不良影响；
- 由于我公司扩展产品、服务以及业务活动范围造成公司暴露于新风险之下；
- 我公司可能在满足监管部门的资本充足率方面面临困难；
- 我公司可能无法侦测及防止雇员及第三方实施的欺诈及不正当行为；
- 我公司及本公司客户可能会与某些受到美国及其他国家制裁的国家或个人进行交易；
- 如果本公司未能维持现有客户存款增长率或如果现有客户存款水平大幅降低，则公司业务运营及流动性将会受到实质性不良影响；
- 我公司业务在很大程度上依赖于公司信息技术系统的改进及良好运营；
- 我公司承担某些资产负债表表外承诺信用风险；
- 我公司并不拥有部分资产的土地使用权证书或建筑所有权证书，由于土地所有人缺少相关证明，因此本公司可能会寻求其他证明文件；
- 我公司运营过程中，需要遵守中国大陆以及海外的有关规定，因此如果未能完全遵守相关规定，则本公司业务、声誉、财务状况及经营结果将会受到实质性负面影响；
- 我公司可能无法及时侦测到全部洗钱及其他非法或不正当行为，这使得本公司将承担额外的责任并对本公司的业务及声誉产生不良影响；
- 全球经济、金融市场特别是中国市场的不确定性可能对本公司财务状况及经营结果产生实质性不良影响；
- 我公司在经营过程中可能会涉及某些法律问题及其他争议，这最终将使本公司承担或有债务；
- 在衍生品交易中，本公司将面临交易对手风险；
- 我公司可能无法持续享受某些中国政府优惠政策；
- 我公司主要股东有能力对本公司运营实施显著影响；
- 由于我公司将业务扩展到其他国家，因此可能会使本公司面对更加复杂的风险。

中国银行业相关风险

- 我公司面临中国银行业的激烈行业内部竞争，以及来自于替代性公司融资及投资渠道的竞争；
- 我公司业务及运营被政府严格管制，因此本公司相关业务、财务状况、运营结果以及未来预期可能会受到相关规定或政府政策变化（包括解释及实施）的不良影响；
- 我公司受到利率及其他市场风险因素影响，且本公司对该风险进行对冲的能力有限；
- 现阶段中国银行业的增长速度可能是非持续的；
- 会计准则中关于贷款、投资资产损失以及相关规定实施的解释性引导意见变化可能会使本公司改变现有实施惯例；
- 信用风险管理效果可能会受到中国市场中信息质量的影响；
- 中国大陆的某些规定限制了我公司的分散投资，并因此降低某类投资价值，这一问题可能会对我公司财务状况以及经营结果造成实质性不良影响；
- 我公司无法担保本文件中包含的关于中国国家、地区及银行业状况统计信息的准确性；
- 由于中国商业银行投资受到所有权限制，因此其可能会对公司财务状况以及投资价值产生不利的影响。

中国大陆相关风险

- 中国国内经济、政治及社会条件以及政府政策可能会对我公司业务、财务状况以及经营结果产生影响；
- 在中国法律体系结构下，我公司可以获得的法律保护可能有限；
- 我公司需要遵循中国大陆税法有关规定；
- 我公司红利支付需要遵循中国法律限制；
- 我公司受到中国政府对外汇兑换的有关限制，并承担可能的汇率浮动风险；
- 任何未来可能发生的自然灾害以及国内严重的传染性疾病暴发都可能对本公司的业务运营、财务状况以及经营结果造成实质性不良影响。

全球发行的相关风险

- 我公司所发行的 H 股可能并未形成一个活跃的交易市场，因此其交易价格可能会在较大范围内波动；

- 我公司同时进行 A 股发行，A 股市场以及 H 股市场可能存在差异；
- 我公司未来可能在 H 股市场上进行的一定数额以上的出售股份活动或是可能的将 A 股转为 H 股的活动都可能对 H 股股价产生实质性的不良影响，并稀释本公司 H 股股东持有股份的价值；
- 由于 H 股发行价格高于公司每股有型资产价值，因此投资者持有股份将会在其购买后被立即稀释；
- 我公司分红的历史数据并不能作为公司未来分红的标志；
- 我公司再次提醒您不要完全依赖媒体所提供的关于本公司 A 股相关发行信息和其他全球发行信息进行投资判断。

附录 6

投资者教育反馈信息表样本

____________公司首次公开发行

投资者反馈信息表(仅供内部使用)

银行:____________ 销售人员:____________

账户:____________ 基金经理:____________ 日期:________

地区:____________ 面谈 ○ 电话 ○

投资者类型 亚洲地区基金 ○ 全球性基金 ○ 对冲基金 ○ 其他 ○

投资者态度

	积极	中性	消极	无		积极	中性	消极	无
本地权益市场	○	○	○	○	部门	○	○	○	○
地区权益市场	○	○	○	○	其他同类市场	○	○	○	○

主要比较对象

您认为哪一个公司具有可比性?____________

估值

估值参数 基于可比较对象,请说明下列参数的重要水平

	高	中	低
收益	○	○	○
资产净值的溢价/折价	○	○	○
市盈率(请说明年份)	○	○	○
企业价值/息税折旧摊销前利润	○	○	○

对公司指标的态度

	积极	中性	消极	无		积极	中性	消极	无
1. 估值	○	○	○	○	4. 稳定收入	○	○	○	○
2. 收益	○	○	○	○	5. 净资产收益率	○	○	○	○
3. 潜在收益增长率	○	○	○	○	6. 管理层	○	○	○	○

投资者主要态度/评论

正面观点:____________

负面观点:____________

对投资者的评论

	是	可能	否	未决定
是否可能参加路演或一对一会议? (请填写明细)____________	○	○	○	○
是否可能参加首次公开发行?____________	○	○	○	○

估值:____________

潜在订单规模:____________百万美元

其他评论

附录 7

投资者购股意愿手工登记表样本

银团成员：

联系人名称：

联系人电话号码：

联系人传真号码：

电子邮件地址：

日期：

日期	投资者/基金名称	投资人类型 *	国籍	订单类型 ** N/I/D/A/C	订单信息		价格($美元)	备注
					金额	数量		

注释：

要求所有提交的订单保持透明度

* 投资者类型：BK = 银行，CO = 公司，IC = 保险公司，IM = 投资经理，PF = 养老基金，RT = 散户投资者，HF = 对冲基金

** 订单类型：N = 新订单，I = 追加订单，D = 减少订单，A = 修订订单，C = 取消订单

定价限制：限定以美元报价

附录8

主要证券交易所首次上市要求

本部分将提供美国、英国、欧洲大陆、中东及亚洲—太平洋地区主要证券交易所主板上市的要求。其中具体内容包括：纳斯达克证券交易所（NASDAQ）、纽约证券交易所（NYSE）、伦敦证券交易所（LSE）、纽约泛欧证券交易所（NYSE Euronext）、德国证券交易所、瑞士证券交易所（SIX）、香港证券交易所（HKEx）、新加坡证券交易所（SGX）、东京证券交易所（TSE）以及澳大利亚证券交易所（ASX）。

在相关上市要求中，本部分将重点集中在：a）对于申请上市公司的收入、现金流、收益、资产、所有者权益、公司市场资本总额等方面的规定；b）最低公众持股规定；c）对于公司运营历史及管理层的要求；d）对于国外投资者的法律规定；e）财务准则要求；f）适合上市的公司类型要求；g）其他要求及问题。在相关讨论中，我们将重点集中在国外公司寻求在相关市场上市时需要满足的条件。

为了确保对有关证券交易所相关要求进行尽量全面的说明，下文所提及的信息仅为对具体要求的概述。因此，以下要求内容并不构成任何形式的法律、规定或投资建议。在实际上市过程中，各交易所可能会在下述内容基础上针对上市公司特点增加额外规定。此类规定有待上市企业自行查询。因此，读者在协助企业上市过程中应该就具体上市条件与经纪人、法律顾问、股票交易所或相关管理机构联系，以确保发行条件相关规定的完整性和有效性。

读者可能已经注意到，在本书写作之时，新加坡证券交易所（SGX）已经宣布以83亿美元并购澳大利亚证券交易所（ASX）。尽管不知这一交易是否可以最后完成，但是如果该交易成功，则一定会导致公司在上述交易所上市条件的变化，同时可能会引发新一轮的亚洲—太平洋或更大范围内的交易所并购浪潮。

最后，本文需要提醒读者的是，如今中国已经考虑就国外企业在中国上市条件发布相关规定。如果该规定最终实施，则将会包含在本书以后的版本中。

（一）纳斯达克证券交易所上市条件

纳斯达克全球精选市场的上市条件信息归纳如下：

要求	标准1	标准2	标准3	标准4
税前收入（持续经营活动获得税前收入）	前3个财务年度总额超过1100万美元；最近2个财务年度每年不低于220万美元；前3个财务年度任何一年不得亏损	不适用	不适用	不适用
现金流	不适用	前3个财务年度总额不低于2750万美元；前3个财务年度每年都是正数。	不适用	不适用
最低市值	不适用	最近12个月的平均数大于等于5.5亿美元	最近12个月的平均数大于等于8.5亿美元	1.6亿美元
营业收入	不适用	在上一个财务年度中大于等于1.1亿美元	在上一个财务年度中大于等于9000万美元	不适用
资产总额	不适用	不适用	不适用	在最近一个完整财务年度中达到8000万美元
股东权益	不适用	不适用	不适用	5500万美元

财务要求

寻求在纳斯达克市场上市的公司至少要满足上述标准之一（上述某些标准适用于已在其他市场中上市的公司）。

公众股东持股比例要求

首次公开发行或拆分后公司股东总数至少达到2200人，或者拥有大股东至少 450 人。公开发行股票数量至少 125 万股，公众持股价值至少 4500 万美元。

已经公开发行股票或作为上市公司下属企业的增发行为需要满足额外条件。

经营历史及管理层要求

公司必须拥有交易所规定的完备公司治理结构。特别是在公司中需要强制建立审计委员会。

可接受的司法管辖权

纳斯达克并不对上市企业规定司法管辖权限制，但是上市公司应接受交易所管理。

会计准则

企业账目必须进行审计。相关账户需要依据美国 GAAP 准则或与美国 GAAP 进行对账，但如果美国证券交易委员会许可，则纳斯达克也接受根据 IFRS 记录的账户信息。

上市公司类型

上市公司类型是否符合交易所上市条件由纳斯达克最终决定。

其他要求

上市公司股票正式交易后，公司股票报价至少为 4 美元，并且公司在市场中至少有 3 个做市商。

其他市场

除了纳斯达克全球精选市场外，纳斯达克还有其他 2 个市场，即纳斯达克全球市场和纳斯达克资本市场。

信息来源：© Copyright2010，The NASDAQ OMX Group，Inc. Reprinted with permission。

（二）纽约证券交易所上市条件

外国私人发行者在纽约证券交易所进行首次公开发行的上市条件归纳如下：

财务状况要求

准备在纽约证券交易所上市的企业必须满足收入测试或估值/收入/现金流测试：

收入测试：过去三年中，从持续经营业务中扣除少数股东权益，摊销及投资利润等项目后的加总调解收入水平需要达到 1 亿美元，且每年上述收入水平不低于 2500 万美元。

估值/营业收入/现金流测试：公司全球市值须达到 5 亿美元且在最近十二个月内营业收入至少为 1 亿美元，过去三年现金流合计 1 亿美元且过去两年每年现金流最少达到 2500 万美元；或者公司全球市值须达到 7. 5 亿美元且在最近 12 个月内营业收入至少为 7500 万美元。

如果公司希望通过首次公开发行方式上市，则公司承销商需要提供书面文件证明公司在完成首次公开发行后，有能力满足最低资本规模要求。

公众持股要求

最低持股 100 股以上股东人数至少为 5000。最低公众持股量为 250 万股，其市场价值总和最低 1 亿美元。在计算公众持有股量时，不包括由董事、经理及其直系亲属或其他集中持有的 10% 以上的股份。

经营历史及管理层要求

见上述标准。

董事中的大部分需要保持独立。

在公司中，需要强制设立审计委员会。

交易所拥有免费及保密的检查过程，可以使公司确定自身是否拥有上市资格及需要满足哪些额外规定才能上市。

可接受的司法管辖权

纽约证券交易所并不对上市企业规定司法管辖权限制，但是上市公司应接受交易所管理。

会计准则

企业账目必须进行审计。相关账户需要依据美国 GAAP 准则或与美国 GAAP 进行对账，但如果美国证券交易委员会许可，则 NASDAQ 也接受根据 IFRS 记录的账户信息。

上市公司类型

上市公司类型是否符合交易所上市条件由纽约证券交易所最终决定。

其他条件

母公司成立的新实体或下属企业在纽约证券交易所上市，需要遵守不同的标准和要求。

其他市场

除了纽约证券交易所，发行者还可以在适合小型或微型企业上市的美国证券交易所（NYSE AMEX Equities）上市。

信息来源：纽约证券交易所网站。

（三）伦敦证券交易所上市条件

以下给出的是在伦敦证券交易所主板市场的部分上市条件信息，其中有些要求在伦敦证券交易所的专业证券市场上是可以豁免的。现归纳如下：

财务要求

伦敦证券交易所一般要求上市企业提供 3 年交易记录。对于企业营业收入及利润未有明确要求，但是 3 年收益记录需要覆盖公司 75% 的业务范围。

市值和公众持股比例

最低市值为 70 万英镑，且总股份中需要有 25% 为公众持有。

经营历史及管理层

公司需要提供完整的年报以及完整的流动资本报告。同时发行方需要控制公司大部分资产至少 3 年。

可接受的司法管辖权

伦敦证券交易所并不对上市企业规定司法管辖权限制，但是上市公司应接受交易所管理。

会计准则

企业账目必须进行审计。相关账户记录需要遵循 IFRS 准则，对于非英国发行人需要遵循与 IFRS 同等的准则记录。

上市公司类型

上市公司类型是否符合交易所上市条件由伦敦证券交易所最终决定。

其他要求

创新科技公司可以在伦敦证券交易所的技术板 TechMARK 上市。TechMARK mediscience 作为主板的特殊部分，主要用于为健康医疗类公司上市提供服务。

其他板块市场

除去主板外，新成立以及增长型公司可能会选择在另类投资市场上市（AIM）。相对于主板而言，AIM 上市条件相对宽松，需要指定任命保荐人（Nomad）。存托凭证可以在专业证券市场上市（Professional Securities Market，PSM），而该市场只锁定专业投资者并且披露标准更加宽松。

信息来源：伦敦证券交易所网站。

（四）巴黎、阿姆斯特丹、布鲁塞尔、里斯本或伦敦的纽约泛欧交易所的上市条件

纽约泛欧交易所上市条件信息归纳如下。通过在纽约泛欧交易所上市，公司可以获得一个单一且完全整合的交易平台，并且还可以选择在巴黎、阿姆斯特丹、布鲁塞尔、里斯本或伦敦等地点上市交易。纽约泛欧交易所是一个受欧盟相关部门管理的交易市场，因此所有在该交易所上市的公司均需遵守欧盟的相关规定。特别的是，在纽约泛欧交易所上市的公司需要提交一份经上市地监管部门审核的招股说明书（例如，在法国上市需要由法国证券市场监管机构——法国金融市场监管局（AMF）对招股说明书进行审核，在伦敦上市需要由金融服务管理局（FSA）或英国上市管理局（UKLA）对招股说明书进行审核）。此外，对于在美国上市的非欧盟公司而言，为了获得在纽约泛欧交易所上市许可，可以通过选择美国证券交易委员会提供的"快速通道"方案。同时需要注意的是，考虑到货币兑换问题，交易所可能会对下述上市条件中的某些予以豁免。

财务要求

除去投资基金外，上市公司需要提供不少于 3 年的交易记录。对于公司营业收入及利润状况并没有明确的财务要求。

公众持股要求

公司上市资本中，公众持股比例最低要求为 25%。同时允许对上述标准进行适当放松，但是需要普通公众投资人持有大量股份，即公众持股金额至少为 500 万英镑，超过该标准后则允许将上述比例下调至 5%。

公司经营历史及管理层

公司需要拥有经认证的最少 3 年经营账目（可豁免）。

可接受的司法管辖权

纽约泛欧交易所并不对上市企业规定司法管辖权限制，但是上市公司应接受交易所管理。

会计准则

在纽约泛欧交易所上市企业的账目需要遵循 IFRS 或其他欧盟认可的会计标准（日本或美国的 GAAP）进行账户记录。

上市公司类型

上市公司类型是否符合交易所上市条件由纽约泛欧交易所最终决定。

其他要求

纽约泛欧交易所按照上市公司的规模分为三个部分。第一个部分（Compartment A）包含所有市值超过十亿欧元的公司；第二个部分（Compartment B）包含所有市值在一亿五千万至十亿欧元之间的公司；第三个部分（Compartment C）为市值少于一亿五千万欧元的公司。

其他市场

除了纽约泛欧交易所，公司还可以选择在纽约证券交易所创业板（NYSE Alternext）上市，该市场要求较为宽松且上市条件相对较低。同时，纽约证券交易所创业板并不受欧盟管理，因此公司如果选择在这一市场上市，则需要委任一名上市保荐人以协助公司完成上市交易相关活动。最后，对于那些未能达到纽约泛欧交易所或创业板要求的上市企业，还可以选择在名为自由市场（Marché Libre）的三板市场上市。

信息来源：纽约证券交易所欧洲交易市场网站。

（五）法兰克福证券交易所上市条件

在法兰克福证券交易所（德文为 Frankfurter Wertpapierbörse，FWB®）的一般市场上进行首次公开发行的上市条件信息归纳如下。有关规定需满足欧盟信息披露透明的相关要求，考虑到货币兑换问题，交易所可能会对下述上市条件中的某些予以豁免。

财务要求

除去某些特殊公司外，上市公司需要提供不少于 3 年的交易记录。对于公司营业收入及利润状况并没有明确的财务要求。

市值和公众持股比例

最低市值为 125 万欧元，且除特殊情况外，总股份中需要有 25% 为公众持有。同时交易所规定最低发行数量为 1 万股。

公司经营历史及管理层

公司需要拥有经认证的最少 3 年的经营历史。

可接受的司法管辖权

德国证券交易所并不对上市企业规定司法管辖权限制，但是上市公司应接受交易所管理。

会计准则

国际财务报告准则（IFRS）/国际会计准则（IAS），在某些特殊前提下可使用美国 GAAP、加拿大 GAAP、日本 GAAP。

所有其他非欧盟上市公司需要按照 IFRS/IAS 或标准/类似 GAAP 准则报告账户。

上市公司类型

上市公司类型是否符合交易所上市条件由德国证券交易所最终决定。

其他要求

所有上市公司公开文件需要以英文和德文撰写。

其他市场

公司同时也可以选择在该交易所的其他市场上市，包括公开交易市场或非官方监管市场（这两个市场受交易所监管而不是受欧盟监管）以及欧盟负责监管的一般标准市场。

德国新市场（Neuer Market）是德国供技术类股份交易的市场，于 2003 年关闭。

在本书写作之时，德意志证券交易所正在进一步商谈购买纽约泛欧证券交易所（通过全股票交易），以形成世界上最大的证券交易所。

资料来源：各种渠道，包括德国证券交易所网站（www. deutsche - boerse. com），2010 年 8 月。

（六）苏黎世瑞士证券交易所上市条件

在瑞士证券交易（SIX）主板市场进行首次公开发行的上市条件信息归纳如下。考虑到货币兑换问题，交易所可能会对下述上市条件中的某些予以豁免。

财务要求

除某些特殊公司外，上市公司需要提供不少于 3 年的交易记录。对于公司营业收入及利润状况并没有明确的财务信息要求。上市公司最低资本总额不得低于 2500 万瑞士法郎。

市值和公众持股比例

最低市值为 2500 万瑞士法郎，且除特殊情况外，总股份中需要有 25% 为公众持有。

公司经营历史及管理层

公司需要拥有经认证的最少 3 年的经营历史。对于经营历史少于 3 年的公司如果其可以提供经审计的至少一个财务年度报告，也可以申请上市。然而在这一情况下，公司需要达到更高的信息披露透明标准，其中包括公司必须每个季度（而非每半年）对外发布公开报告直至公司报告达到连续 3 个年度。

可接受管辖权

SIX 证券交易所并不对上市企业规定管辖权限制，但是上市公司应接受交易所管理。

会计准则

IFRS 或美国 GAAP。其他国际公认的会计准则也同样允许使用。对于那些针对瑞士投资人的国内上市公司而言，可以使用瑞士 GAAP。

上市公司类型

上市公司类型是否符合交易所上市条件由 SIX 证券交易所最终决定。

其他要求

交易所对于国内公司、投资公司、资产管理公司、综合类投资计划和存托凭证等分别制定了不同的要求。

所有申请文件需要以法文、德文、意大利文或英文撰写。

资料来源：瑞士证券交易所（SIX）网站。

（七）纳斯达克迪拜交易所上市条件

纳斯达克迪拜交易所（以前名为迪拜国际金融交易所，DIFX）上市条件信息归纳如下。考虑到货币兑换问题，交易所可能会对下述上市条件中的某些予以豁免。

财务要求

除去某些特殊公司外，上市公司需要提供不少于3年的交易记录。同时对于公司营业收入及利润状况并没有明确的财务信息要求。

市值和公众持股比例

市值最低为5000万美元，且除特殊情况外，总股份中需要有25%为公众持有。

公司运营历史及管理层

公司所有提交账簿需要由会计师事务所进行审计，并需要由会计师出具无保留意见审计报告。

可接受的司法管辖权

纳斯达克迪拜交易所并不对上市企业规定司法管辖权限制，但是上市公司应接受交易所管理。

财务准则

IFRS或其他类型会计准则均可接收。

上市公司类型

上市公司类型是否符合交易所上市条件由纳斯达克迪拜交易所最终决定。

其他上市要求

公司三分之一的董事须为非执行董事，且其中至少包括两名独立董事。

公司发行权证所占总股本比例不得超过20%。

对阿拉伯联合酋长国公司申请上市，纳斯达克迪拜交易所制定了特殊要求。

如果公司增发或双重上市（已经在其他被纳斯达克迪拜交易所认可的市场上市），则公司在发行过程中可以不需要提交招股说明书。

资料来源：纳斯达克迪拜交易所网站。

（八）香港证券交易所上市条件

在香港证券交易所主板进行首次公开发行的上市条件信息归纳如下。考虑到货币兑换问题，交易所可能会对下述上市条件中的某些予以豁免。

财务要求：

不少于 3 年的交易记录。

同时，企业需要满足以下财务标准之一：

— 利润测试：过去 5 年中股东可分配利润需要达到 5000 万港币（上市前倒数第三、倒数第二个年度累计金额需要达到 3000 万港币，上市前一个年度需要达到 2000 万港币），且上市时总市值不得少于 2 亿港币；

— 总市值及营业收入测试：公司上市时市场总市值需要达到 40 亿港币，且最近一年经审计后的营业收入总额需要达到 5 亿港币；

— 总市值、营业收入及现金流测试：公司上市时，总市值需要达到 20 亿港币，经审计的经营收入需要达到 5 亿港币，上市前连续 3 年经营性现金流为正且合计不低于 1 亿港币。

市值和公众持股比例

公司上市时市值需要达到 2 亿港币，且公众持股比例至少为 5000 万港币。

公司总股本中的 25% 需要为公众持股（如果公司市值超过 100 亿港币，则公众持股比例可以降低至 15% 至 25% 之间）

在总市值、营业收入及现金流测试条件下，最低股东人数为 300 人；在总市值及营业收入测试条件下，最低股东人数为 1000 人（且前三大股东持有股票比例不超过公众持股数量的 50%）

公司经营历史及管理层

公司管理层在上市前 3 年不得变化，同时需要在上市前一年保持对公司所有权的连续控制。

在总市值及营业收入测试前提下，若管理层拥有至少 3 年同行业相关经验，且公司管理层在最近一个财务年度中保持相对稳定，则证券交易所可以认可申请上市的公司的较短期交易记录。

可接受的司法管辖权

历史上，香港证券交易所只接受在中国香港、中国大陆、百慕大以及开曼群岛成立的公司的申请。最近，香港证券交易所对上述规定进行了修改，允许在其他地区成立的企业申请在香港上市。其中包括澳大利亚、英属哥伦比亚、英属维尔京群岛、塞浦路斯、德国、马恩岛、意大利、日本、泽西岛、卢森堡、安大略、新加坡以及美国加利福尼亚州。所有上市公司必须满足上述上市条件，且要对其相关申请进行逐一审查。

会计准则

上市公司账户需要满足香港财务报告制度或者 IFRS。

在某些特殊情况下，满足美国 GAAP 或其他会计制度也是可以接受的。

上市公司类型

上市公司类型是否符合交易所上市条件由香港证券交易所最终决定。对于发行人资产仅包含或包含过多短期证券的，除非主要经营证券类业务，否则不允许其在香港证券交易所上市。

其他要求

在发生散户发行超额认购的条件下，将触发自动回拨条款，股票将会从私募部分流向公开发行部分进行重新分配：

公众发行部分 超额认购数量（倍）	初始数量	15x 至 50x	50x 至 100x	大于 100x
公众发行部分 分配数量（%）	10%	30%	40%	50%

招股说明书需要使用英文和中文撰写。

2010 年 6 月，香港证券交易所首席执行官李小加（Charles Li Xiaojia）提出，他希望在 2011 年可以看到以人民币计价的股票上市。[①] 在本书写作时，据报道李嘉诚的长江控股有限公司正在着手在香港上市以人民币计价的房地产投资信托基金，其中包括一些该公司所有的中国境内的物业资产。

① 《南华早报》，2010 年 10 月 6 日。

其他板块

公司还可以在香港的二板创业板市场上市，该市场的上市要求要相对低一些。

资料来源：香港证券交易所网站。

（九）新加坡证券交易所上市条件

在新加坡证券交易所主板市场上进行首次公开发行的上市条件信息归纳如下。考虑到货币兑换问题，交易所可能会对下述上市条件中的某些予以豁免。

财务要求

上市公司需要满足下列标准之一：

— 累计或独立利润测试：上市前 3 年累计合并税前利润需要达到 750 万新加坡元，3 年中每年税前利润需要达到 100 万新加坡元；

— 累计利润测试：上市前 1 年或 2 年累计合并税前利润需要达到 1000 万新加坡元；

— 总市值测试：公司上市时，市值需要达到 8000 万新加坡元。

市值和公众持股比例

市值达到 3 亿新加坡元的企业，公司总股本中的 25% 需为公众持股。

市值达到 3 亿至 4 亿新加坡元的企业，公司总股本中的 20% 需为公众持股。

市值达到 4 亿至 10 亿新加坡元的企业，公司总股本中的 15% 需为公众持股。

市值超过 10 亿新加坡元的企业，公司总股本中的 12% 需为公众持股。

无论上述何种情况，最低股东人数均不得少于 500 人。

对于二次发行，发行方在全球范围内股东人数需要达到 500 人。如果新加坡股票交易所及发行方上市交易所间没有建立在不同司法管辖权间的股票交易安排，此时上市企业需要在新加坡拥有至少 500 名股东，或在世界范围内拥有至少 1000 名股东。

公司经营历史及管理层

申请在新加坡上市的企业必须保证在测试期前后经营业务以及管理层相对稳定。此规定仅限于满足财务要求测试条件之一的企业。

可接受的司法管辖权

新加坡证券交易所并不对上市企业规定司法管辖权限制，但是上市公司应接受交易所管理。来自于世界任何地区的公司均可以申请在交易所主板上市。

会计准则

新加坡财务报告准则、IFRS 以及美国 GAAP 准则均可接受。

上市公司类型

新加坡证券交易所负责决定申请是否满足上市要求，同时其也有权决定是否允许公司上市。除非交易所规定条件均得到满足，否则公司不允许上市。

其他要求

延期履行

在公司上市时，如果控股股东、一致行为人以及执行董事（上述人员统称为创办人）持有股份超过 5%，则在上市后需要遵守股票锁定期的相关规定。满足盈利性测试的主板发行人锁定期为 6 个月。满足总市值测试的主板发行人锁定期为 6 个月，其中至少 50% 需要再执行 6 个月的锁定期。

董事

在新加坡上市企业需要至少委任两名非执行独立董事。此外，国外发行人需要至少有两个在新加坡居住的独立董事。

其他市场

除去新加坡股票交易所主板市场（该市场主要为有收益记录企业提供上市安排）外，还包括新加坡股票交易所凯利板，该板块为由保荐机构监督的新上市平台，为快速成长企业提供支持。凯利板上市要求相对较低。

资料来源：新加坡证券交易所网站。

注：本部分资料获得了新加坡证券交易所或其附属机构的允许。本部分内容的任何错误或遗漏与新加坡证券交易所或其附属机构无关。这部分资料的解释不归于新加坡证券交易所或其附属机构。

（十）东京证券交易所上市条件

外国公司在东京证券交易所市场进行首次公开发行的上市条件信息归纳如下。考虑到货币兑换问题，交易所可能会对下述上市条件中的某些予以豁免。

财务要求

公司必须具备至少 3 年的交易记录，且需要满足下列标准之一：

— 最近 2 年的利润测试：第一年利润总额不得低于 1 亿日元，第二年利润总额不得低于 4 亿日元；

— 最近 3 年的利润测试：第一年利润总额不得低于 1 亿日元，第三年利润总额不得低于 4 亿日元，且三年累计利润总额不得低于 6 亿日元；

— 总市值及营业收入测试：公司总市值需要达到 1 亿日元，且营业额需要达到 100 亿日元。

除去上述条件外，公司在上市申请前一年合并股东权益应不少于 10 亿日元。

市值和公众持股比例

公司上市时市值需要达到 500 亿日元。

可交易股份（为除去由公司内部人员持有、公司库存股票以及个人拥有超过上市公司 10% 股份外的其他股份）总数不得少于 20000 股，可交易股份总市值不得少于 20 亿日元。可交易股份在所有上市股份中所占比例不得少于 35%。

在东京首次上市时，企业在世界范围内的股东人数不得少于 2200 人。如果企业为双重上市或多重上市，则在日本股东人数不得少于 800 人。

公司经营历史及管理层

需要审计师提供对公司过去两年或三年的公平意见（具体时间依财务要求测试结果而定），并且在上市前一年公司审计师的相关报告必须为无保留意见报告。

可接受的司法管辖权

东京证券交易所并不对上市企业规定司法管辖权限制，但是上市公司应接受交易所管理。

会计准则

允许使用日本 GAAP 或其他交易所公认会计准则。然而，某些不常用或更加“特殊”的会计准则一般不被交易所接受，并可能会导致交易所对此进行工程浩大的审议和分析。

上市公司类型

上市公司类型是否符合交易所上市条件由东京证券交易所最终决定。

其他板块和市场

在东京证券交易所还有二板市场，在二板市场上市的企业需要符合的上市要求要相对较低。此外，还有一个供高增长和新兴股票上市的独立市场“创业板”（Mother）。从创业板或二板市场可以转移到主板市场。

资料来源：东京证券交易所网站。

（十一）悉尼澳大利亚证券交易所上市条件

澳大利亚证券交易所上市条件信息归纳如下。考虑到货币兑换问题，交易所可能会对下述上市条件中的某些予以豁免。

财务要求

公司必须具备至少 3 年的交易记录，交易所可能允许某些公司仅提供更短时期的交易记录。

需要满足下列财务标准之一：

— 最近 3 年的利润测试：过去 3 年最低净利润总额不得少于 100 万澳元，且过去 12 个月的净利润不得少于 4 亿澳元；

— 净有形资产测试：公司上市时，净有形资产不得少于 200 万澳元；

— 总市值测试：上市时，公司总市值不得少于 1000 万澳元。

如果申请公司已经在世界其他交易所上市且该交易所为世界股票交易所联盟成员（WFE），同时公司在过去 3 年时间内每年获得至少 2 亿澳元税前利润或拥有不少于 20 亿澳元净有形资本，则该公司可以选择在澳大利亚证券交易所外国企业豁免上市（ASX Foreign Exempt Listing）。

市值和公众持股比例

公司最少股东人数为 500 人，且人均持有股票价值为 2000 澳元或更多，或最少股东人数为 400 人，且人均持有股票价值为 2000 澳元或更多，且非关联方持有股份不得少于总股份的 25%。

在澳大利亚证券交易所外国企业豁免上市的企业股东人数至少 1000 人，且人均持有股票价值不得少于 500 澳元。

公司运营历史及管理层

在上市利润测试条件下，公司至少需要有 3 年的经营历史，且此要求并不适用于净有形资产测试。上市规定第 1. 3. 5 条规定，如果公司选择资产测试则需要提供至少 3 个完整财务年度的账户信息（如交易所允许，可以适当减少时间）。实际上，很多最终成功上市的公司（主要是矿业开采公司）并没有 3 年的营运历史。

可接受的司法管辖权

澳大利亚证券交易所并不对上市企业规定司法管辖权限制，但是上市公司应接受交易所管理。

会计准则

澳大利亚会计准则、IFRS、加拿大 GAAP、香港财务报告准则、新西兰 GAAP、新加坡财务报告准则、南非 GAAP、英国 GAAP、美国 GAAP 均为澳大利亚证券交易所认可的会计准则。

上市公司类型

上市公司类型是否符合交易所上市条件由澳大利亚证券交易所最终决定。

其他要求

很多澳大利亚交易所现行上市条件并不适用于申请在澳大利亚交易所外国豁免企业上市。

矿业及勘探业公司申请上市时，需要遵守额外特殊规定。

资料来源：澳大利亚证券交易所网站及“在澳大利亚证券交易所进行国际上市：成长与成功之路”小册子（*International Listing on ASX：Road to growth and opportunity*）。

词汇表

A股（A share）：在中国大陆，这些股票是在上海和深圳的股票交易市场上市及交易的，并都是以人民币计值。

会计准则（Accounting standards）：公认会计准则，一个公司的账簿定制要与之相符。典型的实例就是，如果公司要上市，那么其会计标准必须是股票交易市场的相关管理者所接受的，参见公认会计准则。

受信投资者（Accredited investor）：它是美国的一种投资者类型，他们购买证券时对于证券注册的要求有一定的豁免权。受信投资者比合格机构投资者的范围更广。这些投资者可以通过144A规则下的私募形式购买证券，参见合格机构投资者。

丙烯酸纪念铭座（Acrylic）：参见纪念品。

广告用名（Advertising name）：投资银行通常在招股说明书的封面中应用的名字，它通常比法定名称短。

后市（Aftermarket）：一个新上市公司已经开始进行相关证券交易后形成的市场。

激进型投资者（Aggressive growth investor）：这是机构投资方式的一种，在这种投资中投资者关注于呈现快速增长势头的证券。

执行商定程序函（Agreed-upon procedure letter）：是一种比SAS72安慰函要求低的审计师安慰函，例如如果最近的一次审查或账户的审计已经过去135天甚至是更长的时间，为了稳定信心，就可以出具这种执行商定程序函，详见SAS72安慰函及SAS100审查。

管理者之间的协议（Agreement among manager）：由全球发行中的特定部分的承销商彼此达成的协议，划分各自的角色及责任。

分配（Allocation）：决定散户投资者和机构投资者在首次公开发行中所获得的证券的数量。

阿尔法值（Alpha）：衡量投资项目主动回报的风险调整系数，等于超过无风险利率部分的收益。对冲基金特别关注阿尔法值。

另类投资基金（Alternative investment fund）：通常指对冲基金，详见对冲基金。

另类投资市场（Alternative investment market，AIM）：是指伦敦股票交易市场的二板市场，它比主板市场有更低的上市要求。

美国存托凭证（American depositary receipt，ADR）：是一种代表相关股份经济收益的凭证，通常以美元计价且在美国交易，美国存托凭证通常分为参与型和非参与型，可以上市也可以不上市。

美国存托股份（American depositary share）：是一种证明持有美国存托凭证的工具。美国存托股份由投资者进行交易，而美国存托凭证则是存在于结算系统中。

美国注册会计师协会（American institute of Certified Public Accountants，AICPA）：是美国注册会计师的国家专业协会，详见注册会计师资格。

分析师（Analyst）：在投资银行中资历较浅的入门者，相当于商业分析员或管理培训生。

锚定投资者（Anchor investor）：详见基石投资者及上市前投资。

锚定市场（Anchor market）：当公司在不止一个股票交易市场上市时，其中被认为是自然（或非人为）形成的上市地称为锚定市场，并且大部分股票在此交易。详见双重上市和多重上市。

外观设计（Appearance）：是指在招股说明书的封面中，银团中的牵头银行的名字怎样安排。左上方通常是这个银团中最具实力的银行，它们通常比别的银行有更多的股票或者能得到更多的报酬（或二者兼有）。

申请表（Application form）：是指散户投资者在首次发行市场上申请股份时需填写的一种表格。例如在香港，使用白色申请表申购新股，会收到以自己名义递送的实物股票证书；如果已在中央结算系统开立了投资者账户或在银行或证券公司开立了证券账户，并想将认购到的股份直接存入自己账户的投资者，可以使用黄色申请表；而粉红色申请表只供公司员工认购新股时使用。在香港，申请者还可以通过电子申请表来申请股票。

上市申请（Application to listing）：证券发行商通过函件向特定证券交易市场进行上市的申请，这种上市申请通常是由投资银行的法律顾问起草的。

澳大利亚证券投资委员会的公众评议期（ASIC exposure period）：在澳大利亚，在批准发行者上市发行股票之前，市场、当地管理者及澳大利亚证券投资委员会（ASIC）通常有一到两个周的时间来考虑其文件（或招股说明书）中披露的信息。但是澳大利亚证券投资委员会的公众评议期不适用于已经上市公司的股票发行。详见澳大利亚证券投资委员会。

资产管理者（Asset manager）：是机构投资者的统称，通过投资组合经理，资产管理者通常收集投资项目，并在一系列资产中进行投资（资产、固定收入证券、商品或房地产）。当授权资产管理者代表他们的客户作投资决策时，他们会以全权委托方式管理基金。

助理（Associate）：投资银行中的初级人员。投资银行助理通常要具有2到4年的工作经验。

副董事（Associate director）：在投资银行中通常是指中层，在一些投资银行中副董事相当于副总裁的级别。副董事通常具有4到6年的工作经验，详见副总裁。

审计委员会（Audit committee）：由公司的董事设立来监管财务报告及信息公开，它通常由独立的非执行董事组成。

审计账目（Audited accounts）：是指由审计人员或报告会计师审计和认证的公司账户。在一些情况下，当审计师已确定需要被重新审计的有争议（或需要披露）的账目后，该账目可以被认可。

审计员（Auditors）：在英国又称为报告会计师。会计公司通常收到公司的委托来审计和认证该公司的账户。对于上市公司，审计员通常来自于“四大”，详见四大和审计账目。

审计师报告（Auditors report）：是由会计师事务所撰写的关于公司的报告附在公司账目之后，同时还要说明他们对此公司的账目及相关事务已经给出了正确公正的观点，详见审计员与审计账户。

澳大利亚证券投资委员会（Australian Securities and Investment Commission，ASIC）：澳大利亚证券管理机构。

授权代表（Authorized representatives）：是指一个或一群授权人，他们代表上市公司与股票交易所进行沟通。

自动控制（Autocontrôle）：是由一个公司和它的子公司拥有和控制的自己公司的股票，它通常依据股票回购计划发行。在大多数的市场上，自动控制（通常叫库存股）被限制在已发行股票数量的10%，并且这种股票的发行不需要公司全体会议的投票表决，详见股票回购计划及库存股。

自动取款机（Automated teller machines）：在新加坡，对于散户投资者购买首次公开市场发行的证券或在公开发行市场进行资本资产交易来说，这是一种非常受欢迎的方式。

法国金融市场监管局（AMF）：是法国的一个独立公共机构，它的主要作用是保护在金融工具和其他的储蓄工具上的投资，以确保投资者得到资料信息，同时维持金融市场的秩序。该机构成立于2003年，由法国证券事务监察委员会、金融管理局和金融管理纪律委员会组成。

日平均交易量（Average daily trading volume，ADTV）：一只股票在一定时间内的日平均交易数量，通常为30天或60天。

B股（B share）：在中国大陆，这些股票通常在上海和深圳的股票交易市场上市，但以非人民币交易，在上海上市与交易的股票以美元计值，在深圳上市与交易的股票以港元计值。

后台管理系统（Back office）：投资银行的运营部门，负责证券的结算和操作性业务。

借壳上市（Backdoor listing）：一个公司借助于另一个已经上市的空壳公司上市的一种机制。通过这种方式上市的公司已经具备所要求的股东最小数量。

抽签（Balloting）：由股份登记员在首次公开发行的公开报价结束之后对散户投资者分配股份的一种机制。

代理承销（Best efforts underwriting）：详见软承销。

四大（Big four）：全球最大的四个会计师事务所，分别是德勤、安永、毕马威和普华永道。

收款及配发（Bill and delivery）：通过这种机制，代表其他投资者的高级承销商对股票进行支付并交付相关投资者。如果银团中的低级成员创造了可分配的投资者需求，则由银团中的一个高级银行代表这些下级银行收账和交付。

付款优惠券（Bill voucher）：散户激励措施，一个典型的应用就是在公共事业的私有化中，拥有公司股份的散户投资者可以利用附赠的付款优惠券来抵消他们在一段时间内的公用事业账单。详见散户激励。

封锁期（Blackout period）：在这段时间内，承销商银团中的成员不能再发布关于发行人股票相关的研究报告。封锁期通常在公司上市或是交易开始之后持续40天。封锁期有时也叫"沉默期"。

大宗股票交易（Block trade）：通常是关于公司现有股份的大宗的快速交易。大宗股票交易通常在几个小时内以固定的价格进行，也可能采取硬承销的方式。详见硬承销。

红字信函（Blood letter）：由投资银行发出的函件，用以确定招股说明书中的特定信息，同时作为承担责任的依据。此信函涉及的范围十分有限，通常与投资银行自身有关。例如其名字如何显示或是其是否参与稳定股价。

蓝天法（Blue Sky laws）：美国各州政府为防止凭空发行股票证券进行的欺诈而订立的各种法律，统称为蓝天法。与联邦证券法同时存在。

巴西圣保罗股票商品期货交易所（BM&FBOVESPA）：位于巴西圣保罗的

股票交易市场，在2008年通过圣保罗股票交易所和巴西圣保罗股票商品期货交易所合并而创立。它通过在美国的市场资本化，成为继美国的纽约证券交易所、纳斯达克证券交易所以及加拿大多伦多证券交易所之后的第四大股票交易所。①

董事委员会（Board committee）：由公司的董事会所创立，并通常主要或只限由独立的非执行董事构成。通常包括审计委员会（一定要有）、薪酬委员会和提名委员会。

一手（Board lot）：股票交易的最少数量。例如一个公司的一手交易是1000股。以零星股交易比用整数股交易要花费更多的额外成本。

红利股（Bonus share）：常用于私有化中的一种散户激励措施。散户投资者持有股份超过一段时间会收到额外的股份。典型的方案是在18个月的时间之后，每持有10股就能免费得到1股。详见散户激励措施。

账面价值（Book value）：详见资产净值。

购股意愿档案（Bookbulider）：一个在线的、有密码保护的电子档案平台。现被称作Dealmanager ECMR®，被股权资本市场团队广泛应用于管理首次公开募股中的需求账簿和其他股权资本市场交易。

建立投资者购股意愿档案（Bookbuliding）：在权益资本市场交易中的机构投资者通过此过程发出订单和得到股份。在首次公开募股中，先进行投资者教育或者预推销，然后进行价格区间的确定，之后建立投资者购股意愿档案。通常与投资者路演同时进行。

账簿管理人（Bookrunner）：银团的承销银行中最重要的一级，账簿管理人管理需求账簿，重要的是决定对机构投资者证券的分配。在首次公开发行中可以有不止一个账簿管理人，一个银行账簿管理人还能够同时承担其他角色。通常是该银行同时担任保荐人、全球协调人和/或主承销人。

自上而下的需求评估（Bottom-up demand estimate）：在首次公开募股中，用货币或是股份来估计机构投资者的需求。自上而下的需求评估是通过在首次公开募股销售范围内，对一些关键目标投资者潜在的分配需求总量的猜测并加总进行的。

全额包销（Bought deal）：是指证券市场交易通过一个或多个投资银行进行硬承销的一种类型。在IPO中这不是常见的交易形式，虽然有时候会这样处理一些后续交易（尤其是大宗交易）。参见硬承销。

后续安慰函（Bring-down comfort letters）：是会计师在IPO结束时出具的

---

① 全球证券交易所联合会网站，2009年12月31日。

安慰函，以对在初步招股说明书中和定价时发出的早期安慰函中的条款作出确认。这种安慰函有时也在超额配售选择权使用时发出（如果有的话）。

后续尽职调查（Bring-down due diligence）： 在定价和首次公开发行结束后与管理层进行的短暂尽职调查会晤，其目的是确认早期的尽职调查结果，并确认任何有关该公司的新的实质性发展。这种尽职调查有时也在超额配售选择权使用时进行（如果有的话）。

经纪公司发行（Broker firm offer）： 在澳大利亚这是一种经常使用的散户发行方式，面向澳大利亚（也包括新西兰等地区）的散户投资者，这些散户投资者从经纪公司处获得股票的分配额。

经纪人佣金（Brokerage fee）： 机构或散户投资者在首次公开发行中购买股票或进行其他股权资本市场交易时所要支付的费用。有些首次公开发行或股权资产市场的交易不需支付任何经纪人佣金。

“华尔街投资银行领导集团”投资银行（Bulge-bracket investment banks）： 专指那些能登上世界范围排行榜的大型投资银行。

商业分析员（Business analyst）： 这是对初入投资银行员工的称谓，相当于分析师或者管理培训生。参考分析师和管理培训生。

商业尽职调查（Business due diligence）： 由投资银行和法律顾问进行的尽职调查，通常是通过对管理层进行访谈，以深入了解准备上市公司的事务。商业尽职调查关注于公司的业务，并在招股说明书中进行准确描述。商业尽职调查还包括实地考察，并辅以文件及财务尽职调查。可参见文件尽职调查、财务尽职调查。

买方研究（Buy-side research）： 机构投资人或者对冲基金内部进行的证券研究，通常买方研究不会公布，也不会像卖方研究那样广泛分发。

CAC 40 指数（CAC 40 index）： 法国股票市场最常用的基准指数，包括在巴黎的纽约证券泛欧交易所主板上市的 40 家最大的公司。CAC－40 指数是经自由浮动调整和市值加权的指数。

上限（费用）（Cap（on fees））： 对投资银行可赚取的费用设置上限的机制。例如规定账簿管理人在首次公开募股中赚取的佣金上限为 80%，此举旨在激励银团中的初级银行成员。

资本资产定价模型（Capital asset pricing model，CAPM）： 该模型在考虑到资产组合所固有的风险水平（也称系统或市场风险）的基础上，用于确定理论上的一个多元化的投资组合的回报率。资本资产定价模型考虑了市场的预期回报率以及理论上无风险资产（政府债券）的预期回报。

资本结构（Capital structure）： 公司资产负债表上的长期股权资本与长期

债务资本（扣除现金及与现金等价的证券）之间的比例。有时在上市前就对资本结构进行调整，具体方式是增加负债以对发行方的上市前股东支付额外红利。

凯利板（Catalist）：新加坡交易所的二板市场。

中央公积金（Central provident fund，CPF）：新加坡对老年公民的社会保障储蓄计划。通过自动取款机，可将部分中央公积金的资金用于投资首次公开募股和其他股权资本市场交易。另见自动取款机。

注册会计师（CPA）资格（Certified public accountant qualification）：在美国和其他国家，注册会计师的法定职称须经考试合格后授予。美国注册会计师相当于英国的特许会计师。某些证券交易所要求一些董事或董事委员会成员至少要持有注册会计师或等同于注册会计师的资格证书。另见美国注册会计师协会（AICPA）。

首席执行官（Chief executive officer，CEO）：往往是一个公司最高级的执行主管，有时也兼任董事长的职位。首席执行官常常需要在首次公开募股的路演期间扮演积极的角色。

财务总监（Chief financial officer，CFO）：一个公司最高级的财务主管。财务总监常常需要在首次公开募股市场的路演期间扮演积极的角色，有时也涉及一些执行过程中有关企业融资的方面。

中国墙（Chinese wall）：是指证券公司建立的有效的内部控制和隔离制度。其目的是防止研究部、投资部与交易部之间互泄信息，引致内部交易和操纵市场的行为，是解决证券市场无处不在的利益冲突的手段之一。

（账目的）画圈（Circling（of accounts））：是指由公司审计人员在招股说明书中获取、修改及检查（或者“打勾”或者“打勾和画叉”）其中所包含的财务信息的过程。经过这个过程的招股说明书被添加在 SAS 72 函中。见 SAS 72 函。

股份的级别（Classes（of shares））：在一些国家，一个公司会有不同的股份级别，例如 A 级股份和 B 级股份，每一级别有不同的特点、价值、特权和表决权。

回拨机制（Claw-back）：是指在首次公开募股中，最初配售给私募（或机构投资者）的股份被重新分配给散户投资者的过程。可由账簿管理人在全权委托下进行处理，也可以依据证券交易所设定的规则自动执行。自动激发回拨机制是香港首次公开募股的特色。

超额分配机制（Claw-forward）：是指在首次公开募股中，最初配售给散户投资者（或公众投资者）的股份被重新分配给机构投资者的过程。可由账簿管理人在全权委托下进行处理。

国际证券结算公司（Clearstream）：德意志证交所的保管和结算分部，坐落于卢森堡。先前叫世达银行。

发行结束（Closing）：首次公开募股的最后一个环节，当投资者支付货币后，股份就被分到投资者手里。发行结束通常需要一定的先决条件，包括一系列文件的递送。

俱乐部交易（Club deal）：是一种股权资本市场交易，这种交易只向少数选定的机构进行股份的推销和分配。

副主承销商（Co-lead manager）：在首次公开募股中的次级角色，通常负责交易前研究报告的撰写（美国、加拿大和日本除外）和投资者教育。当今，副主承销商通常在固定的、先前达成一致的基础上得到报酬。

副承销商（Co-manager）：首次公开募股中的次级角色，一般不需要撰写交易前研究报告（美国、加拿大和日本除外）。在美国，副承销商也指所有在主承销商之下的初级承销人。

安慰函（Comfort letters）：是由公司的审计师在首次公开发行的初步招股说明书（这种情况下，通常是草案形式）及最后招股说明书中，给予发行者及承销者的关于提供包含在这些说明书中的金融信息的函件。通常以SAS72函的形式出现，但是有时也用较弱标准的函件（例如执行商定程序函）替代。在交易后期还会递送后续安慰函。见SAS72函和执行商定程序函。

西班牙证监会（Commissión National del Mercado de Valores，CNMV）：西班牙证券行业监管机构，相当于美国证券交易委员会或者英国金融服务监管局。

证券事务监察委员会（Commission des Operations de Bourse，COB）：法国以前的证券行业监管机构，现在并入了法国金融市场监管局。见法国金融市场监管局。

委员会统一安全标识程序（CUSIP）（Committee on Uniform Security Identification Procedures）：用字母数字混合编制的代码来识别有价证券发行者和交易者。委员会统一安全标识程序的前六个字符用来识别发行人。

公司标杆（Company benchmarking）：是指发行者与可比上市公司进行对比，以此来评估其表现、业务及最终估价。见可比公司。

公司股票期权计划（Company Share Option Plan，CSOP）：英国的一种员工持股计划。

可比公司（Comparable company）：人们以该上市公司为标杆，在首次公开募股中估计发行人的表现、业务及最终估价。见公司标杆。

合规（Compliance）：投资银行中的一个部门，任务是确保公司符合内部和外部的法律、法规，同时避免和解决可能发生在部门之间的利益冲突。

年均复合增长率（Compound annual growth rate，CAGR）：是指一个公司在特定年度内根据复合基础计算出的年均增长率。税收、资金流动或者收入等项目的年均复合增长率可以显示公司在一段时间内的关键利润和损失状况。

同时散户发行（Concurrent retail offering）：一般是指在建立购股意愿档案的最后几天中，与机构配售同时进行的散户发行。同时散户发行的价格实际上等同于机构发行价格区间的最高价格，当确定的散户发行价格低于认购价格时，散户投资者会得到最高价格与实际发行价格差额的偿付。

先决条件（Conditions precedent）：指首次公开发行结束的先决条件或进行承销的先决条件。一般包括定价、协议的签署、法律顾问提供的法律意见安慰函等各种文件。

保密协议（Confidentiality agreement）：在首次公开募股中，投资者根据需要对某类提前获得的信息进行保密而签署的协议，例如与基石投资者相关的信息等。保密协议同样用于双轨制的过程中潜在的交易买家的机密信息。

利益冲突（Conflict of interest）：指在首次公开募股的情况下，投资银行内部融资部门和投资部门之间的冲突，或者是主要投资部门和其他部门之间的冲突。股东和公司董事之间以及公司本身也会存在着这种冲突。参见关联交易。

关联方交易（Connected- parties transactions）：可参见关联交易。

业务连续性（Continuity of business）：证券交易所提出的上市要求，即申请上市的公司要在一段时间内持续经营相同业务。

所有权或经营管理权的连续性（Continuity of ownership or management）：由证券交易所提出的上市要求，即申请上市的公司主要股东或高级管理层在一段时间内要保持大致相同。

合同权利（Contractual rights）：是指能使公司与第三方签订合同的权利。在首次公开募股的情况下，非常重要的一点是不能由发行人以外的第三方拥有发行人的合同权利。

逆向投资者（Contrarian investor）：这类投资者逆潮流而动，并且认为其他大多数投资者对市场的评估是错误的。

费用贡献（Contribution to expenses）：是指要求承销商贡献出与首次公开募股交易相关的一部分费用的情况。常见于一些私有化和大型的、久负盛名的企业的发行中，此情况在韩国尤其常见。

控制室（Control room）：隶属于投资银行的合规部门，负责在交易前研究报告（或其他）出版之前，确保其遵守研究指导原则，避免发生利益冲突、诽谤或诉讼。

转换率（Conversion rate）： 又称命中率，是银行在路演期间举办的一对一会议数与参加一对一会议的投资者在需求账簿中所下订单数量之间的比例。可以按区域或按投资者类别计算出命中率的整体比例。这些信息通常包括在过去首次公开募股的案例研究中。

可转换债券（Convertible bond）： 由公司发行的可兑换成该公司普通股的债券。根据包括公司的股价在一段时间内的表现等特定条件，一般采取溢价发行。而公司发行的可换股债券是指该债券可以兑换成由发行可换股债券的公司所拥有的另一家公司的股份，或者兑换成该债券发行人所拥有的库存股票。

可转换优先股（Convertible preferred share）： 类似于可转换债券，但是这种情况下发行的是优先股而非债券。参见可转换公司债券和优先股。

核心成长型投资者（Core growth investor）： 机构性投资的一种。这类投资者只对有良好的潜在收益增长率的企业感兴趣。

核心价值型投资者（Core value investor）： 机构性投资的一种。这类投资者通常投资于大市值、低于平均市盈率/市净率或现金流会呈现倍数增长，但是通常拥有高于平均股息收益率的公司。这些投资者经常对他们购买的证券进行内部的基本面分析。

基石投资者（Cornerstone investor）： 是指高质量的机构投资者、对冲基金或企业巨头。他们通常会在建立购股意愿档案之前得到股份配售部分，通常是以发行价获得大量的股份分配，以便推动首次公开募股的进行并成为发行中的主导者。

公司治理（Corporate governance）： 是一种最初在英国的吉百利和希格斯报告中（Cadbury and Higgs reports）制定的一系列最优的条例建议，用来对上市公司的高管及董事的利益冲突和权力滥用进行规制。股票交易市场鼓励并且有时还包括某些公司治理条例作为公司上市的条件。

公司信息处理员（Corporate Information Handing Officer，CIHO）： 在日本，外国上市公司如果主要市场不在东京证券交易所（TSE），那他们要指定一个“公司信息处理员”来保持与东京证券交易所联系，并及时公布相关信息。公司信息处理员可以与东京证券交易所进行日语或英语的交流，并且通常负责母国公司信息披露的相关工作。

资历（Credentials）： 是指投资银行为了获得首次公开发行、顾问工作或融资交易等而准备的资料证明、简历等。一般包括排行榜、过去经手的交易案例及由顾客提供的推荐信等。

必要便签（Crib sheet）：是销售团队关于新发行的上市公司的结构、特点、投资案例及价值参数的一个简短总结，以便口头向机构投资者介绍交易的相关信息。必要便签通常是双面带夹层的，便于翻阅。

保管人（Custodian）：一种金融机构，一般是银行，它负责对金融资产进行妥善保管。例如在存托凭证中，存托银行会作为世界范围内的保管人，作为以原始股票为依托而发行的存托凭证的发行人，负责持有和保管存托凭证。

资料室（Data room）：在首次公开市场发行的环境下，资料室通常设在发行者办公室中。资料室一般保有文档尽职调查中应该具备的文件，以便法律顾问查阅。

达克斯指数（DAX index）：这是广泛应用的全部收益证券市场指数，以在德意志证券交易所（Deutsche Börse ®）上市的30家公司为基础，在指数计算上通常采用自由浮动。

销售领队（Deal captain）：主要负责与IPO中全球的售卖团队进行协调和交流并收集他们的反馈信息的股权销售人员。销售领队通常也与发行股权的银团保持联系。在后续交易中可能会指派不同的销售领队，以便相互学习提供经验。通常，销售领队会成为当地或地区股权销售业务的统领者。

纪念品（Deal toy）：首次公开市场发行的纪念品通常就是透明合成树脂或丙烯酸做成的镇纸，一般是由投资银行团队的初级成员设计的。在发行结束仪式或晚餐时，作为纪念品发给发行者和高级第三方顾问。

DealManager ECM® 系统（DealManager ECM® system）：见账簿管理者。

死亡漩涡（Death spiral）：详见私人投资公募股权（PIPE）。

耦合交易（De-coupled transaction）：是一种在路演的最先几天之后确定价格范围的首次公开市场发行方式，以便能够在决定价格范围时将机构性的投资者向管理层的反馈纳入考虑。耦合交易现在在欧洲非常流行。

深层价值投资者（Deep value investor）：是一种机构性投资方式，在这种方式中，投资者通常投资于低价格的、市价与账面价格比率小于1、市盈率是单位数的证券。他们运用各种各样的价值评估方法确认这样的投资，他们认为这些证券价值被低估，并将在随后的一段时间中上升。

退市（De-listing）：公司决定在特定的证券交易市场中退出上市的过程。退市的原因有很多，但是通常是由于交易量太小和缺乏研究，从而上市所需的额外花费和信息披露不再划算。在当地股份持有者数量超过一定的最小值时，退出上市是非常困难的。一个只在一个证券交易市场上市并且退出上市的公司可能有私有化目的。

付款交割制度（Delivery versus payment，DVP）：它是一种程序，在这种

程序中股份通过账簿管理人交给投资者的同时，由投资者支付账簿管理人股票金额，之后将扣除佣金后的净额支付给发行方。现在绝大部分发达市场的首次公开发行使用付款交割制度进行结算。

存托协议（Deposit agreement）： 是公司和存托银行就全球存托凭证的发行或等级 1、2、3 的美国存托凭证的发行或 144A 条例下美国存托凭证的发行达成的协议。

存托银行（Depositary bank）： 根据全球存托凭证（GDR）或美国存托凭证（ADR）计划，向投资者发行证明其持有代表原始股份的存托凭证（DR）的发行人。

存托凭证（Depositary receipt，DR）： 通常以美元计价与交易的证券，是以其他货币计价的相关股份的凭证。而存托股份是存托凭证本身的凭证。

存托凭证计划（Depositary receipt（DR）programme）： 由公司提出的通过存托银行来发行存托凭证的计划。

保管信托公司（Depositary Trust Company，DTC）： 由美国证券集中结算保管公司（DTCC）拥有的公司，该公司提供保管、保存及其他服务。在美国，美国证券集中结算保管公司负责处理全球存托凭证（GDR）和美国存托凭证（ADR）。

指定市场做市商（Designated market maker）： 详见专家经纪人。

指定过程（Designation）： 通过该机制，某个机构投资者可以选择将支付给为其提供分配股份服务的账簿管理人的销售佣金的一部分奖励给除账簿管理人以外的其他承销商。因为所有的机构投资者的订单都是由账簿管理员统一配售的，所以在美国留存系统中（US pot system），这是承销商而非账簿管理人获得的唯一能代表其为销售而作的努力的费用方式。通常，在账簿管理结束后会留出 24 或 48 小时，以使更多集团的初级成员能够从投资者中“获取”这种指定。

稀释（Dilution）： 新股发行时已有的持股人持有的股票价值的缩减。当公司发行新股时，如果新股发行超过公司的资产净值，则首次公开招股中的投资者会立即体会到其股票价值被稀释。

董事及高级职员保险（Director and officer（D&O）insurance）： 是一种用来保护公司的董事及高级管理人员免于因疏忽、错误、失职或欺诈行为（很少发生）而承担责任的保险。

免责声明（Disclaimer）： 在首次公开发行中，这份包含在交易前研究报告封面内的声明旨在让投资者注意该报告起草与公司本身无关，并且不可以作为在首次公开招股中购买股票的依据。免责声明还出现在招股说明书中最前面的内封面中，警告潜在投资者该公司或该股票市场的某些事实状况。

折价（针对存托凭证交易）（Discount（for DR trading））： 考虑到主要汇率波动情况，存托凭证以低于原始股票的价格进行交易。当存托凭证被折价交易时，意味着投资者对存托凭证不感兴趣，相比较而言，投资者更喜欢投资于原始股票。

发行价格折扣（Discount to offer price）： 在一些首次公开发行中，散户投资者可以在机构发行的价格基础上获得折扣价格。详见销售折扣。

现金流折现估值法（Discounted cash-flow（DCF） valuation）： 一个理论估值方法，最适用于具有良好的前景，可预知现金流的业务。运用这种方法计算公司的价值会因为所用的假设不同而有明显的区别。这种方法是使企业的价值等于未来产生的自由现金流的折现值的总和，其中使用的折现率反映的是未来现金流的风险因素。考虑到企业的资本结构，这就需要将加权平均资本成本（WACC）考虑进折现率当中。例如，当考虑公司股权资本与负债资本之间的比例时，在这些资产与负债已经被定价时，还要考虑公司的外债情况以及公司的税率状况。

酌情费用（Discretionary fee）： 在首次公开发行中，由发行人和/或献售股东在其绝对酌情权下，支付给承销商的费用，以奖励他们在执行和/或营销中的努力。激励费用的支付按照先前达成协议的标准进行，与首次公开发行中业务的完成情况相关。

单位红利（Dividend per unit，DPU）： 相当于每股股息。通常用于房地产投资信托基金和基建基金中，在这种情况下，向投资者出售的是“单位”而不是股票。

股息收益率（Dividend yield）： 每股股息除以每股的价格，以百分比表示。

文件尽职审查（Documentary due diligence）： 整体尽职调查过程中的一个组成部分，即法律顾问审查与发行人及其股东有关的合同、协议和其他有关文件，以确定它们的可执行性和真实性。见尽职调查。

双重上市（Dual listing）： 某个公司在两个单独的股票交易所上市。其中在国内市场上市称为首次上市或国内市场，而另一个被称为第二次上市。见锚定市场、国内市场和多重上市。

双轨制首次公开发行过程（Dual-track IPO process）： 是指这样一个过程，即公司尝试追求同时实现首次公开发行与售卖交易的双重目的。最终，在首次公开发行即将结束时，公司只能选择二者之一。

尽职调查（Due diligence）： 有关各方在首次公开发行中对公司事务的调查过程，以使其对证券发行者在商业、金融、法律方面有充分了解。尽职调查的目的是确保对于理性的 IPO 投资者来讲其所需的必要资料信息，不仅准确包含在招股说明书里，而且没有遗漏。尽职调查的形式通常有商业尽职调查（包括在合适的状况下的现场考察）、财务尽职调查和文件尽职调查。进行适当的尽职调查为保证招股说明书的可靠性提供了依据。请参考商业尽职调查、财务尽职调查和文件尽职调查。

虚假订单（Dummy order）： 不道德的做法。账簿管理人通常运用这种做法以自己的名义在机构投资者的需求账簿中登记上并不存在的对股票及存托凭证的需求。这样作是为了有更多的股份分配给自己的投资者。

每股收益（Earnings per share，EPS）： 公司的净收益除以发行股份的数量。

电子数据收集和检索方案（Electronic Data Gathering，Analysis，and Retrieval，EDGAR）： 美国证券交易委员会（SEC）于 1984 年设立的文件数据库。这些文件通常由美国的公司发出并提交给管理机构。

投资者网络电子披露平台（Electronic Disclosure for Investors' Network，EDINET）： 一个基于互联网的系统。由东京证券交易所建立，目的是使投资者对公司文件和财务报告进行公共监管。

内含价值法（Embedded value）： 是一种用来估算人寿保险公司价值的方法。人寿业务的内含价值的计算既包括公司的净资产（使用目前的货币市场价格估算投资项目），也包括从现在发生效力的人寿保单（即已经销售出去并有公司盖章的保单）衍生出来的未来现金流的现值。由于这种方法不考虑未来几年将出售的保单，因此人寿保险公司的价值通常会多倍于其内含价值。

新兴市场（Emerging market）： 金融市场仍然处于相对初期发展阶段的地区。

员工持股计划（Employee share ownership programme，ESOP）： 公司设立的用于激励员工的计划，一般通过价格折扣、节税投资或股票赠予的方式鼓励员工持有公司股份。

委托书（Engagement letter）： 一种合同，通过它发行人为首次公开招股正式聘用顾问或银行。

企业管理激励（Enterprise Management Incentive，EMI）： 英国员工持股计划的一种方式。

股权资本市场（Equity capital market，ECM）： 涉及发行或出售股权资本的融资交易的总称。ECM 交易包括首次公开发行、首次及二次发行、私募、公开发行、后续交易、美国存托凭证（ADR）、全球存托凭证（GDR）及其衍生品、大宗交易、可转换债券和可换股债券、特殊目的收购公司（SPAC）、私人投资公募股权（PIPE）、优先股的发行、房地产投资信托基金（REIT）和其他财产基金以及基建基金等。

股权资本市场团队（Equity corporate market team）：由投资银行组成的专家小组，负责股权资本市场交易（包括首次公开招股）的发起及执行。股权资本市场团队通常由“中国墙”（指投资银行部与销售部或交易人员之间的隔离以防范敏感消息外泄，从而构成内幕交易）内外双方以合资企业的方式建立，以进行收入和成本分摊。

股权企业财务团队（Equity corporate finance team）：由一些投资银行组成的专家团队，负责股权资本市场交易中公司财务方面的执行工作，特别是这方面的文档编制工作。

股票情况（Equity story）：类似于投资论据。是公司的关键属性，在首次公开市场发行中，是向投资者进行推销时的有利根据。

股本集团（Equity syndicate）：股权资本市场团队中的一部分，负责与其他银行和销售队伍的联络，协调股权资本市场的交易（包括 IPO）。股本集团尤其专注于协调投资者教育、路演时间表、建立投资者购股意愿档案以及定价、分配和市场稳定。

欧洲清算中心（Euroclear）：世界上最大的证券交易结算系统，范围涵盖债券和股票。欧洲清算中心设在比利时的布鲁塞尔。

企业价值/息税前利润（EV/EBIT）：一家公司的市值，再加上其净债务（或减去其净现金），除以息税前利润。

企业价值/息税折旧摊销前利润（EV/EBITDA）：一家公司的市值，再加上其净债务（或减去其净现金），除以息税折旧摊销前利润。这个比例最适于评价以现金为基础的企业的现金生成能力。

企业价值/主营业务收入比率（EV/sales ration）：公司的市值再加上其净债务（或减去其净现金），除以公司的营业额。这个比率可以有效地让投资者了解购买某公司业务需要的成本是多少。

交易所交易基金（Exchange-Traded Funds，ETF）：在交易所上市交易的证券投资基金产品，是一种指数型基金，也可像股票一样进行交易。

可换股债券（Exchangeable bond）：一家公司发行的债券，经过一段时间之后按照一定的条件转换为由债券发行公司所拥有的另一家公司的股票，可换股债券也可以转换为由发行者持有的库存股份。

执行董事（Executive director）：既是董事，同时也以执行人的资格被公司雇佣。同时也可以指在投资银行中相对高级的职务层级。

免除清单（Exempt list）：在首次公开发行中，只能由银团中部分成员接触的投资者的名单。

专家（Expert）：参见专家顾问。

外部增长（External growth）：由公司通过收购实现的增长。与其相对的是内部增长。

F 页（F pages）：通常位于招股说明书中后面部分，包含公司账目信息。F 页编为 F-1、F-2 等，因此得名 F 页。

联邦公开市场委员会（Federal Open Market Committee，FOMC）：美国的一个委员会，该委员会由 12 个有表决权的成员（其中 7 人是从联邦储备董事会中选出的，5 个是从联邦储备银行主席中选出）组成。该委员会的任务是监督美国的公开市场操作，决定利率和美国货币供应的增长。联邦公开市场委员会必须一年在华盛顿召开至少 4 次会议，但实际上此类会议经常召开。联邦公开市场委员会谈话记录的发布通常受到市场参与者的热切期待，因为它会对金融证券交易产生显著影响。

最终招股说明书（Final offering circular）：招股说明书的一种版本，包括发行价格和以发行价格为基础所作的统计，如要在 IPO 中实现的总收益或净收益等，以及任何自初步招股说明书发出后所发生并需要披露的变化。

财务尽职调查（Financial due diligence）：以公司财务状况为重点，对其首次公开招股进行尽职调查的过程中所形成的内容，见尽职调查。

金融业监管局（Financial Industry Regulatory Authority，FINRA）：是美国国家证券交易者协会（NASD）的后继。

财务模型（Financial model）：由公司或投资银行建立的模型，使用现金流量折现方法来进行财务状况预测或评估一个商业业务的价值。

金融服务管理局（Financial Services Authority，FSA）：英国金融服务行业的监管机构。

经济担保人（Financial sponsor）：私人股权公司的别称。

公司股份（Firm shares）：由发行人和/或献售股东在 IPO 或股权资本市场交易中发行或出售的股份，但不包括超额配售选择权中的股份。

固定价格的首次公开市场发行（Fixed-price IPO）：指首次公开发行中，不是在价格区间中进行的股票交易，而是以一个固定的价格向投资者发行股份。除散户发行中的固定价格发行之外，固定价格的首次公开发行是相当罕见的。

回流（Flow-back）：当股票（或股票及存托凭证）在多个市场进行交易时，其从一个市场流向另一个市场或从一种类型的证券向另一种类型转变。股份一般会回流到锚定市场。

后续交易（Follow-on transaction）：上市公司首次公开发行后，在股权资本市场上产生的交易。

足球队（Football team）：首次公开发行中发行团队的一种表现方式。首次公开发行中所涉及的所有工作顾问的名称都会显示在招股说明书的背面封皮上。

FTSE100 指数（Footsie index）：一种广泛使用的、经自由浮动调整和市值加权的指数，以在伦敦证券交易所上市的100家最大公司为基础创建。

不可抗力条款（Force majeure clause）：根据不可抗力条款，在下列特殊的事件发生时，承销可以被撤销：如战争、恐怖主义、海啸、地震或其他不可控制及预期的事件。

外汇限制（Foreign-exchange restrictions）：政府为了禁止或限制使用外币或以外币计价的金融工具所施加的限制或控制。

6－K 表格（Form 6－k）：在美国上市的非美国公司向证券交易委员会和美国证券交易所披露重大事项时所使用的一种表格。

20－F 表格（Form 20－F）：在美国上市的非美国公司的年度报告（相当于美国公司的10－K表格），需提交给证券委员会和美国证券交易所。

F－1 表格（Form F－1）：在参与型的第3级美国存托凭证（ADR）下进行私募时，需要向美国证券交易委员会和美国证券交易所提交的股票注册登记表。

F－6 表格（Form F－6）：在非参与型或参与型的美国存托凭证下，存托银行需要向美国证券交易委员会提交的较简单的股票注册登记表。

S－1 表格（Form S－1）：提交给美国证券交易委员会的通用的股票注册登记表，相当于F－1表格，但仅限美国公司使用。

公众持股量（Free float）：公众持有的股份在公司所有股份中占的比重。

自由留存股份（Free retention allocation）：在首次公开发行中分配给某个银团成员的股份，以便使其能够在适当的时候分配给投资者。账簿管理人银行还经常持有一些自由留存股份，以便可以对其自有账户进行分配。

频繁发行人（Frequent issuer）：在金融市场上频繁发行证券的公司，见知名且经验丰富的发行人（WKSI）。

前台部门（Front office）：投资银行中直接与顾客打交道的部门，与后台部门相对。

一般公认会计原则（Generally agreed accounting principles，GAAP）：一系列会计原则，通常某一国家或某些国家会据此制定各自的标准执行标本。参见会计准则。

全球协调人（Global coordinator）： 在承销商银团中处于高级别的投资银行。全球协调人通常负责交易的整体协调和执行。可委任多个银行承担此任务。全球协调人往往身兼保荐人、账簿管理人及牵头经办人的角色。

全球存托凭证（Global depositary receipt，GDR）： 代表原始股票经济利益的证券，通常以美元计价，在英国的主板市场或专业证券市场（PSM）上市，也可在卢森堡、新加坡上市发行。全球存托股是全球存托凭证的凭证。

全球存托股（Global depositary share，GDS）： 证明全球存托凭证的一种工具。全球存托股由投资者进行交易，而全球存托股则保存在结算系统中。

推进或不推进决定（Go/no-go decision）： IPO 时间表中的临界点，此时要决定是否继续推进交易进行。

公开发行可转换债券（Going-public convertible bond）： 有时也被称为首次公开发行前的可转换债券（pre-IPO convertible bond）。此种债券由公司发行，在该公司股份首次公开发行上市后，这些债券可转化为公司股票。公开发行债券通常以高于票面价值的价格赎回，在不转换期间，通常还持有债券的应计利息。

黄金表决权股（Golden share）： 有时也被称为特别股，是由政府持有的私有化公司资本的股份，并且这种股份通常附有特殊权利。黄金股使政府限制外国在本国某些战略性产业部门中拥有更多所有权，例如在军备或核设施的制造公司中的资本。

（投资者）评级（Grading（of investors））： 证券分配之前，对投资者依据其在需求统计中的质量进行排名的过程。投资者分级工作由发行方董事会决定，当指定了不止一个账簿管理人时，还会在账簿管理人之间进行有关投资者分级工作的广泛讨论。

管理培训生（Graduate trainee）： 入门的投资银行工作人员的职称之一。相当于分析师或商业分析师。

绿鞋机制（Greenshoe）： 相当于超额配售选择权。通常发生在前 30 个交易日内，通过这种机制可以将超出公司发行股份的额外股份分配给机构投资者，以稳定股票价格。

灰色市场交易（Grey market trading）： 是一种在场外交易市场（OTC）进行的非正式的证券交易，它发生于正式交易之前，在英国又叫受限交易。

总费用（Gross fees）： 是指在股权资本市场交易中，由发行者和/或献售股东向承销商银团支付的总费用。

以合理价格增长投资者（Growth at a reasonable price（GAPR）investor）： 指一种机构投资，有这种风格的机构投资者在选择股票时，会同时注重股票的价值和增长特点。

有保证的经济补偿（Guaranteed economics）：是一种支付给初级银团成员的费用，通常是为了进行交易前研究工作和进行投资者教育（有限的）。不论首次公开发行中是否存在投资者对证券的实际购买，这种费用都需要支付。

指导2（Guide 2）：是由美国证券交易委员会发出的关于油气运营信息公开的指导原则。

指导3（Guide 3）：是由美国证券交易委员会发出的关于银行控股公司数据公开的指导原则。

指导7（Guide7）：是由美国证券交易委员会发出的关于对从事重要矿业发行人有关财富描述的指导原则。

H股（H shares）：一种在香港上市的股票，这种股票由在大陆成立的公司发行及出售。H股公司不同于红筹股，因为红筹股在重组之后，可以将其资产与债务转移到海外实体中，通常是转移到在开曼群岛注册的公司中。

恒生指数（Hang Seng index，HSI）：一种广泛应用的自由浮动调整并经市值加权后的股市指数，这一指数由在香港证交所主板上市的48个成分股组成。

硬承销（Hard underwriting）：是这样一个过程，即一个或多个银行进行承销时承诺，一旦股票无法以发行价格销售给投资者，那么会按照事先约定的价格购买发行方或公司股东手中的股票。硬承销在IPO的机构发行部分很少见，但是在后续市场的交易，如大宗交易中，却非常普遍。详见全额包销。

对冲基金（Hedge fund）：由一类不受规制的投资者代表高净值个人或受信投资者管理资金，对冲基金有锁定期，有时长达数年。对冲基金通常关注于在不同的资产层级之间进行流动性的投资并采取一系列的投资策略，通常（但不总是）运用卖空或衍生品对冲他们的投资。参见阿尔法值。

高净值（HNW）个人（High net-worth（HNW）individual）：通常是指金融资产超过100万美元的富裕人士。

本国市场（Home market）：一般指发行人公司注册地或所在地的国家。详见锚定市场。

香港存托凭证（Hong Kong depositary receipt，HDR）：存托凭证的一种，类似美国存托凭证或全球存托凭证。这种凭证在香港证券交易所上市及买卖。香港存托凭证可以港元或美元进行交易。在本书写作时，香港存托凭证尚未在发行者中流行。

内部格式或风格（招股说明书）（House format or style（for prospectus））：招股说明书的特定格式及封面和内页的特定布局，投资银行用这种方式使自身与公开发行中的其他各方区别开来。

IBEX 指数（IBEX index）：也称 IBEX 35，是一种广泛使用的以在西班牙马德里证券交易所上市的 35 家公司为基础计算出的市值加权指数。

国际财务报告准则第 8 号（IFRS 8）：国际财务报告准则中关于国际金融报告中账户分部的标准。

内部研究（In-house research）：参见买方研究报告。

激励费用（Incentive fee）：见酌情费用。

收益型投资者（Income investor）：一种机构投资风格，投资者通常寻找具有较高的派息比率和显著股利收益率的证券。这是所有机构投资者中最保守的投资风格。

赔偿条款（Indemnity clause）：在承销、认购或出售和购买协议中的条款，据此一方同意针对招股说明书中的失实陈述、疏漏、违反法律或协议条款（如陈述与担保条款）等行为而对另一方进行赔偿的条款。

独立顾问（Independent adviser）：不属于承销商银团的银行、高级顾问或咨询人员，这种顾问单独向首次公开招股的发行人及其股东提供建议。

指数参考（Index considerations）：当决定在哪个证券交易所进行上市时，发行人要进行的一种参考。此时，发行方应该考虑自己所决定的主要上市市场所在的证券交易所的指数中应该包含与自己公司有高度相似性的公司，以此可以作为自己公司收益的参考指标。

印度存托凭证（Indian Depositary Receipt，IDR）：是一种在印度证券交易所上市或者交易的存托凭证，类似于美国存托凭证或者全球存托凭证。印度存托凭证以卢比计价交易。渣打银行是第一家发行该凭证的机构，在 2010 年用该存托凭证进行了一次重要融资。

基建基金（Infrastructure fund）：是关于基础设施资产的基金，这些基础设施包括机场、收费公路或者油罐场等等。该基金在证券交易所上市或包含在批发基金中供机构投资者购买。基建基金在澳大利亚非常盛行，尤其是由麦格理集团（Macquarie group）和贝比考克 & 布朗集团（Babcock & Brown group）发行的基建基金更是受人追捧。在新加坡，通过商业信托机构发行的基建基金也很受欢迎。

首次上市要求（Initial listing requirements）：是指上市公司在首次公开募股期间，由证券交易所提出的需要满足的各项上市要求。它不同于持续上市要求，后者是指当一个公司已经上市之后必须作到且需要定期满足的上市要求。

机构投资者（Institutional investors）：代表其他组织管理资金的投资者，例如主权财富基金、资产管理公司、共同基金、慈善机构、保险公司、银行、养老基金或对冲基金。在首次公开发行中，机构投资者在资金募集和配售方面不同于私人投资者和公共投资者。

机构发行（Institutional offering）：也称私募，是指在 IPO 中，有别于零售或者公开发行的面向机构投资人的发行。机构发行为建立投资者档案提供基础，在一个价格区间内发行，而公开发行则通常（不都是）按照固定价格发行。

机构留存（Institutional pot）：当金融机构投资者购买美国股票时，计算承销银团费用的一个系统。在该系统中，所有的订单都必须由账簿管理人统一管理。投资者可以通过指定过程将销售佣金的一部分奖励给承销商银团中的其他成员。

知识产权（Intellectual property rights）：特定知识产权的权利是指一个公司可与第三方签订关于特定知识产权合同的权利。在首次公开募股的情况下，很重要的一点是知识产权必须为发行者所有，而不能为第三方所有。

中期账目（Interim accounts）：公司以季度或半年为期公布的公司财务情况，不同于年度财务报告。

美国国税局（Internal Revenue Service，IRS）：负责税收征收和税务法规执行等工作的美国的政府机构。

国际会计准则理事会（International Accounting Standards Board，IASB）：国际会计准则理事会于 2001 年在伦敦成立，是拥有 16 个来自于不同国家的成员的独立的私营机构。该机构取代了先前的国际会计准则委员会（IASC），致力于制定国际财务报告标准。国际会计准则理事会建立并不断完善着国际财务报告准则（IFRS）。参见国际财务报告准则（IFRS）。

国际财务报告准则（International Financial Reporting Standards，IFRS）：广泛运用的会计准则，其中的很多标准取代了早期的国际会计准则（IAS）。目前已有 120 多个国家采用了该准则，而国际财务报告准则在欧洲使用得最为广泛。参见国际会计准则理事会（IASB）。

国际证监会组织（International Organization of Securities Commissions，IOSCO）：是世界金融市场上各证券管理机构所组成的国际合作组织，于 1983 年成立，总部设在西班牙马德里。该组织的成员来自于 100 多个司法管辖区，遍布超过 95% 的世界金融市场。成员均采用统一的标准行事，尤其是招股说明书披露标准。

国际证券识别编码（International Securities Identification，ISIN）：由 12 个字母和数字组成的编码，用以确定股票和其他证券。

国际“包”（International wrap）：出于国际分销的目的，通常会在国内招股说明书中添加的页面内容，其中包括与国际投资者有关的信息。页面通常是编号为 w－1，w－2 等等。参见美国“包”。

网络路演（Internet roadshow）：机构投资者可以凭借密码登录的网站，可以浏览和观看有关路演的相关内容和视频，不可以下载。网络路演不在首次公开发行的路演范围之内。

银团内部协议（Inter-syndicate agreement）：首次公开发行中，承销商之间的协议。银团内部协议包括自动回拨条款和一般条款等。

投资银行（Investment banks）：向政府、公司和机构投资者等客户提供咨询、融资和证券服务的银行。“投资银行”有时仅指向客户提供公司金融服务（其业务范围包括咨询、并购和项目融资）的银行，业务范围不涉及销售、研究和交易部分。

投资论据（Investment case）：参见股票情况。

投资者会议（Investor conferences）：投资银行为了保障其机构投资者客户而定期举办的会议。会议通常以某一国、某一地区或某一行业为主题，采取一系列非交易路演的方式进行。

投资者教育（Investor education）：参见预推销（pre-market）。

投资者关系（Investor relations，IR）：公司和主要的机构投资者、公司的股东、或者公司上市后的销售方研究分析师进行信息沟通和管理的渠道。投资者关系通常由一个专门的主管或者他的团队来运作。

投资者意向（Investor soundings）：在股权资本市场交易后市中，当银团或 ECM 管理团队与机构投资者就其投资金额的大小及对价格敏感度进行沟通后，机构投资者所作出的具体的相关信息反馈。

投资者调查（Investor surveys）：由销售方研究分析师对给定的地区、国家和行业的机构投资者进行的年度排名。这类研究分析师在行业中非常抢手，而且会获得高额报酬。有些投资者调查还会对销售团队进行排名。

邀请电函（Invitation telex）：在首次公开发行的市场调研初期，邀请低级承销商加入银团的电函、传真或者是电子邮件。邀请电函一般会包括发行主要相关内容的简介。

首次公开发行（IPO）：一种股权资本市场交易的方式，指公司在证券交易所第一次进行上市。

首次公开发行管理团队（IPO management team）：发行方指定的专门执行首次公开发行的管理团队。

日本存托凭证（Japanese depositary receipt，JDR）：在东京证券交易所以日元交易的一种代表有价证券的可转让凭证。与在美国交易的美国存托凭证，在卢森堡、新加坡或英国交易的全球存托凭证（GDR），在中国香港交易的香港存托凭证，在印度交易的印度存托凭证，在新加坡交易的新加坡存托凭证和在中国台湾交易的台湾存托凭证类似。

连带承销义务（Joint and several underwriting obligations）：该义务要求其他的承销商对于违约的承销商所获得的初始承销比例部分承担承销责任。在股权资本市场中很少见，承销商承担的一般都是独立的承销义务。

跳球（Jump ball）：在美国，销售折扣的比例是变化的，是以从机构投资者处收到的指定为基础进行支付的。和固定销售折扣比例不同，后者是以银团成员承销的股份数量为基础进行计算的。跳球这个词源于篮球比赛中的术语。

日本关东财务局（Kanto Local Finance Bureau，KLFB）：日本财政部的一个分支，在进行非上市公开发行时，必须要在此机构进行注册。

启动会议（Kick-off meeting）：通常，在首次公开发行的开始阶段，发行方都要举行一个所有参与方都参加的会议，在这个会议上，会向参与各方介绍工作组，讨论交易中有关的重要参数。

主承销商（Lead manager）：由承销银团中处于较高级别的投资银行担任，一般也同时担任账簿管理人的角色。不担任账簿管理人的主承销商在首次公开发行中只有有限的市场营销能力。

排行榜（League table）：根据一段时期内针对特定行业或地区和在特定类型交易中的投资银行的表现所作的排名，通常是在代表他们客户进行的总交易量的基础上进行排名。排行榜仅供达到一定级别以上的承销商银团使用（例如账簿管理人或者主承销商）。排行榜有很大的灵活性，通常排名表由初级投资银行家负责编排。

法律名称（Legal name）：投资银行在招股说明书和法律协议中使用的名字。依法登记的名字通常都比广告中出现的名字长。参见广告名称。

法律意见书（Legal opinion）：由公司法律顾问在首次公开发行结束时递交给发行方或者投资银行的意见书，内容包括发行者的法人资格、处理首次公开发行的权利以及其他有关交易文件的执行等等。一般来讲，要求每一个参与发行的法律公司都要给出一个或多个法律意见，尤其是考虑到不同司法管辖区时更要如此。此外，在美国市场进行私募时，还要考虑所适用的多种不同的法律规定下所作出的法律意见，例如不用注册登记的意见、1940 法案意见、被动式外汇收入公司意见（PFIC）或 10－b－5 信息披露意见等等。

等级 1，2，3 的美国存托凭证（Level 1，2，3 American depositary receipt，ADR）：参与型美国存托凭证的几种类型。等级 2 的美国存托凭证在美国上市，而等级 3 的美国存托凭证也可以在美国证券交易所进行融资。

杠杆收购（Leveraged buy-out，LBO）： 指通过财务杠杆作用将价格压至最低，以进行融资收购的一种金融交易，通常要有经济担保人。参见经济担保人。

同比增长（Like-for-like growth）： 在公司业务结构不变的前提下，公司某些账目项目的增长率。例如不涉及收购、购买新的生产设备或配送设备引起的增长。

限制性民事责任（Limitations on enforceability of civil liabilities）： 在美国"包"（US Wrap）中表明的针对非美国公司的民事责任的限制。非美国公司是指大部分资产都位于美国以外的国家或地区的公司。这一限制强调了在美国不可能对非美国公司有效进行某些与首次公开发行相关的司法程序，例如对发行人、董事或行政人员依美国法院的判决进行强制执行或通过法律诉讼强制要求国外负债符合美国证券法的前提要求等。

流动性（Liquidity）： 衡量上市公司交易活动的一个指标。流动性通常用来表示一段时期内（30天或60天）公司日平均交易的股票数量或者金额。参见日平均交易量。

49个投资者名单（日本）（List of 49 investors，in Japan）： 在日本进行私募或者相关交易时，记录机构投资者名称的清单上面最多只能有49个投资者。超过49个投资者之后，就必须要向日本关东财政局提交注册（SRS）。

文件清单（List of documents）： 在首次公开发行中，需要制作、填写或者检验的所有文件的清单，一般由一个或多个公司的法律顾问编制。

工作组清单（List of working parties）： 小的装订成册的清单，上面印有首次公开发行中各个工作组的联系方式，由牵头银行在开启会议上发放给各与会人员。

上市协议（Listing agreement）： 上市公司和证券交易所签订的有关约束和监管上市公司的协议，通常包括首次发行费用、持续发行费用和相关要求等内容。

以介绍方式上市（Listing by way of introduction）： 不进行股份出让或融资的一种上市方法。以介绍方式上市的途径有三种：收购已上市的公司、借壳上市和已经上市的公司拥有足够数额的公众持股投资者之后，在另外一个交易所进行上市。以介绍方式上市通常只有少量的交易量、缺乏流动性，并且缺少卖方研究分析师进行的调查研究。

上市委员会（Listing committee）： 证券交易所委员会，决定是否对申请者的上市请求给予批准的部门。

上市成本（listing costs）： 发行者在首次公开发行中支付的成本。

上市要求（listing requirements）： 证券交易所针对上市公司的要求。通常包括首次上市要求和持续上市要求。

锁定期（Lock-up）： 发行新股时对于发行方或者主要股东（通常指拥有公司5%以上股票的股东）规定的禁止出售股票期限。锁定期一般为180天，偶尔也可能是一年或更长时间。账簿管理人通常有权免除锁定期（但很少使用）。

长线投资（Long-only）： 一种机构投资类型，以稳定性、长期投资和不进行空仓对冲而著称。通常，“长期投资者”和对冲基金是相对的概念。

多头/空头投资（Long/short）： 对冲基金使用的机构投资策略，即利用其他证券对所投资的证券进行空仓对冲。

魔力圈（Magic circle）： 在英国，由安理律师事务所（Allen & Overy）、英国高伟绅律师事务所（Clifford Chance）、弼伟时律师事务所（Freshfield Bruckhaus Deringer）、英国年利达律师事务所（Linklaters）和司力达律师事务所（Slaughter and May）等大的法律公司组成的法律顾问团。

主板市场（Main board）： 公司计划在证券交易所进行上市交易的主要场所。有些证券交易所也会建立一些小的交易场所或者二级市场，这些市场上的上市要求相比主板市场要少一些，主要适合于小规模公司上市。

管理佣金（Management commission）： 发行方或者销售股东支付给承销银团的总费用中的一部分。管理佣金一般以承销的股份金额（而非销售金额）为计算基础，一般来说是总费用的20%左右。管理佣金中包括支付给全球协调人和牵头银行的额外酬金部分。管理佣金通常也用来支付补偿费用和稳定措施造成的损失。

管理讨论与分析（Management discussion and analysis of financial condition and results of operations，MD&A）： 按照美国市场惯例在美国市场进行首次公开发行时需要在招股说明书中披露的金融信息。MD&A中包含管理层对于给定时期内的公司综合利润表、现金流量表、资本和债务分析等相关事项的简要解释。MD&A中还包括对于公司主要会计政策的概要。可参见运营及财务评述（OFR）。

董事（Manager）： 投资银行的中层管理人员，相当于合伙人或高级合伙人。

常务董事（Managing director）： 投资银行的高级管理层人员。前台常务董事的首要责任通常是开发新的业务。

委任书（Mandate letter）： 发行方为了执行首次公开发行而需要指定一个或多个牵头银行时所发出的协议信。其他的顾问通常也是通过类似的正式方式被指定的，例如审计师等等。参见委托书。

市值（Market capitalization）：上市公司的市场价值。市值等于当前上市公司股票的市场价格乘以该公司流通股份额的总价值。

市场地位（Market positioning）：参见股票情况（equity story）。

最高价格（Maximum price）：在同时进行的散户发行中，由散户投资者支付的股票价格。如果首次公开发行中没有散户折扣，则最高价格为购股意愿档案中价格区间的上限。如果首次公开发行的发行价格低于最高价格，则散户投资者会获得最高价格和发行价格之间的差额补偿。

公司章程（Memorandum of association）：公司依法制定的基本文件。

谅解备忘录（Memorandum of understanding，MoU）：协议的另一种说法。

兼并与收购（Mergers and acquisitions）：投资银行给企业的一种咨询建议。

大势投资者（Momentum investor）：也叫总增长投资者，只专注于有快速增长潜力的股票的一种机构投资者。有时也指低质量投资者，即一旦账簿管理人向市场发出超额认购的消息或者超额认购的消息被广泛得知，则该类投资者就会在登记购股意愿档案的最后阶段下订单。

保证退款（Money-back guarantee）：一种很少见的普通股东的激励措施。在一个特定时期内如果股票价格低于发行价格，普通股东可以得到部分的保证退款。

多重上市（Multiple listings）：一个上市公司在多家证券交易所上市。参见锚定市场、双重上市、国内市场、初次上市和二次上市。

无担保空头（Naked short）：在超过超额配售选择权范围时，为了稳定首次公开发行所使用的金融措施。无担保空头允许稳定市场商卖出超出自己所拥有的股票份额。如果后市交易中股价上涨，则无担保空头代价昂贵。在美国以外的很多国家禁止使用旨在稳定市场的无担保空头。

纳斯达克证券交易所（NASDAQ）：美国著名的证券交易所，特别针对科技型股票的上市交易。

全国证券交易商协会（National Association of Securities Dealers，NASD）：美国的自律协会，负责管理纳斯达克证券交易所以及证券从业人员的专业考试。全国证券交易商协会是2007年与纽约证券交易所的监管委员会合并设立的金融业监管机构。

消极保证（Negative assurance）：指在SAS 72审计师安慰函中包括的如下内容：“发行方已竭尽所能对未进行审计的中期财务信息的任何修改保持与一

般公认会计原则（GAAP）的要求一致，并使所有重要材料都与一般公认会计原则（GAAP）保持一致”和“发行方已竭尽所能将最后阶段出现的某些财务报表项目的重大变更包含在招股说明书中进行说明”。消极保证需要在最后一次财务审计或账目审查的135天或更长一段时间之内作出，否则不能给出，期间还可能要求对未审计账户进行形式为SAS 100的期中审查。参见SAS 72函和SAS 100审查。

资产净值（Net asset value，NAV）：与账面价值等价。公司的净值等于资产减负债。

净款项（Net proceeds）：见募股资金。

净利润（Net profit）：等同于公司利润表中的“税后利润”项。净利润常被用来计算市盈率。

纽约证券交易所（New York Stock Exchange，NYSE）：美国最大、最有声望的证券交易所，位于华尔街。2007年与泛欧交易所合并成立了纽约泛欧交易所。

日经225指数（NIKKEI 225 index）：在东京证券交易所登记的225种股票价格的加权平均指数。

《1940年法案意见》（1940 Act opinion）：一种依据美国法律顾问的建议形成的美国法律意见书。即按照《1940年投资公司法》（也被称为1940年法案）的定义判断公司是否为投资公司。投资公司可以包括企业集团或股份公司，它们的主要业务是对其他公司进行投资。需要经过复杂的测试才能确定一家公司是否是1940年法案规定下的投资公司。

无注册意见（No registration opinion）：一种依据美国法律顾问的建议形成的美国法律意见书，即IPO无须向美国证券交易委员会登记注册。

任命保荐人（Nominated adviser，Nomad）：任命一家合格银行或经纪人担任协助公司在英国另类投资市场（AIM）进行上市的公司顾问。等同于在伦敦证券交易所主板市场上市的公司的经纪人。

提名委员会（Nomination committee）：公司董事会根据自己的职责范围设立的委员会，负责讨论规程、政策及董事的任命。

非交易路演（Non-deal roadshow）：由公司安排的与资本市场交易无关的一种投资者路演活动，例如有关临时公告或投资者大会的通告。

美国证券交易所（NYSE AMEX Equities）：曾经的美国证券交易所（AMEX），在2008年10月售给了纽约泛欧交易所，美国证券交易所交易的主要是小型和微型公司的股票。

纽约泛欧交易所（NYSE Euronext）：活跃在比利时、法国、荷兰、葡萄牙和英国的泛欧证券交易所在2007年与纽约证券交易所合并形成纽约泛欧交易所。

零星股（Odd lot）：股票交易中小于一个交易单位（一手）的股份。零星股交易通常有附加成本。参见一手。

发行价（Offer price）：通常在投资者购股意愿档案登记结束后，最终确定下来的公司首次公开发行的价格。

发行结构（Offer structure）：在IPO中不同级别的投资者获得不同股票份额所构成的配售结构。IPO最常见的是包括以机构投资者为目标的私募和以散户为目标的公募，但有时也包括附加的份额或者是超额认购时的配售部分。

招股说明书（Offering circular）：在IPO中由发行方发布、注册和分发给投资者的文件。大致相当于招股说明书、发行文件、销售文件、信息披露文件或美国的注册申请书。一份招股说明书可能涉及多种版本和多种语言，不仅包括理性投资者作出购买股票决定需要的所有必要信息，而且包括公司交易、财务、发行结构和投资者申请程序的所有综合信息。

发行和招股说明书电子库系统（Offers and Prospectuses Electronic Repository and Access，OPERA）：由新加坡货币当局建立的以互联网为基础的电子信息系统，以公布招股说明书及关于发行方、IPO事宜和其他资本市场交易的信息。

信息处理负责人（Officer Responsible for Handling Information，ORHI）：主要上市地点在东京证券交易所的外国公司需要任命一名当地的信息处理负责人，此负责人必须拥有流利的日语水平，负责与东京证券交易所和日本投资者联系的工作。

不限价格发行（Offreà prix ouvert，OPO）：法国散户发行的一种类型，公众可以在一定范围内选择不同的价格作为订单价格。

保证金贷款（On-margin borrowing）：允许投资者从经纪公司处以抵押贷款获得资金购买股票的一种机制。在香港IPO中散户投资者比较喜欢用这种方式购买股票。

一对一会议（One-on-one meetings）：首次公开发行中路演的一项内容，它包括发行方高管和单个机构投资者之间所进行的一系列会议。会议由账簿管理人安排，只面向最大、最高质量的投资者。

持续上市要求（Ongoing listing requirements）：由股票交易所颁布的上市公司首次公开发行之后仍要持续满足的要求，不同于首次上市要求。

公开市场资产评估（Open-market property valuation）：若不动产在市场上向所有潜在投资者出售所能得到的价格，这一价格就是不动产资产的估价。

通常由外部评估师在以 IPO 为目的的基础上来对不动产进行估价。

运营及财务评述（Operating and financial review，OFR）： 在欧洲，特别是在英国，要求招股说明书中披露有关财务信息，与管理层讨论与分析部分中财务状况和运营结果的信息披露内容相似。

口头陈述（Oral presentation）： 口头陈述通常是在 IPO 时正式委托投资银行的第二个阶段，一般在书面陈述发表之后仅向几个候选银行进行。

内部增长（Organic growth）： 一家公司所获得不包括外部并购的增长，与“外部增长”相对。

孤儿股（Orphan stock）： 指出于各种原因没有跟随交易的投资者的上市股票，这表明交易量非常低以及没有或很少卖方研究。

次序颠倒（Out of order）： 牵头投资银行通常被列在招股说明书封面银行名单的左上方，与字母排序无关。例如“高盛投资公司”可能会出现在“美银美林”同一行的左侧。不按字母排序的投资银行通常在 IPO 中拥有较高的级别，会获得更大规模的承销和/或更多的酬金。

畅销（Outsold）： 指一家银行和与自己同级别的银行相比，获得了较少股票分配额的情况。不论股票用于分配给全球或某一地区的投资者还是某一类型的投资者。畅销也指一家投资银行在首次公开发行推销时通过使用比别人更受欢迎的营销方式，因此销售得比其他投资银行更快。所以，畅销是可以由需求方面引起的，也可以由分配方面引起的。

超额配售选择权（Over-allotment option）： 见绿鞋机制。

解禁（Overhang）： 指拥有大量股份的投资者可能要在市场上出售其股份，进而压低公司股价的情况。首次公开发行后进入锁定期的股份在接近锁定期期满时会出现解禁现象。

超额认购（Over-subscription）： 新发行股票获得的需求高于拟定发行股票的数量。

场外交易市场（Over-the-counter（OTC）market）： 指在非交易所进行买卖证券等交易行为的无形市场。例如在美国用粉单交易的美国存托凭证就是在场外市场进行交易的。参见灰色市场交易。

市盈率（P/E ratio）： 衡量公司价值最常用的财务比率。市盈率的计算方法是每股市价除以每股盈利。另一方法是用公司的市值除以净利润。对于 IPO 来说，通常使用未来市盈率而不是历史市盈率。有时也用 PER 代表市盈率。

部分付款股票（Partly paid shares）： 在某些国家（如奥地利、英国、加拿大、澳大利亚）流行的用来进行散户激励的措施。特别是在进行私有化的发行中，散户投资者可以在一定时期内分两期或多期支付股份金额，且不计利息。在过去的私有化中，大多数的分期分款计划为期 18 个月，而且不用考虑持有期限。部分付款股票可以单独在二级市场上进行交易。

合伙人（Partner）： IPO 中的合伙人指律师事务所或会计师事务所的合伙人，也用来指投资银行中的高级成员。

被动外国投资公司（Passive foreign income company，PFIC）： 在美国根据美国国内税务局（IRS）有关被动外国投资公司税则规定，美国投资者对于从被动外国投资公司获得的收益或股息具有额外纳税义务。控股公司、持有众多现金的公司或创业公司有时被归为被动外国投资公司。

开拓者（Pathfinder）： 这一术语在英国指初步招股说明书。

惩罚性报价（Penalty bid）： 当承销商出售给投资者的股份在稳定期内被投资者卖出后，稳定市场商会将已售的股票回购回来。此时，账簿管理人会向该承销商以收取罚金的形式来减少其在 IPO 中应得的佣金。一般这种罚金包含在由账簿管理人从该投资者手中收回的销售折扣中。惩罚性报价在证券法中第 100 条的 M 条例中有规定，且必须报知证券交易委员会。实际上惩罚性报价是用来防止在交易的第一天或第一个星期内投资者股份出现过度波动的手段。

低价股票（Penny share）： 股价特别低（比如一份股份的价格为 0.05 美元）且被个人投资者认为既无价值又无预期的股份。

养老基金（Pension fund）： 对预留支付给退休账户的资金进行管理的一类机构投资者。

PER： 见市盈率。

单个客户评估（Per pop valuation）： 主要用于对因特网或移动通信公司进行估值。单个客户评估要考虑市场占有率、每位订户的收入、业务的利润率、现金流和贴现率，在代理人许可和法规下，给每个个人客户或市场使用者定价，并根据其业务的成熟度利用现金流折现估值法（DCF）对企业进行估值。

实物尽职调查（Physical due diligence）： 尽职调查程序的一部分，包括访问生产基地和其他的实物设备。

粉单市场（Pink sheets）： 为美国存托凭证提供交易的场外市场。

自我推荐（Pitch）： 投资银行或咨询公司想要获得委托而作出的当面或书面陈述。

私募部分（Placement tranche）： 是 IPO 全球发行结构的一个组成部分。相当于机构发行部分。根据销售限制、私募及横跨司法管辖区等原因，IPO 的部分目标会锁定为机构投资者。私募部分的承销与公开发行或散户发行部分分开，通常是在发行价确定之后才进行。参见机构发行。

配售通知（Placing letter）： 正式发给机构投资者通知其在 IPO 中分配情况

的信函。配售通知函中不仅包括相关转售限制的细节，而且还包括由投资者需要支付的税收、关税、费用及佣金等相关信息。投资者必须在其中包含的确认书上签字并返还给账簿管理人。确认书包含证券结算中需要用到的经纪人账户的相关信息。

简明英语（Plain English）：在起草招股说明书时常用的一种风格，可以增加亲切感，使投资者更容易理解。

分配计划（Plan of distribution）：在招股说明书中总结关于 IPO 承销的关键条款及认购安排的内容。有时也出现在“承销”标题栏下。

额外酬金（Praecipium）：是总费用的一部分，仅用于支付给全球协调人和主承销商。更常见的情况是如果总费用较高，额外酬金可以从管理委员会的总费用中扣除。

事先约定的分配额（Pre-agreed allocation）：常与基石投资者联系在一起的一个术语，指在 IPO 的前期，基石投资者在账簿管理人分配股份之前，承诺按发行价来购买股票。

事先约定的经济补偿（Pre-agreed economics）：在 IPO 中由牵头银行同意的、由发行人和/或销售股东支付的总费用如何在银行间进行分配的一种非正式协议。而支付给银团中初级成员的费用与订单情况无关，是对其所作的交易前调查和投资者教育活动的报酬。参见有保证的经济补偿。

交易前研究报告（Pre-deal research）：在正式推出 IPO 之前由一部分投资银行承销团的初级成员作出的研究报告。交易前研究报告的发行与出版要受许多限制，在某些国家是禁止发布交易前研究报告的。

上市前投资（Pre-IPO investment）：战略投资者或机构投资者在一家公司即将上市之前就进行的早期投资，因其发生的时间较早而有别于基石投资者所作的投资，并且其支付的价格相对于 IPO 的发行价来讲有很大的折扣。

预推销（Pre-marketing）：现在通常称为投资者教育，它是在交易前研究报告出版之后（美国、加拿大、日本除外），卖方分析师与不同司法管辖区域的机构投资者会面，介绍投资情况，以此来获得机构投资者的信息反馈，目的是确定购股意愿档案中的价格范围。

优先股（Preferred shares）：既具借款特征又具股权特征的永久性混合工具。发生清算时排在债券、借款和其他债权人之后，普通股票之前。优先股一般没有投票权，通常支付固定的股息率，但有时也可以是浮动的，其股息的获得优先于普通股股东。有时也写作“preference shares”。

初步招股说明书（Preliminary offering circular）：分发给投资者的招股说明书的早期版本，在没有确定最终的发行价以前可以进行完善和修改。在英国也叫开拓者或初步招股说明书。

溢价（存托凭证交易）（Premium（for DR trading））：考虑到现行汇率因素，存托凭证在其相关股份价值之上进行交易。当存托凭证溢价交易时，从投资者所获利率来看，他们在现实中更愿意投资存托凭证而不是普通股股票。

向研究分析师作介绍（Presentation to research analysts）：为了撰写交易前研究报告，由发行方高管向银团指派的卖方分析师进行面对面的相关情况介绍。

向银团作介绍（Presentation to the syndicate）：由全球协调人和账簿管理人向承销银团的初级成员所作的有关 IPO 主要条款、条件和时间表等内容的介绍。通常不需要进行实际的见面展示。

定价区间（Price range）：股票价格区间，幅度通常是大约 15%。在承销商作完投资者教育，并在投资意愿建档过程中从机构投资者那收集订单之后，才能决定这一区间范围。

价格谈判（Price talk）：IPO 中各参与方为确定评估参数或合理的估值而进行的讨论。

市价与账面价格比率（Price-to-book ratio）：股价与每股账面价值比率或股价与每股净资产的比率。也可以是公司市值与净资产的比率。在银行和房地产公司里是非常流行的计算方法。相当于市价与资产净值比率。

市价与资产净值比率（Price-to-net asset value，NAV）：见市价与账面价格比率。

定价（Pricing）：通常在承销结束时就会确定股票的发行价，是 IPO 中的关键步骤。

初级股权市场条件（Primary equity markets conditions）：在全球市场、国家区域市场或行业市场上，由投资银行对 IPO 或证券发行市场进行的评估，通常与自我推荐相关。

初次上市（Primary listing）：见双重上市和多重上市。

首次发行（Primary offering）：通常指股权资本市场交易，或更为具体地指公司新股票的发行。

印刷公司（Printer）：专门从事金融方面文件印刷的商业公司，其任务是将最初的及最终的招股说明书进行印刷并分发给投资者和其他当事人。印刷公司也经常提供交易服务。

私人银行（Private bank）：专门为拥有高资产净值的个人提供各种各样资产管理服务的金融机构或部门。

私人调查公司（Private investigator）：专门从事业务可行性、合法性和合理性的顾问公司，通常由投资银行聘请为新兴市场发行者的 IPO 作尽职调查。

私人投资公募股权（Private investment in public equity，PIPE）：是指私人投资者购买公开发行进行交易的证券。交易对象通常是以市场价格的一定折价购买的普通股股票、优先股股票，更常见的是可转换债券。这种股票在美国和日本比较常见，其主要目标通常被锁定为不能在公开市场上进行融资的公司。这种股票的条款通常会受到投资者的青睐，而且会涉及防止市价下跌的措施，通常会导致股份被稀释，因此也常称作“死亡漩涡”。

私募，转售及通过自动化连接的交易（Private Offerings，Resale and Trading Through Automated Linkages，PORTAL）：根据 144A 条例，为美国做市商和合格机构投资者交易美国存托凭证提供的平台。

私募配售（Private placement）：根据注册豁免要求，对机构投资者或某类机构投资者的配售。这种机构发行跨越多个司法管辖区，一般主要遵循美国 144A 条例。

私有化（Privatization）：通过 IPO 或其他股权资本市场交易将国有资产转换为私人所有。也指国有公司大股东的退市过程。

模拟账户（Pro-forma accounts）：为显示公司财务状况而重新计算的公司账目，使公司的结构从几年前起就一直与现在保持一致。IPO 前期，在进行资产合并、收购或处置时进行模拟账户通常是非常必要的。

募股资金（Proceeds）：在 IPO 中通过公司和/或股东筹集的金额。也称净款项。

产品银行家（Product banker）：专门从事某类金融交易（如借款、股权资本市场、并购或衍生品）的投资银行。

专业证券市场（Professional Securities Market，PSM）：由伦敦股票交易所专门机构投资者创立的市场，其上市要求比主板市场宽松。

利润预测（Profit forecast）：在 IPO 的过程文件中公司要及时对报告期的净利润作出预测。国内的招股说明书有时包括利润预测，但在国际分销商的招股说明书中则较为少见（尤其是美国）。在出版的交易前研究报告中卖方分析师也可以在一个或多个报告期内用净利润预测来说明 IPO 的未来情况。

物业评估师（Property valuers）：对公司不动产进行价值评估的专业顾问。由物业评估师发布的估价报告通常包含在 IPO 的招股说明书中。

自营交易部门（Proprietary trading desk）：投资银行使用自身资产负债表在自身账户内而不是代表第三方客户进行资产交易的部门。

发行说明书（Prospectus）：见招股说明书。

招股说明书的起草（Prospectus drafting）：由法律顾问、投资银行和其他参与方起草招股说明书。按照国际惯例，国际IPO中招股说明书的第一次起草由法律顾问完成并交给发行方。

公开发行（Public offering）：也称散户发行，是IPO发行结构中的一部分，是在股票上市后发售给散户投资者的部分。散户发行的主要目的通常是至少获得上市资格所要求的公众股东的最低数量。

非上市公开发行（Public offering without listing，POWL）：股票不需上市便可在日本发行给大量潜在的散户和机构投资者的机制。此外，非上市公开发行机制实行固定价格发行并且要向日本关东财务局（日本财务省的分支机构）提交日文版证券注册声明。

公共关系（Public relations，PR）：提升公司与媒体以及其他第三方关系的过程。通常与IPO有关，会受到现行法律的限制。

宣传指南（Publicity guideline）：通常在IPO之初，由公司法律顾问发布的指南，目的是与新闻界及其他媒体（包括网站和互联网）进行充分沟通并展示公众形象。

撤回交易（Pulling a deal）：进行IPO或相关交易时终止执行销售过程的行为，这通常是不利的市场环境、投资者的不认可或价值被低估导致的结果。

专营公司（Pure play）：业务范围明确的公司，因此在其所在的行业部门（或子部门）可为潜在投资者提供专业服务。

合格机构投资者（Qualified institutional buyer，QIB）：在144A条例的规定下，非美国发行方通过私募可以接触到的机构投资者的类型。其中机构投资者必须以全权委托形式在发行者的证券中合计拥有及投资至少1亿美元，银行和储贷业要有经审计的至少2500万美元净资产，注册经纪人或交易商必须以全权委托形式在发行者的证券中合计拥有及投资至少1000万美元。这样的机构投资者大概有几千个。

定性市场研究（Qualitative market research）：由专业咨询公司所作的市场研究，它与公开发行相关联，通常不以私募为研究背景。定性市场研究的焦点通常是评估公众对公司的意见、信息掌握情况或对IPO的态度。

定量投资者（Quantitative investors）：几乎不考虑公司业务情况，只关注交易数据、股票绩效趋势的投资者。按照定义，定量投资者（以“数量分析专家”著称）通常不是IPO的主要买方，因为在这个阶段公开市场上还没有这些公司的历史交易记录。

定量市场研究（Quantitative market research）：由专业咨询公司所作的市场研究，它与公开发行相关联，通常与私有化有关。定量市场研究通常借助统计方法来评估投资者对各类散户激励政策的敏感性。

房地产投资信托基金（Real estate investment trust，REIT）：通过 IPO 使不动产货币化的一种交易。通过房地产投资信托基金，可以使不动产资产的所有者（也称发起人）将部分所有权转移给机构投资者和公众投资者，然后发起人可以聘用房地产投资信托经理。房地产投资信托经理根据房地产净利或房地产投资信托基金的绩效情况按投资综合收益的一定比例收取经营管理费和绩效费，同时也收取新房产的收购费用及与财产剥离价值有关的剥离费用。房地产投资信托基金在美国、日本、澳大利亚和新加坡特别流行，香港和马来西亚稍逊一些。欧洲的房地产投资信托基金市场现在还处于相对初期的发展阶段。

收款银行（Receiving bank）：在 IPO 的公开发行部分中指定的商业银行，负责分发招股说明书及申请表，并负责收集散户投资者处已填妥的申请表和接收认股金额。

收款银行协议（Receiving bank agreement）：由发行方、牵头银行与收款银行签署的 IPO 期间关于向个人投资者分发招股说明书、提供空白申请表及收款银行的报酬的协议，通常也包括向个人投资者收取的资金的利息的处理。

建议（Recommendation）：来自卖方分析师研究报告中的建议，包括投资者是否应买进、卖出还是持有公司股票。交易前研究报告不包含此项内容。

红书：指招股说明书的初稿。

红筹公司（Red chips）：指来自中国大陆但在中国香港挂牌上市的公司，在重组后及上市前已经将资产和负债转移到离岸实体，通常是在开曼群岛注册的公司。

红色鲱鱼（Red herring）：指招股说明书的初稿。

重启绿鞋（Refreshing the shoe）：将通过超额配售选择权获得的股票再出售给投资者的行为，即二次行使超额配售选择权。大多数的行政辖区禁止此行为。

《1933 年证券法》的 D 条例（Regulation D of the Securities Act of 1933，Reg. D）：在美国，对将股份转售给合格投资者（证券交易法 501 条）可给予的豁免登记的条例。事实上，在 144A 规则下类似情况的豁免范围会更广泛。主要应用于后续交易阶段中，如大宗交易。

《1933 年证券法》的 M 条例（Regulation M of the Securities Act of 1933，Reg. M）：参见惩罚性报价。

《1933 年证券法》的 S 条例（Regulation S of the Securities Act of 1933，Reg. S）：对于转售证券的豁免登记条例。该条例使得非美国发行方可以向美国离岸市场的机构投资者销售股票，无需登记。当购买不是在美国上市的公司所发行的股票时，机构投资者所占的比例要符合该条例或者 144A 法则的规定。

《1933 年证券法》的 S－K 法令（Regulation S－K of the Securities Act of 1933）：美国证券法中美国证监会对注册文件中非财务报表部分的规定，还包括了一些披露指引内容。

《1933 年证券法》的 S－X 法令（Regulation S－X of the Securities Act of 1933）：美国证券法中美国证监会对注册文件中财务报表部分的规定。

监管机构（Regulator）：在绝大多数的司法管辖区内，建立的规范和监管证券或金融公司的管理部门。

关联交易（Related-parties transactions）：发行者和与自己有关的公司或个人之间进行的交易，这种交易一般会伴有优惠条件。在首次公开发行中，关联交易是被禁止的，或者在得到管理者或证券交易所的豁免和允许之后必须要在招股说明书中进行披露。有时也写为"connected-parties transactions"。

薪酬委员会（Remuneration committee）：为了吸引、奖励和留住执行董事和高管，为了平衡股东和公司之间的利益关系而由公司董事会建立的制定薪酬计划的委员会。

薪酬顾问（Remuneration consultants）：公司指定的专业顾问公司，用来在首次公开发行之时或之后，制定和执行员工持股计划。有时也称人力资源部门（HR）或者业绩咨询员。

重组（Re-organization）：在首次公开发行中，为了符合上市要求而进行的某些资产负债的转移或出售。重组是在香港证券交易所上市的红筹股的普遍特征。

申报会计师（Reporting accountants）：英国审计师的一种。

声明与保证（Representations and warranties）：在首次公开发行中，通常在合同中会出现发行方和销售股东所作出的承诺。包括对于股票的所有权（例如，没有将股票抵押给第三方的声明等等）、招股说明书中披露的信息、上市维护和签订其他协议的能力等内容。还包括遵守锁定期等保证内容。

重新定价（Re-pricing）：在首次公开发行中，当市场条件恶化或者投资者对于股票的需求太少（或太强）时，对于价格区间所作出的上升或下降的调整。

提案申请（Request for proposal，RFP）：由公司和（或）其股东向投资银行发出邀请其接受在该公司首次公开发行中担任主导角色的提议。RFP 也可以在后续交易中发出。

研究分析师（Research analyst）：投资银行雇佣的卖方研究分析师，主要对地区、国家或者行业部门进行研究分析。研究分析师要撰写该公司的有关机构投资者客户利益的研究报告，并在报告封面签名。在首次公开发行中，研究分析师的职责是撰写交易前报告和进行投资者教育。

研究分析师排名（Research analyst ranking）：机构投资者在年度调查中给出的分析师的排名，通常由某一金融杂志评选，榜上有名的分析师会备受追捧，而且会获得不菲的薪金收入。

研究范围（Research coverage）：一个投资银行内的一个或多个研究分析师要进行研究分析的公司所涉及的范围。

研究指导（Research guidelines）：首次公开发行中，通常由法律顾问发送给承销商的一系列指导意见，其中包括与交易前研究报告起草、公布和发行相关的一系列限制条件。

价格重置（Re-set）：可转换债券或可换股债券（在亚洲比较普遍）的一个条款。在某种条件下，转换价格可以向下进行调整。这一特征通常用来鼓励发行者进行债券再融资或者进行强制转换。有时也被称为"refix"。

重构（Re-structuring）：参见重组。有时也指重要金融工具条款的修订。

散户折让（Retail discount）：为了激励首次公开募股的散户投资者而给出的在机构投资者价格之上的折扣。现在很少见。参见发行价格折扣。

散户激励（Retail incentives）：鼓励散户参与首次公开募股的一种机制，私有化情况下尤其显著。散户激励措施包括折扣、部分付款股票、付款优惠券、退款担保等。

散户投资者（Retail investor）：指符合条件并参与公开发行的个人投资者，相当于公众投资人。

反向路演（Reverse roadshow）：潜在投资者主动与发行人或者咨询顾问直接接触（与通常的路演相反），目的是使自己成为战略投资者或基石投资者。

反向股票分割（Reverse stock split）：一种使股票面额增加的交易，通常发生在与同一证券交易所中相同水平的其他公司相比股票价格较低时。例如，有 10000 股每股以 10 美金交易的公司变为有 1000 股每股市值 100 美金交易的公司，这一过程并没对现有投资者造成损失。参见股权分割，与该交易相反。

核对（账目）（Review of accounts）：审计人员通过对公司一段时间的经常或临时账目进行核对以保证公司账户的安全。核对相对审计来讲范围要小，因此得出的结果相对审计来讲慰藉度较低。

优先拒绝权（Right of first refusal）：与看涨期权相似，授予一方优先于第三方签订合同的权利。

配股（Rights issue）：一种固定价格发行方式，通常在开始时由银团完全承销并向发行者提供确定性收益。在配股过程中，一个公司的现有股东可以（但不是一定）行使自己的权利，即按各自的持股比例购买公司股份。优先购买权利的行使可以有效保证现有股东在股价下跌中免受损失。股东可以选择接受配股，也可以选择向投资者出售全部或部分配股份额。在认购期间，配股交易与股票交易分开进行。配股一直有效，并且会在认购期结束时通过“余额”配售方式出售出去。

风险因素（Risk factors）： 招股说明书中的关键部分，通常在文件的头几页出现，向投资人给出可能会对公司财务状况或发行商的业绩及股票未来的表现产生副作用或实际影响的一系列因素的清单。风险因素可能有许多页，通常先是标题，后面是详细的叙述及解释。

路演（Roadshow）： 由一个或多个投资银行举行的发行公司和机构投资者之间的一系列会议。路演可以不包括任何资本市场交易（见非交易路演），也可能在首次公开发行或其他关联交易中出现。路演通常包括大集团演示、小集团演示和一对一会议。有时候，也可能召开视频或音频会议或进行网上路演。

路演协调员（Roadshow coordinator）： 投资银行内部的路演专员，参见路演顾问。

路演顾问（Roadshow consultant）： 负责组织公司路演相关的物流运输、酒店、客房和会议安排的专家顾问。大型投资银行往往有一个或多个内部路演顾问与路演协调员联络。

路演介绍（Roadshow presentation）： 在路演期间由公司管理部门进行的介绍。为首次公开招股进行的路演介绍通常由一个或多个牵头银行起草，其中包括一个简短的视频演示及幻灯片，这些都将由法律顾问审核。通常由一名高级投资银行家来介绍公司管理部门，而另一位资深银行家负责协调提问与回答部分。

法规（Rule of law）： 明确公正的可靠的法律体系。稳定的法规是首次公开发行时选择发行司法管辖区的一个先决条件。

法条 12g 3－2（b）（Rule 12g 3－2（b））： 外国公司发行美国存托凭证时无须完全满足注册要求的豁免条款。可以将其国内市场相关信息直接发给美国证券交易委员会。

144A 规则下的美国存托凭证（Rule 144A American depositary receipts, RADR）： 在 144A 规则下，可以销售给美国合格机构投资者的美国存托凭证。美国存托凭证是通过 PORTAL 平台来进行交易和转售的。

《1933 年证券法》144A 规则（Rule 144A of the Securities Act of 1933）： 美国在 1991 年制定的一系列规则，这些规则使美国合格机构投资者可以通过私募购买由国外公司发行的证券。

契约规则（Rules of engagement）： 参见谅解备忘录。

稳定安全港规则（Safe-harbour rules for stabilization）：由证券交易所制定的一套规则，以确定如何稳定新股发行，为其提供安全港以免受市场操纵的影响。大多数市场都有明确的安全港规则，但有些新兴市场没有相关规则。

销售与购买协议（Sale and purchase agreement）：有关 IPO 中配售或机构发行份额的承销协议。

销售交易员（Sales trader）：参见交易商。

销售人员（Salespeople）：投资银行的员工，其任务是向机构投资者销售证券，由研究分析师帮助其推进销售业绩。销售人员通常按地区、国家、投资人或行业分类。

萨班斯奥克斯利法案（Sarbanaes-Oxley legislation）：2002 年制定的美国联邦法律，该法为在美国上市的美国公司或国外公司的董事会、管理层以及审计人员制定了严格的标准。该法不适用于控股公司。也写作“Sarbox”或“SOX”。

SAS72 安慰函（SAS 72 comfort letter）：由审计人员向发行人以及承销商发出的与 IPO 有关的需要伴随招股说明书公布的安慰函。重要的是 SAS72 安慰函包含了消极保证条款。参见消极保证。

SAS100 审查（SAS 100 review）：由公司审计师执行的对临时未经审计的财务信息和账目进行审查，目的是在有关 IPO 的安慰函中加入消极保证条款。另请参见消极保证。

工资扣存计划（Save As You Earn（SAYE）plan）：一种在英国实行的员工持股计划。

送股（Scrip issue）：向公司股东发行新股，与其已持股票成一定比例。向股东送股（也称红股发行或资本化发行）无需股东支付任何成本。

证券交易委员会注册发行（SEC-registered offering）：在美国证监会注册后才能进行的股权资本市场交易行为，因此，该种发行针对目标是美国散户投资者以及美国机构投资者（且通常为国际机构投资者）。

二板市场（Second board）：由证券交易所建立的市场，这种市场信息披露标准低于主板市场，且主要针对小型或快速发展的公司。参见主板市场。

第二次上市（Secondary listing）：参见双重上市和多重上市。

二次发行（Secondary offering）：股东在股权资本市场交易中或后续股权资本市场交易中出售自己股份的交易行为（包括 IPO）。

行业银行家（Sector banker）：为某一特定行业的公司提供顾问咨询服务和融资交易的投资银行家。

证券交易委员会（Securities and Exchange Commission，SEC）：该委员会

位于华盛顿，是美国证券行业的管理者。

证券期货委员会（Securities and Futures Commission，SFC）：香港证券行业的管理者。

股票上市申请书（Securities registration statement）：以规定的格式用日文起草的文件，该文件通常以国际发行公告为基础并报送关东财务局备案，与日本的非公开上市发行有关。

细分账目（Segmentation of accounts）：将营业额、收益或公司资产细分为几部分。可根据地区因素或公司开展的业务类型对营业额、收益或资产等进行细分。账目细分让投资者更加明了公司的财务状况，但有时候发行人不喜欢账目细分，因为这让竞争者得到了更多敏感信息。

出售（Sell-down）：一个或多个投资人在 IPO 或相关交易中出售股票的行为。相当于二次发行。

卖方研究（Sell-side research）：由投资银行或代理人雇佣的研究分析师对证券进行的研究分析。

销售折让（Selling concession）：总费用的一部分，通常为 60%。在投资者实际获得股票配售时支付。在美国，销售折让的一部分是以承销股票份额为基础以固定比例计提的，而余额部分则会通过跳球机制以投资人指令为基础计提。

销售团队（Selling group）：在银团中指定的一组销售证券（但不是承销）的银行。

销售限制（Selling restrictions）：由法律顾问起草制定的限制条件，包含在招股说明书的分销（或承销）章节以及出售和购买协议中。销售限制规定了发行的证券可以通过私募向机构投资人销售的范围。有时候，销售限制还包含与特定司法管辖区域的投资人相关的语言和信息披露规定。（比如加拿大安大略和魁北克的投资者）。

高级合伙人（Senior associate）：投资银行高级职务，相当于经理职务。

高级副主承销商（Senior co-lead manager）：承销商银团中的中级投资银行，其职责类似于副主承销商，通常情况下，其获得的承销报酬或其他报酬略高。

高级经理（Senior manager）：投资银行中初级到中级的级别，类似于高级合伙人。

高级执行董事（Senior managing director）：投资银行中的一种高级职务。

高级副总裁（Senior vice-president）：投资银行中的一种中高级职务。

序贯散户发行（Sequential retail offering）：机构发行价确定后再进行散户

发行的形式。对机构投资人来说这意味着较长的结算时间。

结算（Settlement）：证券交付后，由投资者向牵头银行支付相关费用，且向发行人和/或献售股东支付购买股票的款项（减去费用），通常以付款交割方式（DVP）进行。

独立承销义务（Several underwriting obligations）：针对股权资本市场交易的一般承销安排，根据此安排，若承销股票的银行违约，则该违约银行承销的股票不由其他承销商承销。

上海证券交易所 50 指数（Shanghai SSE 50 index）：自由浮动调整的市值加权股票市场指数，由 50 家在中国大陆上海证券交易所上市的大型企业组成。还有一个类似的指数，包括 180 家大型企业集团。

股票回购计划（Share buy-back programme）：上市公司可以在股权资本市场上将发行的股票回购回来，该公司可将这部分股票作为“库存股”保留，也可以将股票注销。

股权激励计划（Share Incentive Plan，SIP）：英国的一种员工持股计划。

股票过户与转让代理（Share registrar and transfer agent）：通常情况下由一个机构同时承担两个角色，任务是维护公司股东名单记录以确保股权的真实性、确保股利的支付以及为股东提供在公司配售新股时行使自身权利的机会。该机构的另一个职责是处理散户投资者的申请并在 IPO 时向获得股票配售的申请者发放股权证书。

暂搁注册（Shelf registration）：通过该过程，招股说明书中发行的证券可分为几部分进行注册，可以在主管部门或证券交易所先注册一部分（在美国公司可以一次注册 2 年内债券和股票多次发行的总额），以加速频繁发行人的股票发行文件备案过程。

空壳公司（Shell company）：在股票交易所挂牌的休眠公司，该类公司可能由另一家公司购买以进行借壳上市。参见借壳上市。

新加坡存托凭证（Singapore depositary receipt，SDR）：相当于全球存托凭证或印度存托凭证，但是在新加坡上市，以美元或新元进行交易。

法国上市房地产投资信托公司（Sociétésd' investissements immobiliers cotées，SIIC）：于 2003 年成立的法国房地产投资信托公司。参见房地产投资信托基金。

软承销（Soft underwriting）：首次公开募股中常见的一种承销形式，在这种承销形式下，当机构的股票需求登记结束和发行价格确定之后，就可以进行有价证券的承销活动。实际上，软承销的承销商只承担一个或多个机构投资者在结算时违约的风险。软承销与硬承销相对。参见硬承销和全额包销。

主权财富基金（Sovereign wealth fund，SWF）： 由国家政府建立的投资基金。主权财富基金包括旨在使收入稳定（例如油和天然气的收入）的收入稳定基金和管理政府资产、直接投资于国有或其他企业的控股基金以及为未来的养老金支付融资的养老基金。还有一些主权财富基金是为了管理多余的外汇而设立的。根据不同的投资目的，主权财富基金有多种投资形式，很多主权财富基金在首次公开募股中以重要、高质量而闻名。

特别股利（Special dividend）： 公司给持股者额外的股利分红。在首次公开发行之前，持股者可获得额外红利，因为他们率先为公司即将开始的发行作了铺垫。

特殊目的并购公司（special purpose acquisition company，SPAC）： 空壳或空头支票公司。其发起首次公开发行的目的是为日后的并购作准备。特殊并购公司的卖点是公司有经验的管理团队，这一管理团队使用特殊目的并购公司首次公开募股的收益对新业务或公司进行投资。在本世纪之初，特殊目的并购公司广泛出现在美国，而在欧洲这样的公司却屈指可数。

特别目的载体（SPV）： 一个以实现高税收效率为目的而建立的公司，如发行欧洲债券和可交换债券。在这种情况下，特别目的载体可以从他们的母公司的保证中获利。

特别股（Special share）： 参见黄金表决权股。

专家经纪人（纽约证券交易所或美国证券交易所股票）Specialist（on the NYSE or NYSE AMEX Equities）： 是指这样一些专家，他们负责为给定的在纽约证券交易所或美国证券交易所上市的股票做市和保证股票的流动性。其行为类似拍卖者，专家经纪人撮合订单，保证市场平稳有序，并解决交易中可能存在的不平衡。有时为了达到需要的目标，专门经纪人可能会用自己的账户作交易，但并不考虑收益问题。在指定专家经纪人时，通常要根据严格的指导规则对3到5个专家进行面试之后，才能确定最后的专家经纪人人选。自2008年10月之后专家经纪人也被称为指定市场做市商（DDM）。

专家顾问（Specialist consultant）： 顾问或是专家，例如发表关于首次公开募股的新股周期报告，来帮助投资者更好地理解公司业务的专家。还有矿业公司或自然资源公司的开采顾问，他们要对资源级别和矿产储备发表意见。运输公司也有航运或交通顾问。

剥离（Spin-off）： 将公司完整的部门或子公司分离出去，独立运营。

分割订单（Split orders）： 同一机构投资者分别向同一银团的两个或更多的承销商独立提交订单。并非所有市场都允许分割订单，要视约定的规则而定，而且分割开的订单必须以同样的方式进行配售（按需求比例）。

保荐人（Sponsor）：是指一个银行，通常（但不总是）是首次公开募股中的一个承销商，它的职责是与相关的管理者或证券交易所联系并负责给出发行者上市发行的保荐意见。这个词还可以被用来表示将部分不动产所有权卖给不动产投资信托公司（REIT）的公司。

参与型美国存托凭证（Sponsored ADR）：见等级 1、2、3 的美国存托凭证。

股东分布（Spread of shareholder）：一个公司股东的数量。通常，证券交易所规定了即将上市的公司的最少的股东人数（几百到几千）。

稳定措施（Stabilization）：通过在首次公开募股的牵头银行中任命的稳定机构或经理，解决短线购买者和卖出者在首次公开募股的几天或几星期内造成的不平衡问题，并在股票价格低于卖出价时维持股票价格。用于稳定首次公开募股时价格的主要措施是超额配售选择权。参见绿鞋机制、超额配售选择权以及无担保空头。

稳定利润（Stabilization profit）：由稳定机构或经理人通过一系列具有稳定性的活动产生的利润。相当于绿鞋机制中分配给投资者的股价与回购股票价格之间的差额。

短线操作者（Stags）：指仅关注极短期、被大势驱动的投机投资者。

指导委员会（Steering committee）：由高级投资银行和公司高管组成的委员会，他们可以监督首次公开募股的运行情况。指导委员会通常可确保首次公开募股的计划表步入正轨，也可以解决重要问题，还可能在上市前起到团结公司董事会的作用。当公司任命独立顾问时，经过牵头银行的允许，独立顾问也可以加入指导委员会。

证券交易所每日官方牌价（Stock exchange daily official list，SEDOL）：由 7 个字符组成的代号用以区分英国和爱尔兰的股票。

证券交易所交易费（Stock exchange trading fee）：投资者支付给证券交易所的费用。

股票分割（Stock split）：是指将股票的面额变成较小数额以便于投资者交易（例如，一家拥有 1000 股的公司，目前每股为 100 美元，股票分割后，就会变成拥有 10000 股的公司，每股为 10 美元，对现有股东来说并无亏损）。股票分割要在首次公开募股之前进行，为的是使股价与同一个证券交易所的其他公司的股价旗鼓相当。与之相对的是反向股票分割。

战略投资者（Strategic investor）：参见上市前投资。

投资策略师（Strategist）：是指专攻宏观走向以及在市场方面、资产类别或者行业领域的分配额方面提出建议的卖方分析师。

证券分销商（Sub-underwriter）：是指在指定的司法管辖区域（比如新加坡）内承销银团中的初级成员。此外，也可以指为了获得佣金而承销其他承销商的部分股票的投资银行或投资者。

认购合同（Subscription agreement）：是指策略投资者或基石投资者以协商的价格购买公司一定数量的股份的合同。

伊斯兰债券（Sukuk）：是一种遵照伊斯兰教法发行的伊斯兰债券（或是可换股债券或可转换债券）。特别的是伊斯兰债券不是由某种行业领域的公司发行的，尽管它们在结构上跟现金债券一样，但是本质上伊斯兰债券不承担利息。

分类加总估值法（Sum-of-the-parts valuation）：是一种对拥有不同性质的业务活动的公司所采用的估价法，每一种业务活动可以采用不同的方法来进行估价。

（招股说明书）简介（Summary（of prospectus））：对首次公开发行的招股说明书中所包含的关键信息的简介，其中包括对发行方及其业务以及重要的金融项目产品、操作数据和统计信息的简短介绍。

当地公认会计准则与国际财务报告准则以及美国一般公认会计准则的主要区别的总结（Summary of principal differences between local GAAP and IFRS or US GAAP）：对于公司所用的当地公认会计准则与国际财务报告准则、美国一般公认会计准则的区别的概要，这一概要的目的在于保护美国投资者权益，常见于管理讨论与分析部分中，偶尔见于美国或者国际"包"中。现在首次公开募股的招股说明书中很少包括这一部分，尤其是在欧洲更是如此。

银团（Syndicate）：是指投资银行或者股票经纪人为了营销、出售、承销证券而组成的联合组织。

银团尽职调查（Syndicate due diligence）：由 IPO 牵头银行安排的与发行方管理层进行的电话交流或会议，其目的是为了向承销银团中的初级成员提供有限的尽职调查的机会。

银团结构（Syndicate structure）：银团的组织结构，在构建银团时，通常要考虑承销公司的资历水平和配售部分因素，同时为了接触到不同级别投资者，在不同司法管辖区中也要有相应的银团成员。

吞尾蛇（Tail swallowing）：配股中的一种操作，即股东利用出售足够的认股权的钱来购买尽可能多的新发行的股票。此时股东购买股票不用支付额外的费用。

台湾存托凭证（Taiwan depositary receipt，TDR）：跟全球存托凭证一样，但是在中国台湾上市，而且用新台币（NT $）进行交易。

目标投资者（Target investor）：是指经过投资银行或者股票经纪人确定的投资者，作为一名合适的候选人在特定的交易活动中进行投资，通常是因为其投资风格或者其有投资于类似股票的投资记录而被选中。

目标价格（Target price）：研究分析员认为一支股票在一个合理的投资期内可达到的价格，经常醒目地放在研究报告中的第一页。在交易前研究报告中是不允许出现目标价格的。

宣讲会（Teach-in）：简而言之，就是指由卖方研究分析员和权益资本市场团队组织的，向销售人员介绍即将开始的首次公开募股中有关的投资者情况、发行结构等内容的会议。参见必要便签。

10－b－5 函（10－b－5 letter）：也称作披露函。是美国的法律顾问致承销商的陈述函，陈述"当例行审核招股说明书和执行商业与文件的尽职调查时，未发现招股说明书包含了关于重要事实的不实陈述、误导或遗漏"。简而言之，10－b－5 函是由美国的法律顾问写的一封确认信，旨在表明招股说明书未漏掉任何重要信息，同时起到对抗诉讼的尽职调查的作用。在首次公开上市、144A 规则下的私募以及任何在证券交易委员会登记的发行活动中都要由法律顾问出具 10－b－5 函。

股东收购（Tender offer）：是指在特定条件下向投资者发出的购买其所持有的证券的要约。比如股票回购计划中的收购或可转换债券中的回购协议等等。

终止条款（Termination clause）：是指在某种条件下，投资者或者承销商可以终止认购或承销义务的条款。通常是由于发行方违反了保证条款而导致的。不可抗力条款也可在特殊情况下导致承销协议终止。

理论除权价格（Theoretical ex-rights price，TERP）：指在配股后预计的股票交易理论价格。理论除权价等于旧股票的数量乘以前一天的收盘价，加上认购价格乘以配股数量之和，除以配股发行之后的所有股票数。在刚开始配股时，认购价格和折扣就已经确定了。

自动行情显示装置（Ticker）：一种简短的表示上市股票的字符标识。

墓碑广告（Tombstone advertisement）：是指通常在金融杂志上刊登的"墓碑式"广告，上面通常印有进行咨询、承销和/或销售业务的首席投资银行的名称。

自上而下的需求估计（Top-down demand estimate）：对包括了大盘指数的首次公开募股进行一次理论上的关于投资需求的估计。如果公司和首次公开募股的规模足够大，那么发行方很可能被包含在最受欢迎的股票指数之中。基于公司的可能市值、自由浮动因素以及所在市场在全球资产组合中的份额（比如摩根士丹利资本国际全球指数，这也许是机构投资者最常使用的全球股票基准）可以估计出公司在所在市场指数中的权重，进而可以判断出公司在股票市场中被动的、基于指数的需求量。

东京股票价格指数（TOPIX index）：是指一种广泛使用的自由浮动调整的市场价值加权指数，可跟踪在东京证券交易所第一板块上市的所有国内公司的表现情况。

多伦多证券交易所（Toronto Stock Exchange，TSX）：于 1852 年在加拿大成立的证券交易所，同时也是多伦多证券交易所集团的一部分，这一集团还同时拥有为处于发展阶段早期的公司服务的多伦多证券交易所创业板。多伦多证券交易所最有名的是矿产以及勘探领域的上市公司，而且多伦多证券交易所集团在众多上市公司中是第二大交易所集团。[①] 在写作本书的时候，伦敦证券交易所已同意收购多伦多证券交易所母公司——多伦多证券交易所集团。

总收益（Total return）：是指包括股价增值、利息、分红等因素在内的股票投资收益。

总收益互换（Total return swap，TRS）：一种金融合约，该合约在一定时期内同时将指定资产的市场风险和信用风险进行转换。拥有根据总收益互换发行的证券的投资者可获得分红并拥有资产增值带来的好处，但并不拥有资产所有权。

交易商（Trader）：也称作做市商。由投资银行员工或经纪人代表客户或自己所属银行（例如专属操盘手）在金融市场购买或出售证券。与之相对的销售交易员直接与机构客户商谈以提供新的投资建议，同时也进行市场操作。

交易量（Trading）：计算一定时期内投资者买卖某一个证券的交易水平。

发行份额（Tranche）：在 IPO 的发行结构中，由承销商银团确定的针对特定地区或投资者类型进行股票发行的数额。

交易税（Transaction levy）：由管理者征收的股票交易税。

交易团队（Transaction team）：指在 IPO 过程中负责执行交易的各方。包括发行方管理层、投资银行、几家法律顾问、会计人员以及各种其他顾问人员。

透明度（Transparency）：在 IPO 的购股意愿档案中，对于超出账簿管理人设定的购股金额的个人投资者的名单必须进行披露。该金额通常为 250000 美元或等值的其他货币。

资金部门（Treasury department）：公司财务部门的一个分支，其任务是

① 多伦多证券交易所网站，2010 年 9 月。

管理现金以及现金等价资产。

库存股（Treasury stock）：由公司或其子公司在市场上回购并持有的股票，但通常属于自动控制类型的股票。参见自动控制以及股票回购。

三轨制过程（Triple-track process）：类似于双轨制过程。只是三轨程序在进行公司首次公开发行与售卖交易的同时也在进行杠杆收购活动。

巨头（Tycoon）：通常为著名的富有的个人，在 IPO 中他们通常被选作基石投资者，以起到提供初期动力以及领导的作用。在香港 IPO 中最为常见。

英国上市管理局（UK listing authority，UKLA）：是指英国的金融服务管理局（FSA），是《金融服务与市场法 2000》（主要有关正式上市）第 VI 章节提到的主管部门。英国上市管理局主要负责对英国境内的 IPO 进行审批以及其他一些业务。

认购不足（Under-subscription）：是指投资者需求小于 IPO 发行的股票数量的情况。

承销（Underwriting）：一种合同安排，即一家或多家投资银行或经纪人承诺以商定的价格购买某个公司的股票。承销需要根据先决条件进行。参见最大努力的承销、先决条件、硬承销、软承销以及分承销商。

承销协议（Underwriting agreement）：一份用以证明承销安排的协议。对于配售或机构发行来说被称为销售及购买协议。

承销佣金（Underwriting commission）：由发行人或售股股东向承销商银团支付的总费用。与管理佣金一样，承销佣金一般是以承销的股份金额（而非销售金额）为计算基础的，一般来说是总费用的 20% 左右。

承销委员会（Underwriting committee）：一个投资银行内部的委员会，有时也称作委托委员会，由资深银行家、市场专家以及风险管理人员构成，任务是作出是否承担由该投资银行领导的承销资本市场交易的决定。

非参与型美国存托凭证（Unsponsored American depositary receipt）：非参与型美国存托凭证是应美国投资者的需求，由经纪人与存托银行合作发行的金融工具，整个过程中原始股票发行者并不介入（或控制）。存托银行只需以名为 F-6 表格的注册登记表向美国证券交易委员会注册登记。大多数的非参与型美国存托凭证是不流动的，并且以“粉红报价单”形式进行柜台交易。由于原始股票的发行公司不参与这种类型的美国存托凭证的发行，因此，有时会有不止一个的存托银行可以发行这种凭证，而无需得到公司的同意。

增发选择权（Upsize option）：一种由发行人和/或献售股东自行行使的一种交易权，以增加股权资本市场的 IPO 规模或者满足投资者需求。

美国“包”（US wrap）：类似于国际“包”，但为了保护投资者利益，需要更多补充信息。另请参阅国际“包”。

Valor 码（Valor number）： 瑞士证交所使用的上市公司交易代码。

估值（Valuation）： 指与 IPO 有关的公司的理论价值或实际价值。也是完成首次公开招股工作的步骤之一，重要的是如何采用适当的企业估值方法。

核证附注（Verification notes）： 包含在招股说明书中一系列附注，由法律顾问公司编写，是对招股说明书中的声明进行的检查和修改等活动的记录。核证附注在交易执行中会不断进行更新。

副主席（Vice-chairman）： 投资银行中资深银行家的头衔。

副总裁（Vice-president）： 投资银行中的中级职务，相当于副董事。

成交量加权平均价（Volume-weighted average price，VWAP）： 基于某一股票在一定时期内特定市场上交易量来计算平均价的方法。成交量加权平均价是通过将多笔交易的价格按各自的成交量相乘得到当日成交总值然后除以总成交量算出来的。

投票权（Voting rights）： 赋予持股人可以在公司的例会或特别大会上进行投票的权利。当一家公司有不同类别的股票时，可能会存在不同的投票权。

W 页（W pages）： 国际或美国“包”的页码，通常用 W－1、W－2 等来标识。

豁免（Waiver）： 在首次公开发行时，由监管机构或证券交易所授予发行人的可以进行特定交易的权限。否则上市规则将禁止这种交易。也指账簿管理人对投资者或股东拥有的股份放弃锁定期的限制。

财富管理（Wealth management）： 参见私人银行。

网上预览资料集（Web proof information pack，WPIP）： 在香港尤为流行，指在香港证券交易所母公司的网站上公开的与首次公开发行相关的关键信息。这些信息的发布是为了维护散户投资人的利益，为其提供与机构投资人同样的机会。与新加坡 OPERA 浏览器上提供的股票信息相似。

加权平均资本成本（Weighted average cost of capital，WACC）： 现金流折现估值法（DCF）中所使用的贴现率。

知名且经验丰富发行人（Well-known seasoned issuer，WKSI）： 在美国证券法案中定义的一种频繁的发行人，这种发行人至少要有 7 亿美金的股票流通在外。知名且经验丰富发行人代表了美国近 30% 的上市公司，约占市值的 95%。参见频繁发行人。

德国证券识别码（Wertpapierkennummer，WKN）： 在德国用来识别发行商及证券的代码。

白鞋公司（White shoe firms）： 白鞋公司在美国等同于英国的魔力圈公司，白鞋公司是一些公司的统称，如克莱尔 - 戈特莱 - 斯汀 - 汉密尔顿律师事务所（Cleary Gottlied Steen & Hamilton）、克拉韦思 - 斯温 - 穆尔律师事务所（Cravath，Swaine & Moore）、达维律师事务所（DavisPolk & Wardwell）、瑞生国际律师事务所（Latham & Watkins）、谢尔曼·思特灵律师事务所（Shearman & Sterling）及苏利文·克伦威尔律师事务所（Sullivan & Cromwell）等。

工作组模块（Working group modules）： 工作小组由首次公开募股中的各方组成，用来组织并执行交易工作。通常，指定工作组是为了集中处理文件、评估和营销等问题。不同的工作组通常与督导委员会配合工作，定期进行会面。

高收益投资者（Yield investor）： 一种机构投资模式，投资者通常关注能带来不断上升的收益率的投资项目，如房地产投资信托基金、基建资金或公用事业股票。

补充书目

首次公开发行通论及其执行过程：

- Draho J（2006），*The IPO Decision：Why and How Companies Go Public*，Edward Elgar.
- Geddes R（2003），*IPOs and Equity offerings*，Elsevier Ltd.

针对英国首次公开发行的专著：

- Reuvid J（2007），*Floating Your Company. The Essential Guide to Going Public*，Kogan Page.

关于美国及在证券交易委员会公开发行的专著：

- Blowers S. C Griffith P. H，Milan T. L（1999），*The Ernst & Young Guide to the IPO Value Journey*，Wiley.
- Bragg S. M（2009），*Running a Public Company：From IPO to SEC Reporting*，Wiley.
- Lipman F. D（2008），*International and US IPO planning*，Wiley.
- Westenberg D. A（2010），*Initial public offerings：A Practical Guide to Going Public*，Practising Law Institute.

关于可转换债券：

- Cazaubielh F（2004），*Théorie et Practique des Obligations Convertibles en Action et des Produits Assimilés*，Maxima Laurent du Mesnil.
- Connolly K. B（1998），*Pricing Convertible Bonds*，Wiley.

关于房地产投资信托基金：

- Block R. L（2006），*Investing in REITs：Real Estate Investment Trusts*，Bloomberg Press.
- Whiting D（2006），*Playing the REITs Game：Asia's New Real Estate Investment Trusts*，Wiley.

关于私有化：

- Letwin O（1998），*Privatising the World*，Cassell.

- Lilja R (1997), *International Equity Markets: The Art of the Deal*, Euromoney Books.

关于中国 IPO 及 IPO 之前与其相关的重组交易：

- Clissold T (2004), *Mr. China. A Memoir*, Constable and Robinson.
- Walter C. E and Howie F. J. T (2003), *Privatizing China. The Stock Markets and their Role in Corporate Reform*, Wiley.

关于投资银行及其业务：

- Alletzhauser A (1990), *The House of Nomura*, Bloomsbury.
- Augar P (2009), *Chasing Alpha. How Reckless Growth and Unchecked Ambition Ruined the City's Golden Decade*, Penguin.
- Augar P (2005), *The Death of Gentlemanly Capitalism*, Penguin.
- Augar P (2006), *The Greed Merchants*, Penguin.
- Chaters D (2002), *No Tears, Tales from the Square Mile*, Elliott & Thompson.
- Chernow R (1990), *The House of Morgan*, Touchstone.
- Cohan W (2010), *House of Cards: A Tale of Hubris and Wretched Excess on Wall Street*, Anchor.
- Ellis C. D (2008), *The Partnership: The Making of Goldman Sachs*, Penguin.
- Endlich L (1999), *Goldman Sachs. The Culture of Success*, Warner Books.
- Ferguson N (2010), *High Financier: The Lives and Time of Siegmund Warburg*, Penguin.
- Freud D (2006), *Freud in the City*, Bene Factum Publishing.
- Reid M (1998), *All – Change in the City. The Revolution in Britain's Financial Sector*, Macmillan.
- Roberts R (1992), *Schroders. Merchant & Bankers*, Macmillan.
- Sabouret A (1987), *MM Lazard Frères. Une Saga de la Fortune*, Olivier Orban.
- Tett G (2010), *Fool's Gold: The Inside Story of JPMorgan and How Wall Street Greed Corrupted Its Bold Dream and Created A Financial Catastrophe*, Free Press.
- Walter I and Smith R (1997), *Street Smarts. Linking Professional Conduct with Shareholder Value in the Securities Industry*, Harvard Business School Press.

关于机构投资者、对冲基金、投资 IPO 活动及 IPO 的表现：

- Chechile R. A（2004），*The ABCs of IPOs：Investment Strategies and Tactics for New Issue Securities*，iUniverse Inc.
- Gregoriou G. N（2005），*Initial Public Offerings：An International Perspective*，Butterworth – Heinemann.
- Jenkinson T and Ljungqvist A（2001），*Going Public：The Theory and Evidence on How Companies Raise Equity Finance*，Oxford University Press.
- Khurshed A（2010），*The Investor's Guide to IPOs. How to Profit from Initial Public Offerings*，Harriman House.
- McCullough K and Blake R（2010），*Diary of a Fund Manager. From the Top，to the Bottom，and Back Again*，Wiley.
- Water I and Smith R（2000），*High Finace in the Euro Zone*，Financial Times Prentice Hall.
- Zuckerman G（2009），*The Greatest Trade Ever：The Behind – the – Scenes Story of How John Paulson Defied Wall Street and Made Financial History*，Crown Business.

关于估值：

- Antill N and Lee K（2005），*Company Valuation under IFRS. Interpreting and Forecasting Accounts Using International Financial Reporting Standards*，Harriman House.
- Brett M（1995），*How to Read the Financial Pages*，Random House.
- Smith T（1992），*Accounting for Growth*，Century Business.

除了以上书籍，可以从附录 8 中提到的证券交易所网站上找到有关 IPO 的很多有价值的信息，这些信息通常都是以指引的方式来详述上市过程。有些大的律师事务所、会计师事务所及重要的金融印刷公司的网站上也包含一些有关 IPO 及上市的高水准、内容全面、针对特定国家的指引。

下面列出的报刊杂志及网站也包含一些关于 IPO 交易定期或不定期的专栏，非常值得研究讨论：The Financial Times、The Wall street Journal（包括其欧洲及亚洲版）、Reuters、Bloomberg、Dow Jones Investment Banker、Dow Jones Newswires、Financial News、The Australian Financial Review、International Financial Review、EuroWeek、Financial Aisa、Asiamoney、Euromoney、The Asset and Institutional Investor.